博士论丛

中国近代大学学生自治会历史演进

The Historical Evolution of Students' Autonomous Association in Modern Chinese Universities

董柏林 著

中国科学技术大学出版社

内 容 简 介

本书从整体性角度,运用多种理论深入阐释中国近代大学学生自治会的历史演进、发展规律及其本质诉求,从新的学术视野和更深层面探究学生自治会的政治与历史文化内涵,对近代历史时期大学学生自治会的历史演进、组织结构、活动开展和互动关系进行多维度深层次的综合研究。不仅从宏观上把握近代大学学生自治会历史演变的全过程,还从微观上考察学生自治会组织形态的变迁、服务宗旨的调整以及学生自治观念的转变。

本书可供教育学专业学生学习和指导教育管理者的实践,亦可作为研究近代学生组织发展的参考资料。

图书在版编目(CIP)数据

中国近代大学学生自治会历史演进 / 董柏林著. -- 合肥：中国科学技术大学出版社, 2024.11. -- (博士论丛). -- ISBN 978-7-312-06154-7

Ⅰ. G645.57

中国国家版本馆 CIP 数据核字第 20240QL071 号

中国近代大学学生自治会历史演进
ZHONGGUO JINDAI DAXUE XUESHENG ZIZHIHUI LISHI YANJIN

出版	中国科学技术大学出版社
	安徽省合肥市金寨路 96 号,230026
	http://www.press.ustc.edu.cn
	https://zgkxjsdxcbs.tmall.com
印刷	安徽省瑞隆印务有限公司
发行	中国科学技术大学出版社
开本	710 mm×1000 mm 1/16
印张	13.25
字数	259 千
版次	2024 年 11 月第 1 版
印次	2024 年 11 月第 1 次印刷
定价	60.00 元

前　言

近代中国的青年学生群体是启蒙与救亡的主要社会力量,在历史发展的各个阶段,在大学发展的各个层面,都发挥着破旧立新与引领变革的重要作用。青年学生群体作用的体现与学生组织密不可分。作为五四运动后的特殊产物,学生自治会的普遍成立意味着学生组织新时代的到来与大学治理结构的调整。学生自治会成立后,在组织课外活动、练习自治能力、丰富校园文化、辅佐校务完善、参与社会改造、组织学生运动等方面扮演了重要角色。对学生自治会的发展,不同时期的政府采取了不同的管控措施。根据政府方针与活动取向,学生自治会在近代大致经历了自由化、制度化、战时化和进步化四个发展阶段,呈现出教育性与政治性双重变奏、自治与他治相互博弈、民主性与民族性相互交织、反思与革新协同并进的历史发展特征。

大学学生自治会是附着在大学中的学生自治组织,近代大学的建立是其产生的基本前提。为了在"千古变局"中实现"富国强兵",清政府大力改革传统教育,开设新式学堂,以培养掌握西学西艺的新式人才。伴随着新式学堂的兴起,近代学生群体也逐渐成长起来。到 19 世纪末 20 世纪初,最早的一批近代大学应运而生。近代大学与封建统治之间的内在张力以及对西方科学与民主思想的传播有力地促进了学生组织的发展。为防止学生思想激化,清政府严令禁止学生立会结社和参与党会,导致早期的学生自治团体缺乏合法身份,发展受限。进入民国后,在培养新型"国民"、教育法令的授权、学生自身的争取以及民主管理的倡导等因素的推动下,学生团体得以合法化存在。由于民国初年政府与大学对学生团体缺乏规范化的指导和法治化的引导，加上教员和党派的参与以及民国初年无政府主义、个人主义、自由主义等"民主"思潮因素影响，从学生团体中演变而来并经五四运动洗礼的学生自治会表现出自由放任的发展特征。南京国民政府成立后，为规范教育事业发展，加强教育法治化建设，修订并颁布了一系列教育法规和条例，确立了"三民主义教育"的宗旨，将学生自治会纳入政府严格统一的监管之下。受到多重力量约束的学生自治会不得不调整自己的工作重心，由之前的自由放任转变为接受治理，以适应环境的变化和政治的需求。这一时期的学生自治会更加注重增进学生群体的利益，服务学生全面发展和社会事业改造。抗战的爆发扰乱了国民政府管控学生自治会的正常节奏，也打破了学生自治会以在校内活动为主的发展格局。如何限制学生自治会的越界活动并引导其构筑抗日救亡中的第二条战线，是抗战时期国民政府制定学生团体活动规则的主要依据和核心诉求。为适应抗战需要及维护正常教育秩序，国民政府将"战时须作平时看"的教育方针确定为学生自治会开展各项活动的指导原则，以实现学生自治会活动"战时化"与"平时化"的有机衔接与相生相成。面对空前的国难，学生自治会在抗战初期积极融入民族救亡事业当中，以"两化"方针作为活动宗旨和行动指南，追求自由发展的色彩逐渐淡化。随着抗战形势的转变，国民政府对权力的追逐和专制的偏好再次唤醒了学生自治会的权利意识和斗争精神。抗战胜利后，国民政府的专制统治激起学生自治会以推动学运作为重要职责，在中国共产党的领导下积极投身民族解放斗争。与此同时，学生自治会在完善自身、服务学生与团结师生等方面也开展了一些卓有成效的活动。

  学生自治会根本上是为服务学生与改造社会而存在的。它置于特定的社会环境但又不完全依附特定的机构。它存在于特定的时代，关注的却是未来。它发展成长在教育的环境中，追求的却是社会正义。学生自治会的历史既是一部学生争取权利练习自治的历史，又是一部服务社会改造与民族国家建构的启蒙救亡史。学生自治会肩负的多重使命，有力地促进了学生个体的发展、大学治理结构的完善以及中国政治现代性的成长。通过对中国近代大学学生自治会历史演进的呈现，不仅可以观察学生的日常生活，凸显学生的形象和主体身份形成的过程，还能够从学生组织层面考察中国现代国家与大学的互动,透视教育的变革和社会的变迁以及两者之间的逻辑关系,探索作为"公共空间"的学生自治会如何演变成为社会政治空间,从而增进对近代中国政府、社会、大学、学生组织之间互动关系的理解,并从中发现学生自治会这一类"小群体""小社会""微组织"特殊的历史意义及其现实价值。

本书的出版受到安徽省2023年高校哲学社会科学研究重点项目"大学软法治理的逻辑向度与实践进路研究"(2023AH051648)、2019年安徽省高校优秀青年人才支持计划重点项目"应用型本科高校学生基层就业长效机制研究"(gxyqZD2019073)与铜陵学院人才科研启动基金项目"中国近代大学学生自治会的历史演进研究"(2021tlxyrc12)资助。本书的出版离不开许许多多的支持和帮助。在此,衷心感谢笔者的恩师、南京师范大学胡金平教授,恩师深厚的理论功底、开阔的研究视野、独到的学术见解、严谨的治学品质、儒雅的学者风度使笔者受益良多。感谢南京师范大学教育科学学院各位老师在多种场合对笔者的教诲与指导;感谢同门兄弟姐妹以及同窗好友对笔者的关心和陪伴;感谢铜陵学院各级领导为笔者提供宝贵的学习时间与空间;感谢中国科学技术大学出版社领导和编辑的专业指导与辛勤付出;感谢家人的理解和支持。由于能力有限,本书对中国近代大学学生自治会历史演进的研究还不够全面深入,期待优秀的学者加入研究行列。

目　录

前言 ……………………………………………………………… (i)

第一章　绪论 ……………………………………………………… (1)
第一节　选题意义 ………………………………………………… (1)
第二节　概念界定 ………………………………………………… (5)
第三节　研究综述 ………………………………………………… (7)
第四节　研究设计 ………………………………………………… (16)

第二章　学生自治团体的萌生与合法化(1862—1918) ………… (19)
第一节　新学堂中学生会社组织的萌生 ………………………… (19)
第二节　从学界革命化到学生团体的合法化 …………………… (30)

第三章　学生自治会的自由化与改造设想(1919—1927) ……… (41)
第一节　五四运动与学生自治会的成立 ………………………… (42)
第二节　学生自治会与校园生活参与 …………………………… (45)
第三节　学校市与学生自治会改造的理论设计 ………………… (65)

第四章　学生自治会的制度化与日常状态(1928—1936) ……… (85)
第一节　南京国民政府教育宗旨的形成及其对学生自治会的影响 … (86)
第二节　政府规训下的学生自治会 ……………………………… (90)
第三节　制度化时代学生自治会的日常状态 …………………… (101)

第五章　学生自治会的战时化与启蒙救亡品性(1937—1945) … (112)
第一节　战时高等教育政策的确立 ……………………………… (113)
第二节　抗战时期大学学生自治会活动的双重取向 …………… (119)
第三节　"两化"方针的内在逻辑及其转向 ……………………… (134)

第六章　学生自治会的进步化与第二条战线(1946—1949) …… (139)
第一节　学生自治会与民主运动 ………………………………… (139)

第二节　学运背景下的政府治理 …………………………………（147）
　　第三节　民主运动下的学生服务创新 ……………………………（152）
　　第四节　中国共产党领导下的学生自治会 ………………………（158）

第七章　中国近代大学学生自治会的历史演进特征 ………………（165）
　　第一节　教育性与政治性的双重变奏 ……………………………（165）
　　第二节　自治与他治的相互博弈 …………………………………（176）
　　第三节　民主性与民族性的相互交织 ……………………………（187）
　　第四节　反思与革新的协同并进 …………………………………（192）

第八章　结语：作为大学合作者的学生自治会 ……………………（197）

第一章 绪 论

随着新文化史、微观史和知识社会学的兴起,历史学的研究逐渐重视重建过去的基层社会与群体生活,恢复大众经验在历史记录中应有的位置。在此背景下,之前较少被关注的学生群体开始进入研究者的视野,如桑兵对晚清学堂与社会变迁的研究、吕芳上对学生运动的挖掘、叶文心对民国时期大学校园文化的分析等。这些研究从多个层面展示了近代学生群体的日常生活、学习生活、课外生活、社会生活、政治生活、情感生活与时代观感,探寻了学生生活发展的内在动力及其社会影响。然而综观已有成果,学界在与学生群体密切相关的学生组织尤其是学生自治会方面缺乏深入系统的研究。而学生自治会在中国近代历史发展的各个阶段,在大学发展的各个层面,都发挥着破旧立新与引领变革的重要作用。鉴于此,本书尝试从"中国近代大学学生自治会的历史演进"层面予以深化和突破。

第一节 选题意义

一、追本溯源

伴随着大学章程的普遍制定与实施,我国高校已迈入"依法治校""依章办学"的新时代。无论是国家出台的相关教育法律法规和行政规章,还是高校制定的大学章程,都将学生及其组织纳入大学治理的主体范畴,明确规定学生会是学生自己的群众组织,代表和维护学生的正当权益和要求,开展学生自我服务、自我管理、自我教育活动。学生代表大会是学生会的最高权力机构,是学生参与学校民主管理和监督的基本组织形式,行使讨论学校涉及学生切身利益的规章制度和改革方案等职权。高校学生组织尤其是学生会参与学校治理,逐渐成为评判高校民主办学的一个重要指标,是落实高校"立德树人""以生为本"

"以学生为中心"等办学理念的集中体现。学生会如何在高校传统二元权力(行政权力与学术权力)的结构中获得合法地位？学生会的性质和任务是什么？学生会的成员有何条件以及如何产生？学生会需要设置哪些机构？学生会代表学生意见和利益的程度如何？学生加入学生会对今后发展有什么影响？学生会参与学校治理的依据是什么？学生会在学校治理结构和教育治理现代化中发挥怎样的作用？学生会参与学校治理的效果如何？学生会与其他治理主体的互动情况怎么样？学生会的权力边界在哪里？学生会是否可以取消？解答这些问题都需要回溯学生会的产生、发展及变迁的历史,以窥探并构建学生会的过去、现在与未来之间的有机联系。

史料显示,我国正式的学生会组织肇始于民国初年。民初时期,受到时局动荡、西方自由与民主思想的传播、进步杂志的创办、留学归国人员的增多、大学数量的增加以及五四运动的爆发等因素影响,学生自治风潮兴起并引起社会广泛关注。为更好地开展学生自治活动、培养学生自治精神以及组织学生运动,学生自治会孕育而生,成为代表学生利益的重要组织。一直到中华人民共和国成立,学生自治会在组织学生课外活动、丰富校园文化、辅佐校务完善、参与社会改造、组织学生运动等方面发挥了重要作用。综观学生自治会发展史,可将学生自治会的发展大致分成五个阶段,即组织孕育时期(1862—1918)、自由放任时期(1919—1927)、政府管控时期(1928—1936)、抗日救亡时期(1937—1945)和抗暴争权时期(1946—1949)。

大体而言,学生自治会主要围绕"组织建设"与"任务使命"两个层面开展各项活动。作为新生事物,学生自治会的成立影响大学既有治理结构的调整,学生开始在真正意义上获得参与学校治理权,学生自治会相应权力的获得也意味着学校管理权力的让渡和教育观念的转变。学生自治会在与政府和学校的权力博弈和互动中不断地塑造自我形象,扮演着"发扬同学自治之精神"与"辅助学校事业之发展"双重角色。① 学生自治会在塑造自我形象时,并没有将自己的活动范围局限于校内,而是将"修己"与"治人"紧密结合起来,具有典型的"君子之道"或"传统精英精神"。用余英时的话来说,"君子之道"即是"仁道",其目的不在自我解脱,而在"推己及人",拯救天下。② 费正清也认识到这一时期学生具有的传统知识分子特征,他指出:"旧式社会结构的崩溃迫使学生阶层以领导者的形象站到社会生活的前列。他们继承了知识阶层以国家为己任的传统,认为读书的目的就是强国、救国。"③在学生群体的知识精英构成、关注民生疾苦与政治清明以及社会对青年应有修养的期待等因素的合力作用下,中国近代大学学

---

① 北京大学学生自治会.我们对于组织本校学生会的意见[J].北京大学日刊,1922(1101):2-3.
② 余英时.中国思想传统的现代诠释[M].南京:江苏人民出版社,2003:124-126.
③ 费正清.中国:传统与变迁[M].张沛,译.北京:世界知识出版社,2001:513.

生自治会始终将"改造社会"作为活动宗旨之一,形成了在塑造自我中改造社会、在改造社会中塑造自我的独特意涵。

二、还原真相

学界普遍有这样一种观点,即认为学生运动与学生自治会密切相关,甚至判定学生运动是学生自治会的主要活动,学生自治会是学生运动的策源地。民国期间秉持这种观点的就不乏其人。1935年,燕京大学学生自治会主席张兆麟在《燕大周刊》上发表了《学生运动:燕大学生会的使命》一文,文中指出:"谈起学生会,我们就不能不先说到学生运动,因为学生运动,是学生会的前身表现。我们要继续以往的光荣学生运动史,一定要把推运这个运动的原动力——学生会,加以组织起来,使之健全、活跃、实用。"[①]在张兆麟看来,学生运动是学生会产生的前提,学生会的使命在于开展学生运动。民国学者茆玉麟分析了"学生自治"和"学生运动"的关系:"'学生自治'是指导学生在学校范围以内各种学艺技能及生活改进的活动,'学生运动'是指导学生在学校范围以外,一切社会和文化事业的革新运动,这两种活动,因其范围和对象不同,名词各有差异,而实际上都是青年在求学时代所作成的一切'智能活动'。"[②]茆玉麟把"学生自治"和"学生运动"都视为学生的"智能活动",是一体两面的关系,两者没有本质区别。周予同也认为:"学生自治会成为学潮的发动机,使训育陷入困难的境地。"[③]当代一些学者在研究中国近代学生群体和学生日常生活史时,也习惯于从学生运动的视角考察学生的政治觉悟、民族观念、个人心态与权力意识以及学生与政治的结合。这一点从现有的大量有关学生运动的论著中可见一斑,如吕芳上的《从学生运动到运动学生》、周策纵的《五四运动史》、易社强的《1927—1937年中国学生民族主义》、共青团中央青运史研究室编的《中国青年运动史》、北京大学历史系编的《北京大学学生运动史:1919—1949》、廖风德的《学潮与战后中国政治》、翟作君和蒋志彦的《中国学生运动史》、上海市青运史研究会和共青团上海市委青运史研究室编的《上海学生运动史》、韩成的《北伐前后的校园政治与学生运动——以上海光华大学为中心》等。将学生生活研究纳入宏大的学生爱国运动叙事之中,视学生史为革命史的附庸,可以说是21世纪前研究学生史的主要范式。

客观地说,学生运动贯穿于学生自治会发展始终,尤其是战后一些大学学生自治会直接在中国共产党的领导下开展学生运动,并将此作为崇高职责。然

[①] 张兆麟. 学生运动:燕大学生会的使命[J]. 燕大周刊,1935,6(3):11-14.
[②] 茆玉麟. 论学生自治与学生运动[J]. 学生之友,1942,5(1/2):4-6.
[③] 周予同. 中国现代教育史[M]. 上海:上海书店出版社,1989:214.

而各种史料还透露出,组织学生运动只是学生自治会的职能之一,学生自治会的主要功能在校内而不是校外,主要任务是服务学生成长与学校发展,而不是领导学生运动。即便是领导学生运动,学生自治会的出发点和归宿也都是为了学生的利益。而且大多数时候,学生自治会并不是主动领导学生运动,而是没有胆量拒绝。克伯屈在细考20世纪20年代中国学生罢课的情形后发现,发动者不过占20%,其余80%不愿意罢课但是没有胆量起而反对少数主动者。[①] 另据易社强估计,学运活跃分子仅占学生总数的十分之一。[②]

事实上,无论是教育部颁布的学生自治会组织大纲与规则,还是学生自治会制定的章程,都将学生自治会的宗旨和职能规定在学校范围之内。如教育部1943年颁布的《学生自治会规则》第二条和第四条规定:"学生自治会以根据三民主义培养学生法治精神,促进其德育智育体育群育之发展为目的。""学生自治会为学生在校内之课外活动组织。不得参加校外各种团体活动或友校与校间联合组织。"[③]在学校学生自治会章程方面,各大学基本都遵照教育部颁发的教育法规进行制定,如《南京高等师范学校学生自治会简章》规定:本会以实行学生自治、养成健全人格、发展互动精神为宗旨。[④]《国立政治大学学生自治会章程》规定:本会以发扬会员自治精神、培养政治家风度、促进德智体群美育之发展,并增进会员之福利为宗旨。[⑤]《台湾省立农学院学生自治会章程》规定:本会以根据三民主义培养会员法治精神,发挥自治能力,砥砺学行,联络感情,效忠国家为宗旨。[⑥]《国立北平大学第一师范学院学生自治会章程》规定:本会以发展本院同学自治能力、养成革命精神及谋全体同学之利益为宗旨。[⑦] 在学生自治会的实际工作中,组织学生运动也只是一部分工作。除此之外,学生自治会开展的主要活动有:组织课外活动、反馈学生意见、协助校务进行、出版学生刊物、组织民众教育、开展社会救助、联络社会事务等。这些活动构成学生自治会平时工作的常态,而学生运动则是在特殊时期或特殊事件背景下出现的非常态化行为,不能代表学生自治会的主流价值取向和日常活动范式。尤其是1922年以后,学生与政党相互牵引使得学生运动朝向运动学生的转变就更不能代表学生自治会的真实面貌。并且,在学生自治会成立之前,严重的内忧外患和新旧对立的加深,使得学生的自发斗争在群体形成之前就已经发生。

---

① 邹振甫,王政.克伯屈在清华演讲:中国目前之教育问题[J].清华周刊,1927,27(14):777-782.
② Israel J. Student Nationalism in China: 1927—1937[M]. Stanford: Stanford University Press, 1966:7.
③ 学生自治会规则[J].法令周刊,1947,10(51):7-8.
④ 南京高等师范学校学生自治会简章[J].南京高等师范日刊,1920(405):2.
⑤ 国立政治大学学生自治会章程[J].自治期刊,1948(创刊号):59-65.
⑥ 台湾省立农学院学生自治会章程[J].台湾省立农学院刊,1948(2):5-6.
⑦ 国立北平大学第一师范学院学生自治会章程[J].师大新声,1929,1(1):12-15.

据统计,在辛亥革命前的十年里,全国20个省份的各级各类学堂共发生学潮502次①,反映了学生对传统和现有体制的不满和躁动。起源于学生运动的学生自治会,其合法性并不是建立在学生运动基础上,而是蕴含于其自身拥有的促进个体发展和社会进步的多重功能之中。因而,对学生自治会的研究不能囿于政治和权力的视角,而应从一个更为广阔的教育、社会、文化、心理、历史等角度在宏观和微观两个层面进行考量和展示。

概言之,本书的价值体现在历史挖掘与现实观照两个层面。在历史挖掘层面,通过展现学生自治会的历史演进图谱,揭示其发展的动力基础、变迁轨迹与阶段性特征,明晰学生自治会与外部环境的互动博弈关系,考察国家政权在学生自治会中的政治话语建构路径,探究转型时代学生自治会的实然状态与应然诉求。

在现实观照层面,首先,对中国近代大学学生自治会的历史研究是理解当下学生会运作模式和行为方式的基本前提;其次,学生自治会所秉持的理念与开展的活动为当前学生会内涵式高质量发展提供了有益的参照;再次,学生自治会参与学校的管理为推进大学治理体系与治理能力的现代化以及校园文化建设提供了历史的借鉴;最后,学生自治会在民族国家建构中所扮演的角色为当代学生会在维护意识形态领域安全与立德树人中所承担的职责提供了基本遵循。

第二节　概　念　界　定

本书以西学传播和本土建构之间的互动与融合作为研究视角,以日常生活史、知识社会学和组织行为学等理论作为探究问题的工具,以历史文献和社会分析相结合、历史和逻辑相统一的方式作为研究问题的方法,借助合法性、正当性、权力博弈、协商民主、社会拟剧等理论,将中国近代大学学生自治会的历史演进视为一场由国家、社会、学校与学生共同参与的自我塑造与国家话语相博弈的过程。本书涉及的核心概念主要有中国近代大学、学生自治、学生自治会。

一、中国近代大学

鉴于学生自治会在中国近代大学发展和社会改造中承担了重要职责,本书以中国近代为研究时段,以大学(政府管辖下的官办、私立和教会大学)为研究

---

① 桑兵.晚清学党学生与社会变迁[M].桂林:广西师范大学出版社,2007:5.

对象①，考察学生自治会的产生、发展与变迁的轨迹，探究学生自治会开展的主要活动及其内部运作，透视中国近代政府-大学-学生自治会之间复杂多元的互动关系，科学评价学生自治会在中国近代大学治理和社会变革中发挥的功能，总结其历史价值以及时代局限，为构建新时代具有中国特色的服务于个体完善、学校发展和社会进步的学生会提供历史镜鉴。

二、学生自治

学生自治会是训练学生自治的组织，学生自治是学生自治会产生的思想基础和理论先导，两者之间是思想和制度互相促进的关系。因此，研究学生自治会，必须以研究学生自治为前提，唯有如此才能更好地把握其渊源脉络。学生自治，是一个学界研究既广泛且深入的领域，已经取得了丰硕的研究成果。本书无意沉陷在学生自治学术史的梳理中，而是更加关注学生自治的精神内核和时代建构。

结合历史语境和词源学解释，并综合学者的观点，本书中的学生自治是指在学校的指导下，学生成立团体办理学生范围以内事务，通过练习自治以培养自治能力。这是从学生自治的初始状态来理解的。杨贤江对学生自治的解读可以作为本书学生自治概念的具体性阐释。在他看来，所谓学生自治，就是指在学校的宏观指导之下，在团体的约束之下，由学生自发、自动、自主地行为，以使其在品行、学业、体魄、才识等方面得到不断提升，以促进个体发展和社会进步。杨贤江认为，练习做人的方法、发挥共和的精神、实行共同的生活、担负团体的义务是学生自治的必要性所在。② 此外，胡金平教授对学生自治的研究为进一步窥探学生自治的真实面貌提供了重要参考。他认为，学生自治的本质是民主国家合格公民养成的一种练习方式。学生自治的前提是教师、学生、教育管理者和教育行政部门教育观念的转变以及对民主教育的认同。学生自治不等于将学生与学校、教师处于对立的地位，学生自治是一种自我服务，是一种共同责任，是一种协作互助，学生自治的边界是以学生应负责和能负责的事体为限。③

---

① 考虑学生的智识、思想和行为尚未十分成熟、学生自治会在学校中的实际作用以及社会影响力等因素，本书仅以大学与少数师范学校及专科学校学生自治会为研究对象。对大学的选择并不局限于特定区域和特定学校，而是从一般意义上在整体和细节两个层面呈现学生自治会的发展历程。
② 杨贤江.学生自治何以必要[J].学生,1920,7(2):13-17.
③ 胡金平.陶行知的学生自治观及其现实意义[J].江西教育科研,2007(10):30-32.

三、学生自治会

正如民族主义造就了民族,而不是相反①,学生自治思潮也造就了学生自治会。学者认为:"学生自治思潮引发了众多自治组织形式的出现,它们以学术研究、政治研讨和社会调查为主要职责。"②学生自治会便是学生自治思潮与民主运动及高校学生民主管理相结合的产物,它是学生在大学练习自治的重要平台。尤其是经过五四运动和杜威来华讲学后,学生的权力意识高涨,学生自治被提到新的高度,学生自治会逐渐成为学校治理结构中的一部分,在各个大学设立。

学生自治会在近代中国经历了不同发展阶段,不同阶段的指导思想、宗旨和任务有所差别。因此,对学生自治会的定义要兼顾不同阶段的特点,凝练出共性特征和基本内核。本书主要从主体构成、宗旨目标、组织程序、性质任务等角度对学生自治会进行勾勒。首先,学生自治会由全校学生组织,不分男女均可加入,加入学生自治会既是学生的权利,又是义务。其次,学生自治会的宗旨体现在三个层面:一是服务学生,二是辅助校务,三是改造社会。再次,学生自治会的组织架构一般有两种,第一种是下设评议部和干事部,干事部又设若干部科。评议部评议员由各级同学选出,干事部主席由评议部选出。干事部向评议部负责,间接向全体同学负责。第二种是下设会员大会、代表会和干事会,干事会又下设事务部和学术部等部门。最后,学生自治会的性质主要表现为群众性、学习性和社会性。③ 综合以上分析,可将学生自治会概括为:学生自己成立的由特定部门构成的带有自治性和社会性的学习组织。

第三节 研究综述

新中国成立后,尤其是随着民国史研究的升温,民国教育逐渐成为教育史研究的重点和热点,国内外学者更加关注学生日常生活史以及近代学生与社会变迁的研究,尝试从不同角度解读中国近代大学学生自治会的面目,并探究其利弊得失和历史影响。

---

① 本尼迪克特·安德森.想象的共同体:民族主义的起源与散布:增订版[M].吴叡人,译.上海:上海人民出版社,2016:2.
② 陈明胜,任德新.民国基层社会政治秩序的建构与认同危机[J].民国档案,2017(2):104-110.
③ 钊.略论学生会的性质和任务[J].胶东大众,1946(42):34.

一、关于学生自治的研究

在近代学生管理领域,应该没有哪个主题能比学生自治更能引起学者的关注和重视,学生自治无疑是中国近代大学学生管理追求的重要目标,甚至可以说是学生日常生活的代名词,构成了大学校园文化的重要表现形态。

学界主要从教育家、大学和综合的角度对学生自治进行了研究。胡金平[①]、陆克俭和熊贤君[②]、陈善卿[③]等人研究了陶行知的学生自治观及其当代价值,认为学生自治观是陶行知民主教育思想的重要体现和有机组成部分,他提出的"共同自治""练习自治""自我教育""民主集中制"等理念,对今天的民主管理、共同治理、公民培养依然具有重要的借鉴价值。郭航和张礼永研究了杜威的学生自治思想及其现代价值。张礼永认为,学生自治作为杜威"间接的道德教育"理论的重要组成部分,不仅与其自动主义相吻合,而且能使学生练习管束自己,减轻学校对学生管理的负担。杜威对学生自治的创新之处在于他从社会本位出发,赋予学生自治新的内涵。[④] 除陶行知和杜威外,学界还梳理了杨贤江、蒋梦麟、蔡元培、经亨颐、梅贻琦、郭秉文等人的学生自治思想。

在高校研究方面,学者主要探析了北京大学、浙江大学、清华大学、东南大学、中国公学的学生自治生活图景。王延强研究认为,浙江大学在抗战前十年形成了多种学生组织并存的局面,丰富的活动提高了学生课余生活质量,促进了校园文化的发展。[⑤] 何方昱以20世纪40年代浙大校园中的《生活壁报》和壁报风潮为研究对象,透视出浙大学生自治会权力的扩张与学校训导处权力的式微,而这一权势的转移不仅意味着学校和政府对学生管理的无序和失控,也预示了中国政治格局的未来走向。[⑥] 李力认为南京高师与东南大学在短时间内形成颇具特色的校园文化,与校长郭秉文注重"培育一种文化生活"密不可分。在校园文化培育过程中,基于师生合作的学生自治是大学校园文化建设的载体。[⑦] 严海建研究认为,中国公学在建校初期形成了颇具特色的学生自治制度,后因官款的增加带来体制上的变革,从而导致自治与官办之争。风潮凸显出学生自

---

① 胡金平.陶行知的学生自治观及其现实意义[J].江西教育科研,2007(10):30-32.
② 陆克俭,熊贤君.试论陶行知"学生自治"理论与实践[J].湖北大学学报(哲学社会科学版),2006(5):660-664.
③ 陈善卿.陶行知提倡"学生自治"的当代价值[J].南京晓庄学院学报,2003(1):14-17.
④ 张礼永.杜威论学生自治[J].宁波大学学报(教育科学版),2013(2):14-17.
⑤ 王延强.抗战爆发前浙江大学的学生组织及其活动[J].高教发展与评估,2019(2):54-61.
⑥ 何方昱."自治"与"训导":20世纪40年代浙大校园中的《生活壁报》与壁报风潮[J].抗日战争研究,2016(3):52-66.
⑦ 李力."培育一种文化生活":郭秉文时期南京高师与东南大学校园文化之形态及育人影响[J].大学教育科学,2015(4):80-87.

治体制内在的困境,即学校发展需要依赖官方资助,而官方资助必然侵蚀学校自治。① 陈梦越从自治主体、自治机构和自治原则等层面考察了民国时期中华职业学校学生自治的特点。②

在综合研究方面,向华从学生自治的历史渊源、学生自治引入中国的思想基础、学生自治的时代条件、学生自治的实践表现和学生自治的理想与现实的矛盾等方面,对民国前期的学生自治进行了梳理。③ 李力认为,民国时期的学生自治具有外显的德育导向功能和内隐的自我教育功能。学生自治的本质在于使学生成为他自己和未来的合格公民。以民主和法治为核心价值观的学生自治在培育校园文化生活的同时,也积极引领现代公民社会的渐进与理性生成。④ 赵国栋研究认为,严格管理和学生自治是民国高校学生管理的基本经验和实践逻辑,两者辩证统一。⑤

二、关于学生自治会的研究

近代中国学生群体形成并登上社会舞台,并非自五四开始。⑥ 五四之前的半个世纪,频繁的风潮就已经显示出学生在学校和社会生活中的地位及影响日益上升的态势。为了更好且持久地开展各项活动,学生小团体首先在学堂内部开始出现。随着学生群体独立意识的不断增强以及在进步人士的呼吁下,学生团体逐渐走出狭小的学堂场域,自下而上地朝向区域性、全国性学生联合体过渡和发展。这些不同层级学生团体的出现以及由此形成的学生联合的传统为民国学生自治会的产生提供了资源和依据,也带来了秩序和意义。学生自治会在前期学生联合的"延传变体链"中不断进行着创造性的改造,经学生自治思潮的浸润和五四运动的全面启蒙,终于以"站在全体学生立场上谋利益"的形象登上历史舞台。

鉴于小群体是建构知识和通过特定渠道引导知识传播的最基本单位⑦,以及受微观史与新文化史的影响,当代研究者对民国时期学生自治会的功能、演变、问题等方面开展了研究。在历史发展方面,陈明胜、任德新以学生自治会为

---

① 严海建.自治与官办之争:1908年新旧中国公学风潮述论[J].现代大学教育,2011(4):69-75.
② 陈梦越.民国时期中华职业学校学生自治研究[J].职业技术教育,2015(31):63-67.
③ 向华.民国前期学生自治研究[D].武汉:华中师范大学,2014:46-47.
④ 李力."自治是生活底方法":民国时期大学学生自治生活图景考论[J].清华大学教育研究,2015(4):118-124.
⑤ 赵国栋."严格管理"与"学生自治":民国著名高校学生管理的实践逻辑与当代启示[J].武汉理工大学学报(社会科学版),2016(6):1290-1293.
⑥ 桑兵.晚清学堂学生与社会变迁[M].桂林:广西师范大学出版社,2007:1.
⑦ 彼得·伯克.知识社会史:上卷 从古登堡到狄德罗[M].陈志宏,王婉旎,译.杭州:浙江大学出版社,2016:9.

研究中心,探究了民国基层社会政治秩序的建构与认同危机,认为诞生于民国初期的学生自治会经历了一个从"自由放任"到"基本认同"再到"抗暴争权"的过程,从无序到有序再到无序,这一回归过程证实了有效政治秩序的构建需要治理对象的认同为前提。① 冯颖研究了民国时期大学学生自治会的成立背景、指导思想、活动开展以及存在问题,并通过个案分析展现不同类型大学学生自治会的特点。②

在个案与区域研究方面,江莉莉、顾金亮对解放战争时期中共地下党组织领导下的中央大学学生自治会开展了研究。文章梳理了学生自治制度在民初的兴起,对国立中央大学学生自治会进行了历史考察,认为学生自治会在民国时期成为政党竞相争取的重要政治力量,并就中国共产党对中央大学学生自治会的领导以及学生自治会的功能转变进行了阐释。③ 张顾对解放战争时期国统区的学生自治会进行了探究,认为这一时期的学生自治会与学校之间存在着相互作用的关系。一方面是学校对学生自治会的督导,另一方面是学生自治会对学校发展的助力,这种互动关系是建立在双方信任基础之上的。文章也提到学生自治会成为多方争取的一种政治资源,并对这一时期的学潮原因进行了归纳。④ 付延、刘京京研究了西南联大学生自治会的内部结构、特点以及功能,认为对学生自治会的研究是探索联大办学经验的一个新视角。⑤ 李浩泉探究了1919—1937年北京大学学生会的活动及其特征,指出评判学生爱国热情的高低不能以活动多少为标准,学生自治与学生治校是两个不同的概念。⑥

在功能研究方面,张雪蓉以国立东南大学为研究中心,考察了20世纪20年代我国现代大学学生自治制度。文中指出,为构建现代大学制度,中国现代大学在20世纪20年代将美国学生自治会制度引入高等教育实践。学生自治会在保障学生权益、练习自治能力、辅助校务、丰富校园文化等方面发挥了重要作用,但也存在如何避免西方文化在本土化过程中引发的失真失效等诸多问题。⑦ 周小喜、李美香以武冈境内师范学校学生自治会为例,研究了民国中后期武冈中等师范学校训育实践。文章认为学生自治会是民国时期训育实践的基

---

① 陈明胜,任德新.民国基层社会政治秩序的建构与认同危机[J].民国档案,2017(2):104-110.
② 冯颖.民国时期大学学生自治会研究[D].天津:南开大学,2010.
③ 江莉莉,顾金亮.解放战争时期中共地下党组织领导下的中央大学学生自治会研究[J].东南大学学报(哲学社会科学版),2020,22(6):147-151.
④ 张顾.1945—1949国统区学生自治会探究[D].南京:南京师范大学,2019.
⑤ 付延,刘京京.西南联大学生自治研究:以学生自治会为中心的考察[J].扬州大学学报(高教研究版),2021(1):54-60.
⑥ 李浩泉.民国时期(1919—1937)北京大学学生会活动述评[J].天中学刊,2014(3)117-120.
⑦ 张雪蓉.1920年代我国现代大学学生自治制度研究:以国立东南大学为中心[J].南京社会科学,2006(12):111-117.

本组织,通过开展社会教育与社会服务投身农村进行训育实践。①

在存在问题方面,娄岙菲认为,随着学生自治会的成立,"学生自治"逐步演变为干预校政、决定教职工去留的"武器"。教师如果予以干涉,就会被视为"专制魔鬼,遭到群起反抗,并最终酿成学潮。"②美国学者魏定熙认为,虽然五四后教育部多次要求北大严加防范可能参加政治活动的学生,但是这些警告对已是玩弄政治老手的学生根本不起作用。不断的学潮使得北大与北京政府处于持续的紧张状况之中,北大的公众形象越来越多地被其学生而非教授所主导和塑造。学生的这种主导地位在1919年10月10日发生的"面包运动"中体现得淋漓尽致。③易社强研究了西南联大学生自治会后认为:"皖南事变后,自治会成了三青团领导下的日常事务执行机构。他们号召的事,同学们不听,同学们要做的事,他们不干。学生自治会办公室整天关门,常年不见人,学生自治会可以说是名存实亡。"④在学生自治会存在的问题上,学者更加关注的是学生自治会与学校及政府之间关于自治范围和权力边界如何划定的矛盾,对其内部运作和日常管理存在的问题较少研究。

此外,鉴于民国中学学生自治会研究比较缺乏,刘京京对民国时期中学生自治会的组织、职能进行了探究。中学生自治会是民国时期中学训育制度的重要载体,是培养中学生健全人格和社会责任意识的有效方式。中学生在组织学生自治会过程中,其自治能力、团体精神和国家观念得到增强。⑤王伦信在其博士论文《清末民国时期中学教育研究》中,专节论述了学生自治会与中学训育,认为学生自治会是中学训育的主体与核心组织,并以东南大学附中为例,探究了学生自治会的具体运作以及在学校训育中扮演的角色。⑥

三、关于学生生活的研究

学生自治会在学生生活中扮演了重要角色,两者之间呈现相互作用的辩证关系。一方面,学生自治会服务于学生生活,通过开展各种活动丰富学生课外生活的同时又形塑着学生生活的方式;另一方面,学生生活又对学生自治会的活动取向产生影响,学生自治会不可能脱离学生现有的生活方式而特立独行。因此,研究学生生活也能反观学生自治会的发展概况和历史印迹。

---

① 周小喜,李美香.论民国中后期武冈中等师范学校训育实践:以武冈境内师范学校学生自治会为例[J].当代教育论坛,2016(1):79-86.
② 娄岙菲."五四"后学生自治与校园学潮[J].四川师范大学学报(社会科学版),2013(6):115-124.
③ 魏定熙.权利源自地位:北京大学、知识分子与中国政治文化:1898—1929[M].张蒙,译.南京:江苏人民出版社,2015:196.
④ 易社强.战争与革命中的西南联大[M].饶佳荣,译.北京:九州出版社,2012:299.
⑤ 刘京京.民国前期的中学生自治会[J].现代教育论丛,2016(5):89-93.
⑥ 王伦信.清末民国时期中学教育研究[D].上海:华东师范大学,2001.

近年来,随着日常生活史逐渐受到学界的重视,学生生活史也进入了研究者的视野。叶文心研究了五四运动后到抗日战争前,在高校与政府依违离合的背景下,北京、上海、南京六所不同性质的高校所秉承的办学理念和校园文化以及学院精英无所适从的生活状态。① 施扣柱采取"以事记人"和"以人记事"相交叉的叙事方式,研究了上海开埠到新中国成立前,上海近代新式学校学生的学业生活、体育生活和课余生活。② 杨禾丰论述了圣约翰大学学生交际和信仰等问题,认为学生的坚强品格使得学校在复杂的政治环境中依然获得了发展。③ 何兆武采用回忆录的方式,真实生动地展现了旧时代的学生生活,其中包括作者对西南联大的学习生活、教师与同学以及学生运动的回忆和叙述。④ 刘训华研究了历史大转局背景下的近代学生生活,包括日常生活、学习生活、课外生活、社会生活、政治生活、情感生活与时代观感等方面,探寻了学生生活发展的内在动力及其社会影响。⑤ 倪蛟以抗战时期国立中央大学的学生生活为考察对象,研究了学生的学习生活、日常生活、经济状况和民族意识与政治倾向,呈现了学生"战时化"和"平时化"交错的生活图景以及内在的矛盾张力和造因,折射出战时大学的"断裂"与"延续"并存的特殊样态。⑥ 清华大学校史研究专家黄延复在《水木清华:二三十年代清华校园文化》一书中详细介绍了学生生活派别、学生管理、学生社团、学生刊物与学生运动等内容,描绘出清华大学丰富多彩的学生生活景象。⑦ 王海凤对近代中国高校训育制度的研究也从另一个侧面反映了民国大学生的校园文化生活和政治生活。她指出,全面抗战爆发后,国民政府从实施"导师制"、成立"训导处"、筹设"三青团分团部"三个层面推行训育制度,以约束学生的思想言行。⑧ 李艳莉从师生交往的角度,研究了民国大学生的生活,认为课堂教学交往和课余生活接触是师生交往的两种形式,各有其独特价值。⑨

四、关于学生群体和组织的研究

学生自治会是学校范围最广、规格最高、影响力最大的学生自治组织。在

---

① 叶文心.民国时期大学校园文化:1919—1937[M].冯夏根,译.北京:中国人民大学出版社,2012.
② 施扣柱.青春飞扬:近代上海学生生活[M].上海:上海辞书出版社,2009.
③ 杨禾丰.圣约翰大学的校园生活:1920—1937[D].上海:复旦大学,2008.
④ 何兆武.上学记[M].北京:人民文学出版社,2016.
⑤ 刘训华.困厄的美丽:大转局中的近代学生生活:1901—1949[M].武汉:华中科技大学出版社,2014.
⑥ 倪蛟.抗战时期国立中央大学的学生生活[M].南京:南京大学出版社,2017.
⑦ 黄延复.水木清华:二三十年代清华校园文化[M].桂林:广西师范大学出版社,2001.
⑧ 王海凤.近代中国高校训育制度研究[D].武汉:华中师范大学,2020.
⑨ 李艳莉.民国时期大学师生课余交往生活研究[J].山东高等教育,2016(2):50-58.

学校学生组织中,学生自治会处于主导地位,并与其他学生组织有着密切的联系和频繁的互动。因此,对学生群体和组织的研究,也能透视出学生自治会的历史脉络、具体运作和发展图景。

在学生群体研究方面,桑兵研究了晚清学生群体的形成及其活动,并将其作为社会变迁的一个变数来看待,试图更加完整地从学生与社会的互动关系中多维度地把握学生的历史地位和作用。① 周棉等研究了留学生群体与民国社会发展的关系,探讨了留学生群体在民国各阶段发展中的作用以及在各个领域承担的角色。② 应该说,留学生群体在学生自治会的成立与发展过程中发挥了或显性或隐性的重要作用。此外,鉴于学生群体在区域政治现代化中扮演着重要角色,董丽琼研究了民国时期温州学生群体的自我认知、角色扮演以及政治实践,挖掘了其与政治现代性的地方成长之间的内在联系。③

在学生组织研究方面,李浩泉梳理了北大学生社团活动产生的历史背景及其演进轨迹,分析了北大学生社团的组织结构、组织过程、活动目标以及成员参与活动的情况。④ 朱晓凯研究了省立安徽大学学生社团的兴起原因与运作模式,指出学生社团培养了学生的公民意识与自治能力,在引领全省学生自治运动中起到了示范作用,提升了学校的影响力与美誉度。⑤ 李喜所、薛长刚研究了民国时期北洋大学的学生社团,认为学生社团是学生展示自我的主要平台,对促进学校发展具有重要意义。⑥ 张燕研究了东吴大学学生社团的演变过程、类型、作用、特点以及当代启示。⑦ 张睦楚将留美中国学生联合会作为研究对象,以中国近代教育社团与中外教育交流的关系为研究切入点,分析了联合会内部出现的民族意识与自由主义两股意识流相互交织的现象及其内在矛盾,认为这一内在矛盾构成了联合会发展的基本动力并勾画出联合会发展的历史图景。⑧ 陈莉基于结构文化主义的视角,对中国大学生组织的发展进行了研究。她指出,在近代中国救亡压倒启蒙的特殊背景下,中国大学和大学生始终将关注社会现实作为自身的使命。由于与社会局势过于紧密,大学生组织发展往往随着

---

① 桑兵.晚清学堂学生与社会变迁[M].桂林:广西师范大学出版社,2007.
② 周棉,等.留学生群体与民国的社会发展[M].北京:中国社会科学出版社,2017.
③ 董丽琼.政治现代性的地方成长及其困境:以二十世纪上半叶温州学生群体为中心[D].厦门:厦门大学,2017.
④ 李浩泉.民国时期北京大学学生社团活动研究[D].武汉:华中师范大学,2012.
⑤ 朱晓凯.民国前期学生自治思潮下省立安徽大学学生社团述论[J].安庆师范大学学报(社会科学版),2020(5):40-47.
⑥ 李喜所,薛长刚.展示自我:民国时期北洋大学的学生社团[J].历史教学,2010(4):9-14.
⑦ 张燕.东吴大学学生社团研究:1901—1952[D].苏州:苏州大学,2015.
⑧ 张睦楚.民族意识与自由主义的双重变奏:留美中国学生联合会之历史考察[M].北京:社会科学文献出版社,2018.

政治权力的革故鼎新而出现变革或断裂。① 于海兵从关注偏远地区底层学生的生活世界角度出发,以南昌改造社及其团体生活为例,探讨了五四时期地方学生组织化、主义化与革命化的进程。他认为,"五四"运动中,学生抱着极大热情组织社团、参与社团生活的终极目标是要寻求能够凝聚人心的力量,而学生自治会无疑是一个理想的载体和平台。② 严海建研究了南京建政初期国民党的青年运动政策,指出国民党对学生团体的改组因自身能力与外在环境的约束并未取得理想效果,这也是国民政府对青年运动管控乏力的主要原因。③ 王飞梳理了我国近代高等学校学生组织管理的发展阶段与经验,认为这一时期高校学生组织发展迅速,章程完备科学,结构合理多样,呈现出高度自治的特点。④ 黄坚立深入考察了三青团的成立初衷,认为国民党成立三青团的用意是借此引进青年以改造国民党,并为促进国民党不同派别的合作提供一个政治舞台。⑤

需指出的是,关于学生自治会的相关研究也散落在教育史通史性研究著作中。20世纪90年代,出版了第一批民国教育史通史性研究著作,主要有熊明安著《中华民国教育史》(重庆出版社,1990)、申晓云主编《动荡转型中的民国教育》(河南人民出版社,1994)、李华兴主编《民国教育史》(上海教育出版社,1997)、《中华民国史教育志》(国史馆,1990)。这些通史性研究由于时代、体例和篇幅的缘故,对学生生活少有专门介绍,但是它们对民国教育史发展规律的整体性把握以及对教育思想、教育制度和教育活动的梳理,可以作为宏观背景来考察学生自治会的微观变迁。除上述四本民国教育史专著以外,2013年出版了由田正平、董宝良、于述胜主编的3卷本《中国教育通史:中华民国卷》。上、中两卷主要介绍了民国时期在教育理论和实践活动中影响较大的数十种教育思潮,下卷重在全面把握民国教育制度评价尺度的同时,揭示其历史发展的内在逻辑。这些教育思潮和教育制度,在一定程度上是考察学生自治会活动及其变迁的重要依据。2015年学者联合出版了《中华民国专题史》丛书,其中的第十卷《教育的变革与发展》专述了民国时期的教育。书中将民国时期的教育发展分为探索、定型与快速发展、挫折三个阶段,总体呈现出国际性与民族性之间的冲突与调适、深受社会动荡和政治变动的影响以及教育的多样化尝试等特征。从总体上看,民国教育在现代教育制度构建、新型人才培养、现代教育制度与中

---

① 陈莉. 中国大学生组织发展研究:结构文化主义视角[D]. 武汉:华中科技大学,2007.
② 于海兵. 五四时期地方学生的革命之路:以南昌改造社及其团体生活为例[J]. 中共党史研究,2020(6):24-43.
③ 严海建. 南京建政初期国民党青年运动政策研究[J]. 南京大学学报(哲学·人文科学·社会科学),2012(1):77-89.
④ 王飞. 高校学生组织管理科学化研究[D]. 南京:南京师范大学,2014.
⑤ 黄坚立. 难展的双翼:中国国民党面对学生运动的困境与决策[M]. 北京:商务印书馆,2010:128.

国本土文化的结合、大学制度与大学精神的培育等方面取得了明显的成效,但也存在诸多不足,其中最为显著的问题是教育与社会的脱节。[①] 书中对三民主义与党化教育、西南联大、学潮的论述涉及有关学生自治会的内容。在中国教育史通史性著作方面,具有代表性的有:王炳照、阎国华主编的《中国教育思想通史》(湖南教育出版社,1994)、孙培青主编的《中国教育思想史》(华东师范大学,1995)、李国钧、王炳照主编的《中国教育制度通史》(山东教育出版社,2000)、周洪宇主编的《中国教育活动通史》(山东教育出版社,2018)。这些教育思想、制度与活动通史中对民国教育的论述或多或少、或直接或间接地涉及学生自治会的产生背景、内在逻辑与发展脉络,为后续研究奠定了基础。

学生自治会研究是一个需要借鉴其他学科视角与理论才能获得丰富性和深刻性的公共领域。从这一角度看,国内外学界相关研究成果对拓宽学生自治会的研究路径具有重要的借鉴价值。其中,周洪宇等对教育活动史的研究,丁钢等对教育叙事的探究,金以林、许美德等对近代中国大学的研究,许纪霖、萨义德等对知识分子的研究,李泽厚、霍克海默等对启蒙问题的研究,王笛、常建华等对日常生活史的研究,罗志田等对民族主义与近代中国文化的研究,李强、霍布豪斯等对自由主义的研究,杜威等对民主主义的研究,罗尔斯等对正义论的研究,俞可平等对治理与善治以及协商民主的研究,伯克等对知识社会学的研究,希尔斯等对传统的研究,费正清、罗兹曼等对中国的现代化研究,都有助于将学生自治会置于一个立体多视角的历史与理论研究之中,从而挖掘学生自治会的多义性和深层面相。

通过对研究现状进行分析,中国近代以来的研究成果梳理了学生自治会的产生背景,在多个维度展示了学生自治会的形象,总结了学生自治会的历史局限,为深入探究学生自治会的历史意涵和时代特征提供了重要参考和基本遵循。然而综观已有研究,在整体性、理论性和反思性的学生自治会专题研究方面较为薄弱,对学生自治会的内部运作、人事纠葛、外部互动、阶段诉求以及横向比较缺乏深度研究,未能将学生自治会置于传统与现代、历史与逻辑、时间与空间、表象与本质、理性与情感、民主与幽暗、学术与政治、知识与权力等多维度动态格局中予以考察。"追求全面史,多角度地了解历史面相,是历史学者和其他研究人员本能的探索欲望。历史的研究过程,是一个由未知到已知,由模糊到清晰,由碎片到整体,由部分到全面的历史世界挖掘的过程。"[②] 为此,本书将借助已有成果,尝试从整体性角度运用多种理论深入阐释学生自治会的历史演进、发展规律及其本质诉求,从新的学术视野和更深的层面探究学生自治会的

---

① 朱庆葆.中华民国专题史:第十卷 教育的变革与发展[M].南京:南京大学出版社,2015:1-19.
② 李金铮.整体史:历史研究的"三位一体"[J].近代史研究,2012(5):24-28.

政治与历史文化内涵,借助"整体史观"和"新文化史观"以展现学生自治会的演进特征与历史面貌。

第四节 研究设计

一、研究思路

基于由下而上的历史研究范式,本书以历史阶段的演进嬗变为经,以内部结构分析与外部互动博弈为纬,借助历史叙述、逻辑分析、量化统计、理论透视等方法,对中国近代大学学生自治会的历史演进、组织结构、活动开展和互动关系进行多维度、深层次的综合研究。既注意从纵向上梳理中国近代大学学生自治会发展的基本脉络、阶段性特征以及理论研究的学术史,又着重从横向上考察学生自治会与政府、大学与社会等多元主体的互动博弈。不仅从宏观上把握中国近代大学学生自治会历史演变的全过程,还从微观上考察学生自治会组织形态的变迁、服务宗旨的调整以及学生自治观念的转变。力求以整体研究和微观研究相结合的方式,客观立体地揭示中国近代大学学生自治会的真实面相,深度描述学生自治会呈现的主要特点和内在诉求,探究学生自治会发展的内在动力及其对大学和社会发展的影响,并以学生自治会为研究视角,深入考察近代中国大学治理结构的变迁和学生共同体的形成,深层次透视近代学生群体的日常活动、精神世界、心态记忆与内心矛盾。通过中国近代大学学生自治会发展的"小叙事",折射出中国近代社会变迁的"大历史"。着力将学生自治会作为社会变迁的一个变量来考察,从而更加完整地从学生、政府、大学和社会的多维关系中准确把握其历史地位。

二、研究方法

高等教育是一个复杂的系统,需要借助多学科研究视角(科际整合)才能观其全貌、窥其本质。本书总体上采用历史文献与社会分析相融合、纵向比较和横向比较相结合、历史学的方法和高等教育学研究相联结的方法,一方面从历史变迁的逻辑和时代环境的作用两个层面考察中国近代大学学生自治会的发展历程,加强对历史纵深的探究和对社会环境的观照。另一方面,在历史演进过程中关注中国近代大学学生自治会的内在发展脉络,从学术与政治、知识与权力等视角出发,考察学生自治会的宗旨与性质、结构与功能、活动与诉求。在此基础上,尝试对中国近代大学学生自治会与大学及政府的关系进行整体勾勒,描绘出中国近代大学学生自治会的发展图景,总结出中国近代大学学生自治会发展的历史经验和当代启示。

（一）文献研究法

史学研究的目的是客观描述并深刻解释社会文化现象的来源与进程，探讨规律性认识，并升华为一般性理论。这一目的的达到要从最基本的历史文献解读入手。毫无疑问，历史研究的基础是历史文献、实物资料等，对历史文献进行实证分析，是理论阐释与建构的前提。① 任何历史研究都离不开文献法，文献法是历史研究最基础也是最重要的一种方法。文献研究法主要是对现有资料进行搜集、整理、筛选、组织与诠释。为了尽可能地还原学生自治会的多维面相，本书不仅关注国家与地方的教育法律法规和统计数据等资料，还搜集和分析校史资料、学校刊物、媒体报道、教育论著、学生档案、口述资料、私人日记、人物传记、公函书信、外文资料和回忆录等重要史料。在文献研究的基础上，运用社会学的研究方法描述并解释学生自治会的运作方式和变迁动力，以深化对学生自治会发展规律的认识。通过对学生自治会的历史研究，为现实教育实践提供警示和借鉴。

（二）个案研究法

叶文心认为，民国大学生作为一个群体，缺乏一个全国性的大学生文化。大学生作为社会阶层，所代表的更是多种多样的类型和选择。② 由于学生群体文化之间的差异以及学校性质的不同，各个大学学生自治会的历史传统和现实形态也不尽相同，这就需要借助个案研究法分析不同大学学生自治会的发展路径和内在演变。个案研究是对某一个体、某一群体、某一组织进行全面深入的研究，从而掌握其发展变化全过程。个案研究的功能在于描述、解释和评价。③ 本书将从公立大学、私立大学和教会大学中各选取有代表性的大学作为个案分析对象，既展示各校学生自治会特殊性的一面，又梳理它们之间存在的普遍性特征。由于普遍性寓于特殊性之中，并通过特殊性表现出来，因而可以从不同大学学生自治会所体现出来的特殊性中，解析学生自治会发展的共性特征，比如产生背景、组织结构、宗旨使命等。个案研究法的运用不仅使本书有具体、生动的实例支撑，而且有助于再现学生自治会的细枝末节和历史图景。

---

① 陈蕴茜.崇拜与记忆：孙中山符号的建构与传播[M].南京：南京大学出版社，2009：10.
② 叶文心.民国时期大学校园文化：1919—1937[M].冯夏根，译.北京：中国人民大学出版社，2012.
③ 潘苏东，白芸.作为"质的研究"方法之一的个案研究法的发展[J].全球教育展望，2002(8)：62-64.

(三）比较研究法

本书使用的比较研究法包括纵向比较和横向比较两个层面。纵向比较即历时性比较,指的是对某一事物在不同发展阶段的比照和考察,是一种发生学意义的研究。[①] 这种纵向比较既包括学生自治会在不同阶段主流形态的整体对比,又包含学生自治会组织结构、宗旨使命等方面在不同时期的整体比较。横向比较即共时性比较,也就是一般意义上的比较研究,指的是根据一定的标准,对在时空范畴内同时存在的两个或两个以上有联系的事物进行不同层面的比较分析,从而寻找异同和探求规律。这种横向比较主要包括中国近代不同高校学生自治会之间的对比、国内外学生自治思潮与学生自治会之间的对比、不同教育家学生自治观之间的对比等。通过比较研究,探索学生自治会发展的普遍规律和特殊规律,精准把握其变迁轨迹。比较研究范式的使用意味着本书需采取纵横交错的论述结构,即以传统历史学强调时间顺序的历时性论述作为基础和主调,同时也力求突破单一时间维度的叙事框架,尝试构建共时性和历时性结合互动的比较论述体系。

---

① 王红雨.读书之外:近代学生课余生活管理研究[M].北京:中国社会科学出版社,2018:32.

第二章　学生自治团体的萌生
　　　与合法化(1862—1918)

费正清在研究中国的传统和变迁后指出："只有在深入考察中国历史的前提下,我们才会发现其运动的方向并了解当下中国发生的一切。西方的新兴力量与本土传统习惯及思维方式之间的冲突互动是中国变革转型的根本原因。"①对中国近代大学学生自治会的考察,同样需要把它放在传统与现代、西方与本土的框架中才能更好地掌握其产生、发展与演变的过程。中国的传统并不完全是现代化的对立面,现代化中的科学理性在传统中依然能寻找到存在的合理性。尤其是处于转型期的近代中国,社会生活和文化生活都受到传统范式的影响。重视和发现传统是理解中国现代化的必要前提。学生自治会作为大学中现代化的学生组织,在产生之前就以学生联合结团的方式在传统依旧强大的新式学堂中孕育成长。随着内外部条件的成熟,尤其是在外在因素的催促下,学生联合结团终于在五四后以"学生自治会"这一新的组织和形象登上历史舞台,并在校园生活和社会政治生活中发挥重要影响。就此而论,学生自治会与其产生的母体大学有所差异,它并非从西方直接移植而来,而是传统范式和现实需求、西方文化与本土政治相结合的产物。在学生自治会的"酝酿"过程中,五四运动是关键要素。它不仅加速了学生自治会的组建,而且赋予学生自治会新的时代使命并将其推向历史的风口浪尖。

第一节　新学堂中学生会社组织的萌生

中国近代大学学生自治会是近代学生团体发展到一定阶段的产物,而中国近代学生团体又是随着新式学堂取代传统书院产生的。"国势之强弱,视乎人

---

① 费正清.中国:传统与变迁[M].张沛,译.北京:世界知识出版社,2001:3.

才之盛衰,而造就人才,必自广设学校始。"①为了在"千古变局"中实现"富国强兵",清政府大力改革传统教育,倡设新式学堂,以培养掌握西学西艺的新式人才。经过洋务运动、戊戌变法、书院改学堂、废除科举等一系列的改革和探索,新式学堂终于在真正意义上扎根于中华大地。伴随着新式学堂的兴起,近代学生群体也逐渐成长起来。民族危亡之际,受到民主思想激荡的近代学生群体肩负起启蒙与救亡的双重使命。清政府的腐败无能与专制统治使得近代学生群体在推动近代中国民主化进程的同时,逐渐走向了其对立面,构成冲击清朝统治的学生战线。学界革命倾向的普遍化最终将清王朝推向了历史的终结点。正如学者应星所言"新式学堂孕育出的反体制冲动,使得新式学堂成为颠覆皇权政治的基地"②,而新式学生群体无疑是反体制冲动的核心力量。

一、新式学堂中的学生群像

晚清政府面临的内忧外患不仅意味着一个朝代的衰败,还代表着一种文明的没落。处于风雨飘摇中的清王朝并没有放弃自我救赎,面对"数千年未有之变局"和"数千年未有之强敌",它试图通过自我革新的方式再现昔日天朝上国的威权。于是,在这没落中的文明内部催生出了以"自强求富"为宗旨的社会与政治组织的新形式。③ 新式学堂便是其中教育组织的新形式之一。

在洋务派看来,西方之所以强大是因为拥有近代科学技术和优良的养兵练兵之法,因而追赶西方的途径就是学习"夷狄"那些"奇技淫巧",以"制器之器"和"制器之人"为自强的急务和重点。在文化自信和"师夷长技以制夷"的理念指导下,以讲授"西学"为主要内容的新式学堂得以建立。为了应付时需和富国强兵,这一时期主要创办了三种形式的新式学堂:第一种是方言学堂,以培养翻译人才为主,如京师同文馆、上海广方言馆、广州同文馆;第二种是技术学堂,以培养掌握现代化技术的人才为主,如福建船政学堂、电报学堂;第三种是军事学堂,以培养能使用现代武器的士官为主,如北洋水师学堂、天津武备学堂。这些学堂在性质上属于专科学校,培养出来的学生直接供朝廷所用。从学堂的种类可以看出,新式学堂的教学内容范围仅限于经史之学与"西文""西艺",其他不在经、史、技、艺、用者,皆绝其道。学堂学生中,既有为贪图膏火而来的童生,又有获得品秩的科甲人员。由于生源芜杂,学生长幼不一,因而彼此间难以产生交往共识,联合抱团的可能性较小。这些学生大多具有一定的中学根基,在学习"西文""西艺"后,西学水平也得到较大提高。

---

① 朱有瓛.中国近代学制史料:第一辑 上册[M].上海:华东师范大学出版社,1983:590.
② 应星.新教育场域的兴起:1895—1926[M].北京:生活·读书·新知三联书店,2017:182.
③ 孔飞力.叫魂:1768年中国妖术大恐慌[M].陈兼,刘昶,译.上海:上海三联书店,2016:340.

第二章 学生自治团体的萌生与合法化(1862—1918)

由于学堂隶属于政府机构,由政府直接控制,因此培养出来的学生也成为社会附属品,与西方近代教育的趋向和功能迥然不同。西方近代教育以受教育者为主体,为个体提供发挥自身潜能的机会,培养其社会主体意识和国民精神,以过上有尊严的生活。新式学堂教育以维护封建统治为中心,目的在于造就为统治者服务的技术人才和仕宦人才[①],压制民众的主体自由和民主精神,本质上是一种专制教育。[②] 这种以统治者为中心的新式教育以及近乎苛刻的管理条规,一方面使得学堂按照预定方向发展,另一方面也在一定程度上激发了学生的不满情绪。在洋务派兴办的新式学堂中,1862 年开设的京师同文馆具有特殊的意义。它不仅是中国近代最早的外国语学院,而且也是近代中国新式学堂的滥觞,为后来的京师大学堂和北京大学的建立积累了办学经验,延续并创新了中国高等教育的文脉。

虽然洋务运动在甲午战争后宣告破产,但其兴办的新式学堂对改革传统教育、传播西方科学技术和创建近代大学都起到了积极作用。正是由于创办新式学堂的需要,洋务派才睁眼考察西方的人才培养体系和高等教育制度,才有可能借鉴西方大学的模式培养高等人才。盛宣怀也正是基于"自强之道,以作育人才为本。求才之道,尤宜以设立学堂为先""树人如树木,学堂迟一年,则人才迟起一年"[③]的判断,于 1895 年创办了近代中国教育史上第一所新式大学——北洋大学堂。这一时期创建的近代大学不同于洋务时期的专科学校[④],它们直接以国外大学为参照,以"西学体用"为办学方针,全面系统学习西学。为了仿效西方大学的办学模式,体现新式大学的现代性质,大学举办者在延聘总教习或监院上形成了重叠共识,即聘请具有较高学养并在中国生活多年的外国进步传教士。如北洋大学堂聘请美国教育家丁家立为总教习,京师大学堂聘请美国基督教传教士丁韪良为总教习,南洋公学聘请美国教育家福开森为监院,山西大学堂聘请苏格兰传教士敦崇礼为西学专斋总教习,山东大学堂聘请美国传教士赫士为总教习。在清政府看来,这些传教士不仅有扎实的西学功底,对西方的教育理念和模式也极为熟悉,更为重要的是他们掌握中国的实际情况了解政府的需求,能够较好地处理西学和中学之间的关系,在人才培养与维护封建统治之间找到一个平衡点,不至于在中学西学孰优孰劣中走极端。这些新式大学虽然比前期洋务学堂更重视西学的引进,在学制上也有所创新,但根本目的依然是为封建王朝统治服务。郭秉文对进入现代之前的中国高等教育进行了概

---

① 田正平,肖朗. 中国近代教育家群体特征综论[J]. 教育研究,1999(11):47-52.
② 桑兵. 晚清学堂学生与社会变迁[M]. 桂林:广西师范大学出版社,2007:41.
③ 朱有瓛. 中国近代学制史料:第一辑 下册[M]. 上海:华东师范大学出版社,1986:490.
④ 许美德. 中国大学:1895—1995 一个文化冲突的世纪[M]. 许洁英,译. 北京:教育科学出版社,2000:59.

括:"政府主办的高等教育并不是为大众教育造福,而是以它作为实现国家安宁的工具。对政府来说,高等教育不过是培养称职官吏的手段。对多数人而言,教育也只是进入官场的工具。"①

不过,将人才培养和社会需求相结合,也是新式大学的一个特点。考虑到学生实际情况,最早一批新式大学基本都采用两级制的教育模式,即大学预科和大学本科。这种制度最后在壬寅癸卯学制中得以落实,即高等教育分大学预备科、大学专门分科、通儒院三级。壬寅癸卯学制的颁布标志着我国大学分科分系制度的开始,高等教育体系初步在国家层面得以建立。遗憾的是,在辛亥革命前,中国人自主创办的近代大学只有4所,毕业生数量也较少。如京师大学堂只有预科毕业生120人,尚无本科毕业生;北洋大学堂仅有法科毕业生9名,工科毕业生35名②;上海南洋公学上院没有本科生毕业③;山西大学堂有法科毕业生16名,工科毕业生19名,理科毕业生9名。④

中华民国建立后,为促进和规范高等教育发展,当时的教育部先后颁布了新的壬子学制和《专门学校令》《大学令》《大学规程令》等一系列高等教育法规。新学制和教育法规为高等教育发展提供了制度依据和法律保障,有力地推动了民初近代大学的兴起和教育改革,在形式上实现了教育平等。尤其是在学校内部治理结构方面,校长、评议会和教授会构成的民主结构取代了封建官吏的一元结构成为学校治理主体,学生自治逐渐进入管理者的视野,大学内部管理逐渐朝着自主化、民主化、科学化的方向发展。据1917年全国高等教育统计,全国共有高等院校80所,其中高等师范和专门学校72所,在校生15506人,毕业生5327人;分科大学8所,在校生3511人(其中预科生2163人,占61.6%),毕业生898人(其中预科毕业生554人,占61.7%)。⑤ 随着自由民主思想的传播和学生数量的增多,学生的群体意识和组建学生团体的意愿也在逐步显现和增强。

在洋务学堂向近代大学演进的历史过程中,不仅教育组织形式发生了变化,学生群体身份和志向也随之改变。洋务派兴办新式学堂的目的在于应变局和图自强,在这一办学方针指导下,清政府希望招收的是那些既能精通西学又维护封建统治的良家子弟。然而在政府双体并行的体制下,社会对学堂和新学的接受度较低,士绅及其子弟和一般童生入学堂的意愿不强。洋务派负责人奕䜣在同文馆第一期招生结束后称:

---

① 郭秉文.中国教育制度沿革史[M].北京:商务印书馆,2014:65.
② 陈翊林.最近三十年中国教育史[M].上海:太平洋书店,1931:121.
③ 交通大学校史编写组.交通大学校史:1896—1949[M].上海:上海教育出版社,1986:54.
④ 陈翊林.最近三十年中国教育史[M].上海:太平洋书店,1931:121.
⑤ 陈翊林.最近三十年中国教育史[M].上海:太平洋书店,1931:270-272.

衙门设立同文馆,原拟遴举聪颖之士,精习泰西语言文字,递及步算测量。乃当未经开馆之先,谣诼群兴,为所惑者不无观望,彼时投考诸人,流品不一,经臣等勉强考试,录取三十人。令该学生等在本署大堂当面出题考较,其中尚堪造就者不过数人。①

梁启超在认识到科举和新式学堂之间的内在矛盾后也认为:"科举不变,荣途不出,士夫之家聪颖子弟皆以入学为耻,能得高才乎?"②早期改良派郑观应同样批评道:"良以上不重之故,下亦不好。世家子弟皆不屑就,恒招募婪人子弟及舆台贱役之子弟入充学生。"③在"科举—升官—发财"的逻辑依然成立的条件下,不仅入学堂被视为一种耻辱,学堂毕业生出任各种洋务职务也受到指责。为了吸引更多的聪慧子弟入学堂,清政府通过发膏火、保升途、授官职、允科考等方式来利诱。在发膏火方面,如天文算学馆为了吸引科甲人员,月薪达十两,高于五品外官和七品翰林院编修的薪俸。光绪十三年《同文馆题名录》记载:"入馆学生向例按等给予膏火薪水。肄习洋文者,月给膏火三两;学有成效选拔前馆,月给膏火六两;课业颇有进益,增至十两;若举充副教习,月给薪水十五两;出洋充翻译者,月给薪水一百两;充三等翻译官者,月给薪水二百两。"④在学生升途方面,清政府给予优秀毕业生随使出洋、升迁出馆和分部留馆等待遇。如光绪五年《同文馆题名录》记载:"每三年举行大考即岁考后,由总署择优奏保官职,自八九品衔起至分部行走。其在京者,仍留馆肄业译书,并在总署充当翻译;其课业较精者,选派随使出洋。"⑤在允许科考方面,由于科举仍为正途,学堂基本默认学生有参加科考的自由和权利,但对学堂中重科举轻西学的倾向也提出了批评。同文馆章程规定:"遇乡、会试年份,学生有愿应试者,准给一个月假期。"⑥江南制造局总办指责光绪五年以前该馆有一批学生:"敷衍岁月,多攻制艺,不复用心西学,故中学尚有可观,西学几同墙面,此何异内地书院?"上海广方言馆的学生名义上为学习外语而来,但内心的真实意愿依然是专攻制艺。林乐知说,1867年夏,该馆已是附生的学生都在认真准备不久在南京举行的乡试,用于英文学习的时间很少。⑦

通过多措并举,新式学堂招收到了以士子童生为主体的第一批学生。这些学生流品不一,水平悬殊,或长或幼,流动性较大,名为向学,实图膏火。如上海

---

① 朱有瓛. 中国近代学制史料:第一辑　上册[M]. 上海:华东师范大学出版社,1983:45.
② 梁启超. 饮冰室合集:专集一[M]. 上海:中华书局,1936:81-84.
③ 朱有瓛. 中国近代学制史料:第一辑　上册[M]. 上海:华东师范大学出版社,1983:589.
④ 朱有瓛. 中国近代学制史料:第一辑　上册[M]. 上海:华东师范大学出版社,1983:53.
⑤ 朱有瓛. 中国近代学制史料:第一辑　上册[M]. 上海:华东师范大学出版社,1983:63.
⑥ 朱有瓛. 中国近代学制史料:第一辑　上册[M]. 上海:华东师范大学出版社,1983:22.
⑦ 桑兵. 晚清学堂学生与社会变迁[M]. 桂林:广西师范大学出版社,2007:47-48.

广方言馆初期,招收名额为40人,实际招录文童24人,而"候补佐杂及本地绅士附额十名"则"从未有来馆者"。广东同文馆中的民籍正附各生"来去无常","始愿不过希图月间膏火,迨学习一二年后,稍知语言文字,每有托词告病出馆,自谋生理。"到19世纪80年代中期,由于京师和各地士风明显转变,报考学堂的学生人数和学生素质有所提高。1890年江南水师学堂招生的条件为"年在未冠,经书已熟,体健无病,业通英文",虽然比有些学堂条件要高,却有数百人报名,通过者也超过百人。1887年,刘铭传在台湾设立西学馆,本想"造就一二良才,以资任用",然而"讵一时闻风兴起,胶庠俊秀,接踵而来",最终录取"年轻质美之士二十余人。"据不完全统计,到甲午战前,自办学堂共25所,其中语言学堂5所,军事学堂9所,普通学堂5所,工艺等学堂6所,在校学生约2000人,平均每所学堂80人[①]。与学堂初具规模为西学开一扇门构成对比的是,这些士子童生的视野仍局限于学堂和科举,依附传统性强,缺乏独立意识和批判精神。这是由于学堂既为国家培养人才而设,则学生从入校到学习再到出路都由政府一手操办。虽然管理严格,淘汰率高,但是只要质地尚可造就,学有成效,则衣食无忧,升途有路。在这种制度安排下,学生对学堂的不满主要集中在内部管理上,封建制度本身的腐朽落后并不构成他们批判的对象,更不会站在专制的对立面从根本上否定封建统治。他们本身就属于封建统治体系的一部分,与官僚制度有着不可分割的血肉联系。这种内外束缚无疑妨碍了学生群体结构的稳定和群体意识的形成,学生在学堂中欠缺独立自主精神,更没有参与社会政治活动的意向和动力。丁家立在京师同文馆的任职经历也证实了这一点。他说在同文馆任职25年之久,从未见过学潮。[②] 19世纪士子童生这种默默无闻的表现与20世纪现代学生的活跃与躁动形成了鲜明对比。尽管如此,新式学堂的创办为近代中国学生群体的孕育提供了基地,是培养"文明种子"的隐性"公圃",成为了中华民国时期新教育制度和新一代学子产生的肇因。[③]

二、近代学生群体的成长

与洋务学堂学生相比,19世纪末20世纪初的青年学生面临着更加严峻的国际国内环境,深切感受到亡国灭种的危机与日俱增。甲午战争失败,戊戌变法夭折,义和团运动惨败,庚子国变,一系列改革和战争的失败,激发了青年学生以变革图存为己任的爱国情感和斗争精神。为挽救国运,青年学生以稚嫩的身躯和顽强的精神担负起启蒙与救亡的双重使命,成为一支相对独立的以除旧

---

① 朱有瓛.中国近代学制史料:第一辑 上册[M].上海:华东师范大学出版社,1983:辑录.
② 桑兵.晚清学堂学生与社会变迁[M].桂林:广西师范大学出版社,2007:48.
③ 黄坚立.难展的双翼:中国国民党面对学生运动的困境与决策[M].北京:商务印书馆,2010:8.

布新为主要任务的重要社会力量。近代学生群体的成长是多种因素合力作用的结果,概括起来,主要有以下几个方面的原因:

一是近代大学的建立。近代学生群体的成长依赖新式学校平台的建立,早期的洋务学堂虽然有别于传统教育,但是他们显然不能承担培育近代学生群体的重任。直到19世纪末20世纪初,随着新式学堂的进一步发展尤其是近代大学的萌生,近代学生群体才有可能从孕育走向产生、从松散走向联合、从弱小走向壮大、从反帝走向反封建。近代大学与学生群体之间呈现出相互影响、相互促进的关系。一方面,近代大学虽然产生于清末,但是它们与新式学堂已不可同日而语。无论是教育体制、课程设置与教学方法,还是学生的身份与出路,近代大学尤其是教会大学都表现出不同于新式学堂的特点。这些具有近代高等教育性质的大学越来越重视对知识与科学的传授,培养出来的学生与维护封建统治也并不具有天然的联系。李提摩太为了创办山西大学堂,向李鸿章递交的《上李傅相办理山西教案章程》中写道:"专为开导晋省人知识,设立学堂,教导有用之学,使官绅士庶子弟学习,不再受迷惑。"在李提摩太看来,传授知识和教导有用之学是设立大学堂的主要目的,而不是培养封建卫道士。北洋大学在学科设置上较为灵活,随时根据社会需求设立相关学科,如法律、土木工程、采矿冶金、机械工程等。随着时代发展,近代大学在办学过程中,逐渐表现出疏离专制统治的一面,日渐向高等教育自身发展规律演进。近代大学与封建统治阶级之间的内在张力、西方科学与民主思想的传播、学生传统依附性的逐渐解脱、学生人数增多以及交往合作的加深,这些因素都有力地促进了学生群体的形成。另一方面,学生群体的形成又加快了近代大学的发展速度。无论是学生群体表现出来的优秀学风,还是毕业后对学校的回馈与帮助,抑或是反对校方另起炉灶,都在一定程度上推动了中国近代大学的发展和多元化。

二是民族危机的刺痛。无论是官办学堂还是教会学校,学生的主要职责在于专攻艺学,以使自身成为通经济变之才。然而,清政府腐败无能,无力御侮,处于民族危亡之际的学生已不能安心就读于学堂,他们必须依靠自身以及发动群众实现救亡图存。上层腐朽没落,下层民智未开,启蒙立人与革故鼎新的时代重任只能由中层的学生等知识分子群体肩负。清末新政中的兴建学堂和科举制度的废除,使得新式教育培养出来的新式学生,不仅眼界开阔、感应敏锐,而且富有民主和斗争精神,负担较轻,与下层民众最为接近。他们揭示了封建专制统治是导致中国积弱愚昧的根本原因:"我中国二千余年溺于尊君贱民之谬见,沉于扶阳抑阴之荒词,以至积弱于斯。"① 只有推翻专制统治,才能"完全吾爱国之观念,施行吾爱国之实事"。为此,学生们激励国人要发扬民族精神,呼

---

① 伦理课程之评判[N]. 警钟日报,1904-05-13.

吁"中国而果大发其民族之精神也,则国犹可以永存;不然者,其必终为白人之鱼肉土芥矣"①。他们把爱国行动视为拯救民族的重要途径,"吾不爱祖国,则祖国亡而吾辈死,爱之而行之,则祖国存而吾辈生"。并将这种爱国行为纳入学校生活,以免"待学之成,则已国墟而人奴矣!"②学生的爱国精神和反抗行为无疑触犯了学校的利益和统治者的大忌。湖南巡抚赵尔巽对学生说:"彼知忠君爱国之本,何以我们学生动将上二字抛去,专讲爱国?甚至有排政府、排满之谈?"③两江总督魏光焘"严禁诸生阅看新报新书,以免思想发达,致肇祸端",购阅者"以会党匪人例重治其罪"④。为了更好地实现"不受野蛮君主之压制"与"不受文明异族之驱使"⑤,学生联合结团以显示学生群体力量已是时势所逼和大势所趋。值得一提的是,学生联合结团有时是在外界的批判下促成的。如曾任京师大学堂仕学馆教习的岩谷孙藏在1903年批评学生只顾读书,对俄国入侵中国毫不关心。而日本学生却不同,他们成立学生会竭尽所能要求政府与俄国抗争。岩谷孙藏通过辞职的方式表达对学生的不满,从而激发了学生们的爱国热情,他们召集会议讨论东北地区局势,并制定了行动计划。⑥

三是科举制度的废除。科举一日不停,士人皆有侥幸得第之心。停止科考,士心涣散,心若死灰。科举停废一方面断绝了士人追求功名利禄和实现阶层跃迁的通道,使得新式学堂成为求学者的首选,海外游学也逐渐成为一时风尚,由此产生了不同于传统士子的新式学生群体,并间接地促进了学生群体规模的扩大和交往联合。另一方面,与新教育体制相比,科举制度具有一种纾解求学者政治参与压力的功能。科举废除后,由于新教育制度的社会凝聚与整合功用不断凸显,容易激发求学者群体对社会的不满和反叛性政治参与压力的形成。⑦关晓红认为:"立停科举直接促成了包括留学生在内的学生群体迅速扩大,他们作为新兴社会力量,给中国的社会变革和反清革命注入了强劲动力。"⑧余英时指出,科举废除使得知识精英跻身中央与地方权力结构的希望成为镜花水月,使他们失去了拥有政治社会地位的可能,从而成为政治边缘化的群体。然而,政治地位的边缘化并不意味着文化地位的非主流,他们凭借新式学校、媒

---

① 杜士珍.横议二[J].新世界学报,1902(9):32-40.
② 浔溪公学第二次冲突之原因[J].选报,1902(35):26-30.
③ 张篁溪.沈祖燕、赵尔巽书信中所述清末湘籍留东学生的革命活动[J].湖南历史资料,1959(1):123.
④ 江督仇视新学[N].国民日日报,1903-08-16.
⑤ 为外人之奴隶与为满洲政府之奴隶无别[J].童子世界,1903(24):9-11.
⑥ 魏定熙.北京大学与中国政治文化:1898—1920[M].金安平,张毅,译.北京:北京大学出版社,1998:24.
⑦ 王奇生.党员、党权与党争:1924—1949年中国国民党的组织形态[M].北京:华文出版社,2010:35.
⑧ 关晓红.科举停废与近代中国社会[M].北京:社会科学文献出版社,2013:330.

介舆论以及各种学会和社团,发挥并扩大文以载道的影响,在文化思想界依然占有一席之地。一方面作为文化思想的引领者,另一方面作为政治权力的边缘者,两种身份的不协调使得知识精英处于不平衡与失落状态。[①] 随着时代转型步伐的加快,这种不平衡与失落感促使他们对现存政治社会秩序逐渐失去信心,作为政治的反叛者而不是传统的卫道士成为他们的最终选择,走上思想激化的道路也就在所难免。

科举停废致使数以百万计的童生士子"上断其根,下失其路",他们不得不闯进昔日鄙视的新式学堂寻求新的出路和平衡。朱峙山和刘大鹏的日记都记录了科举停废前后乡村士子的选择和命运:"各学堂学生,如五路小学、农务、方言等学堂学生,亦有童生报考者。武普通亦有童生,文普通及省、道、府三师范简易科,则尽秀才也。"[②] "科考一停,士皆殴入学堂从事西学,而词章之学无人讲求。"[③] 除涌入学堂外,出国留学和改就其他趋新事业也是一部分士人的选择。据学者统计,江苏地区有科举功名的官绅中,曾出国留学者占进士的54.6%,举人的31.8%,生员的66.7%。[④] 刘大鹏在日记中也反映了出国游学已成时尚以及清政府对留学归国人员的重用和对旧学的鄙弃:"一生赴东洋学东洋之学,盛称倭学之高,言倭之理学,华人不能其万一","太古城内一生姓孟名嘉林,从英人学已三年矣,业既毕,给举人"[⑤],"现在出洋游学者纷纷,毕业而归即授职为官,其学孔孟之道并一切词章家,俱指为顽固党,屏之黜之"。[⑥] 在改就他业方面,据苏云峰统计,湖北省有20337名获得旧学功名的士绅通过各种新式教育进入教育文化、法政、军事、行政和实业界,占清末20年间该省4万余名绅士总数的43%。[⑦] 然而与入学堂相比,出国留学和改就他业的人毕竟是少数。在科举废除的情况下,士人要想获得传统功名时代相对应的待遇,谋生有路,他们就必须接受西学的洗礼,调整自己的知识结构和思维方式,由此便形成了一支蔚为可观的由旧士人转化而来的学生群体。新式教育的推进与传统士阶层的解体导致了社会结构的重组,士民社会被国民社会所取代。科举制度所造就的越高越窄的金字塔形升官图转变为学校培养的各尽其能、人人自主的新国民。[⑧]

---

① 张灏.幽暗意识与民主传统[M].北京:新星出版社,2006:240.
② 中南地区辛亥革命史研究会,武昌辛亥革命研究中心.辛亥革命史丛刊:第11辑[M].武汉:湖北人民出版社,2002:329.
③ 刘大鹏.退想斋日记[M].太原:山西人民出版社,1990:147.
④ 王树槐.中国现代化的区域研究:江苏省 1860—1916[C].台北:台北"中研院"近代史研究所,1985:529.
⑤ 刘大鹏.退想斋日记[M].太原:山西人民出版社,1990:149.
⑥ 刘大鹏.退想斋日记[M].太原:山西人民出版社,1990:145.
⑦ 苏云峰.中国现代化的区域研究:湖北省 1860—1916[C].台北:台北"中研院"近代史研究所,1981:408.
⑧ 桑兵.晚清学堂学生与社会变迁[M].桂林:广西师范大学出版社,2007:134.

清政府振兴学堂,本期望"用新教育抵制新敌国"以及"用新教育创造新中国"[①],然而未见其益,先受其损[②],最终被它精心缔造的学堂王国送上了历史的终结点。

四是民主思潮的传播。当近代中国知识分子意识到西方的强大不仅在于先进的科学技术,更在于民主的政治制度时,便将政治民主化作为国富民强的先决条件和自身追求的主要目标之一。从鸦片战争后的思想求索到戊戌变法中的实际运动,无不体现出仁人志士对西方民主制度的向往和实践。闽严氏、浙章氏、楚谭氏、粤孙氏、梁氏等对民主思想的传播和践行以及对国外学运的介绍,深刻影响思想日益成熟的学堂学生。1903年,张继在《祝北京大学堂学生》一文中就指出:欧洲的革命经验证明,学生是革命运动大潮的主要推动者,京城的学生更是在中国政治舞台中充当重要角色。[③] 在所有传播路径中,阅读报刊是学生接触民主思想的重要途径。据统计,20世纪前十年,中国在国内外出版发行的报刊多达600多种,其中大多数不为清政府所控制。另据杭州、南京、武汉等12个城市的调查,主要由学生订阅的报刊就有51种,总销量达8200份。[④] 通过阅读这些报刊,尤其是一些激进刊物,如《江苏》《浙江潮》《童子世界》,学生们了解了西方的民主制度,并逐渐认识到中国腐败的根源,进而在一定程度上转变了自己的思想。报纸对学生思想影响之大,以至于清政府不得不以禁止惩治而后快。清政府规定:"学堂如有购阅此等报章,及为寄售传播者,学生即时驱逐出堂,并加以惩治。"[⑤]面对专制政府和学校的压制,接受民主思想的学生不再保持沉默,他们联络同志结成团体,"以为不自由,毋宁死"的态度坚决反抗,发动了20世纪初风起云涌的学堂风潮。正如郭秉文所说:"不少决策者都达成一个共识,中国的学堂和大学是推动中国革命运动的主导力量。受到新教育思潮浸润的学生,无论长幼,不再满足于现状与传统,并有了参与政治改革和社会建设的热切愿望。"[⑥]这一时期的反抗,与其说是学校办理不当,不如说是学生"既睹世界外之风潮,大非生而盲目、沉醉于经史中者可比"所致,即"学生之滋事,实出于新旧思想不同,非关于办理之不善也"[⑦]。为了扩大影响,学生首先从学堂内部开始组织自治团体,再逐渐向校际区域性联合过渡,最终以建立全国性的学生组织为目标。斗争方式的转变、群体规模的扩大以及社会政治意识的增强,标志着学生群体趋于成熟,并成为近代中国民主化进程的重要推动力量。

---

① 陈启天.最近卅年中国教育史[M].台北:文星书店,1962:25-26.
② 学堂不得缩短经学时间[N].广州总商会报,1907-06-26.
③ 张继.祝北京大学堂学生[N].苏报,1903-06-06.
④ 桑兵.晚清学堂学生与社会变迁[M].桂林:广西师范大学出版社,2007:106.
⑤ 戈公振.中国报学史[M].上海:商务印书馆,1935:167.
⑥ 郭秉文.中国教育制度沿革史[M].北京:商务印书馆,2014:115.
⑦ 论南洋公学事[N].中外日报,1902-11-25.

五是学生自治的兴起。西方民主思想的传播不仅强化了学生对民主理论的认同,还在客观上成为学生自治实践的催化剂。而学生自治兴起的一个必然结果,就是学生群体的形成。在学生他治或被治的环境里,学生事务都是由学校管理人员承担,学生作为规训与教化的对象出现在教育场域中,学生群体的形成既无必要又存在隐患,自然不被学校提倡。受西方民主思想的传播、维新人士对民权观念的强调、地方自治思潮的刺激以及爱国救亡运动的开展等因素的影响,学生自治逐渐突破传统势力的束缚,在中华大地上立足扎根,并强势进入学校改变着学生的形象和学校的权力结构。作为学生自治兴起的表现,北京、浙江和江苏等发达地区出现了由学生为创办人、"以提倡学生自治为宗旨"的报纸杂志[①],学生自治团体也随着学生自治意识的觉醒而不断涌现,使学界潜在的民主趋向逐渐公开化。[②] 作为学生追求民主的初级形式,学生自治的推行需要以学生群体为依托和支撑,学生个人并不能完成学生自治的全部使命。通过学生群体或学生组织,学生可以实现自我管束,以改良从善,化躁动为自觉,变混沌为有序,构建新形象和新秩序。[③]

　　学生自治与学生群体之间实则呈现出共生共荣与相互依赖的关系。一方面,学生自治是推动学生群体形成的诱因,学生自治的合法化是学生群体合法化的前提。反过来,学生群体是学生自治的实施主体,通过捍卫学生自治的权利彰显自身的地位与培养学生的能力。在自治思维运作下的学生群体表现出"全体宜保全名誉""规则宜实力遵守"的高度责任感和良好自制力。如上海义务学堂和广州岭南学堂的学生自治会推行民主管理,以"范围身心、习练能力"为宗旨,"全校之驯良者居十之九",在当时成为美谈。学生自治与学生群体的结合,改变了学生以往作为旧秩序破坏者的形象,遵守新秩序也成为学生的职责所在。虽然学生自治对学生个人发展和学生团体建设都有积极意义,但是统治者依然将其视为洪水猛兽,想方设法予以破坏。桑兵认为,学生经过抗争获得自治权利并建立团体,不仅对专制权威构成挑战,而且具有某种意义上的合法性,容易造成基层社会的民主化与统治秩序的失范化。[④] 晚清政府的担心不是没有依据的,《新民丛报》在1906年就敏锐地觉察到:"中国近来之团体思想发达极矣,其学界中为尤甚。"[⑤]民权的高涨和团体的激增使得统治者深为恐慌,因而不择手段压制学生团体的发展也就在"情理之中"。1907年冬,陕西宏道高等学堂丙丁两班学生协办自治会。监督胡某因听信谗言,认为自治会为抵抗教

---

① 各省报界汇志[J].东方杂志,1907(7):178-180.
② 桑兵.晚清学堂学生与社会变迁[M].桂林:广西师范大学出版社,2007:273.
③ 桑兵.晚清学堂学生与社会变迁[M].桂林:广西师范大学出版社,2007:275.
④ 桑兵.晚清学堂学生与社会变迁[M].桂林:广西师范大学出版社,2007:282.
⑤ 佛苏.论主张竞争者当知法制[J].新民丛报,1905,3(24):23-24.

员与管理员而设,于是开除学生13人,记过30余人。① 浙江法政学堂肄业各员拟组织同学研究会,以期联络感情,研究学问。提学司批示道:法政课业繁重,时间本来就不够用。即使稍有闲暇,也应该用来温习功课,哪里有开会的时间。如果一心二用,则课业必多荒废。并声称:"上谕未毕业生,不准开会演说,各学堂自应一律钦遵。学员如果向学,随时随地均可研究,不必特设专会,致滋纷扰。"② 类似的案例在其他学堂也时有发生,各级官吏对学生结党立会也一律反对查禁,甚至捆捉拷打。陕西蒲城县令就因学生自治对自身构成威胁,派兵武力干涉,以致酿成血案。③

对统治者来说,带有自治性质的学生团体主要有两个方面的威胁。一是学生自由联合组成的小团体为学生争取到独立的空间,这种空间有助于学生学习民主和培养民主精神。学生的思想一旦融入民主观念,就容易走向专制统治者的对立面。二是学生自治可能成为地方自治的先导,地方民众往往在学生自治的实践中理解并接受民主观念和制度。④ 如果地方民众加入学生队伍,扛起民主大旗,将会全面推进民主化的进程,提升民主化的层级,进而动摇统治根基。学生自治的内在威胁以及由此产生的连锁反应,使得晚清政府不得不全力阻止学生自治。

第二节 从学界革命化到学生团体的合法化

一、学界革命化

罗志田认为,青年学生是近代社会转型中一个不容忽视的社群。由于学生队伍庞大,崇尚自由民主,参与意愿强烈,在历次的政治运动中都凸显出主力军的作用。正如杨荫杭所见:"其他国家的学生全力以赴地学习还担心落后,中国的学生则对政治异常感兴趣,没有一个政治事件学生不参与其中。"⑤ 学生能够成为政治运动的主力军,与学生群体的形成密不可分,学生个人难以在政治运动中形成气候。正是学生自治联合成团体,他们才有可能成为一支独立的力量登上政治舞台,并利用政治舞台达成自己的目的。学生群体在参与政治运动的过程中,逐渐呈现出革命化特征,即学界革命倾向的普遍化(桑兵语)。学生群体的革命化倾向有其特殊背景和历史必然性。

---

① 学界:宏道高等学堂之风潮[J].夏声,1908(4):175.
② 不准组织同学会[J].直隶教育杂志,1909(20):110.
③④ 桑兵.晚清学堂学生与社会变迁[M].桂林:广西师范大学出版社,2007:283.
⑤ 罗志田.权势转移:近代中国的思想、社会与学术[M].武汉:湖北人民出版社,1999:236-237.

晚清时期，中国社会大致分为上、中、下三层，上层统治者专制腐朽，下层社会民智未开，救亡和启蒙的历史使命只能由中层担纲。由于中层社会发育不足，学生群体便是担此重任的最佳人选。这也是革命党青睐学生群体的主要缘由。事实上，革命党中的学生不在少数，相似性使得他们对学生情有独钟并有所偏倚[①]。1906年，同盟会主要负责人黄兴在《民报》周年庆祝会上发表演说，援引学生在欧洲革命和日本明治维新中发挥重要作用的实例，呼吁学生不仅要为"预备建设"而努力，更要承担革命的责任。黄兴的演讲，明显透露出同盟会对学生参与革命的认同和期盼。对革命党来说，争取学界的支持是增强自身力量和扩大影响的重要途径，这就决定了革命党要妥善处理与学界的关系，以便促成学界的革命化。从此角度看，学界的革命化倾向是由革命党主导的，而革命党主要通过宣传革命思想和建立组织基地实现学界的革命化。

一是宣传革命思想。青年学生思想开放，有意背离传统，崇尚新观念新事物，易于接受民主思想和革命宗旨。革命党抓住青年学生这一特点，利用多种形式向其宣传革命思想，激发他们的反抗意识和斗争精神。革命党主要通过鼓励阅读革命书刊和凭借课堂讲坛等方式开展学生革命思想宣传工作。办刊出报是革命党宣传革命思想的主要途径之一。1908年，《大阪每日新闻》列举了革命党在国外的势力及举办的机关报（表2-1）。由此可见，革命党在国外基本都发行了机关报。这些机关报的主目的在于宣传革命党的政治主张和国外民主理论，其发行地虽在国外，但是阅读对象和影响范围主要集中在国内，尤其是学生群体。革命党极为重视传播媒介的思想改造功能，鼓励学生阅读激进报纸杂志。他们希望学生通过阅读带有政治引导性的文章，能够改变自身的思维方式和行动模式，进而起到带动社会革命的示范作用。除办刊外，凭借课堂讲坛宣扬革命理论是革命党引导学生走向革命道路的另一种重要途径。革命党充分利用课堂讲坛这一有利平台，向学生讲授民主革命理论和革命党人的事迹和主张，引发学生对专制统治的不满和民主制度的向往。他们不仅超出课程大纲内容讲述政治理论，还让学生就政治问题各抒己见，并通过集会演讲、实地考察、郊游参观等教育途径唤醒革命斗志。[②]对学生表现出来的符合革命党宗旨的言行，激进人士褒奖有加。杨毓麟在北京译学馆教授国文时，"学生课卷有稍合革命主义者，虽文词草率，辄奖励之；有颂扬君后而抬头书写者，必勒抹而痛斥之"[③]。

[①] 桑兵.晚清学堂学生与社会变迁[M].桂林：广西师范大学出版社，2007：335.
[②] 桑兵.晚清学堂学生与社会变迁[M].桂林：广西师范大学出版社，2007：339.
[③] 高平叔.蔡元培全集：第2卷[M].北京：中华书局，1984：118.

表 2-1　部分革命党势力国外分布状况①

区　域	负责人	机　关　报
日本	章炳麟、宋教仁	《民报》《复报》《天义报》《日华新报》
新加坡	陈楚南、邓子瑜	《中兴日报》
海峡殖民地	林某	《光华日报》《吉隆日报》
缅甸	李某	《仰光日报》
泰国	陈景华	《华暹新报》《横议杂志》
布哇	卢某	《檀山新报》《民生日报》
桑港	容闳、黄某	《大同日报》
温哥华	崔某	《华英日报》
巴黎	李某、吴某	《新世纪》

二是建立组织基地。1908年,《大阪每日新闻》不仅列举了革命党在国外的势力,还分析了革命党势力在国内的分布状况（见表2-2）。

表 2-2　革命党势力国内分布状况②

地　名	社　会　势　力	秘密结社
香港	陈白	中国日报、东方报、世界公益报
上海	学生、官吏、商人、新闻社	哥老会、盐枭
南京	学生、官吏、军队、警察	哥老会、三合会
厦门	学生、商人	哥老会、三合会
青岛	学生	
天津	学生、官吏、军队	
湖北	学生、官吏、军队	哥老会
四川	学生、官吏、军队	哥老会
湖南	学生、官吏、军队	哥老会
云南	学生	苗族
广东	学生、商人、劳动者	哥老会、三合会
广西	学生、官吏、军队	哥老会、三合会
浙江	学生、官吏	哥老会、盐枭

---

① 清国革命党之势力[J].竞业旬报,1908(20):49-50.
② 清国革命党之势力[J].竞业旬报,1908(19):50-51.

续表

地　名	社　会　势　力	秘密结社
江西	学生	哥老会
安徽	学生、官吏、军队	哥老会、盐枭
山西	学生	
伪满洲	学生、官吏、军队、商人、劳动者	马贼

从表1-2可知,革命党势力在不同的地区有不同的人员结构,但是只有学生群体是所有地区革命党的基础,在个别地区甚至是唯一可以依靠的力量。调查结果与当时的情况基本吻合。据相关资料,由同盟会员举办和参与办学的教育机构就达到150多所(军校除外),它们散布于全国20多个省区的城市和乡镇。① 这些学校的学生无疑是革命党的培养对象和后备力量。桑兵认为,革命党人或直接发展学生入会,或培养骨干创建外围组织,以壮大革命队伍。也正是因为学生与革命党之间存在着亲缘性,学堂往往成为革命党人的立足点和活动的秘密机关。1903年,清政府怀疑京师大学堂与南方反清势力有秘密往来,于是下令对宿舍进行大搜查,并检查所有来往信件是否有反动内容。同时,委派张之洞劝说学生不要介入政治活动。张之洞在一次仕学馆学生集会上先赞赏学生虚心向学、各有心得,后又劝诫学生"吾人之界限不可不明,学生有学生之界限,学堂以外之事不可以做"。②

除京师大学堂外,安徽公学、上海爱国女校、中国公学、震旦学院、北洋女师等,在当时都被人们视为"革命胚胎之地"。以中国公学为例,该校由部分留日退学学生发起组建,创办人大多为革命志士。中国公学从产生之日起就与同盟会有密切的关系,成为日本同盟会总部与内地革命党交流往来的重要桥梁。在多数人的回忆中,中国公学实为革命党人秘密活动的一个重要基地,秋瑾、陈英士、章太炎、蔡松坡等革命人士曾聚集活动于此。事实上,中国公学对同盟会来说,是作为在国内活动的一个根据地来建设的,它主要负责海内外同盟会的联络工作。学校成立后,在创办革命报刊、参与革命活动、提供革命经费等方面推动了革命的进程,彰显出新式学生群体已挣脱传统束缚成为中国政治力量的主力军。③

经过革命党人的思想洗礼,学界革命化逐渐从观念层面转为行动层面,青年学生在组织宣传联络等方面承担起重要职责。他们一般通过举办演说会、编

---

① 桑兵.晚清学堂学生与社会变迁[M].桂林:广西师范大学出版社,2007:338.
② 京师大学堂消息[N].大公报,1903-05-04.
③ 严海建.中国公学与清季革命[J].历史档案,2014(3):111-118.

印革命书刊、演出话剧等形式开展革命宣传工作,以批判专制统治和动员下层民众。青年学生不仅自身表现出对封建皇权的失望和蔑视,还对革命志士受到迫害表示同情和悲愤。清末革命期间,青年学生对革命烈士极为敬重,将其作为崇拜的偶像。1906 年,湘学界为陈天华和姚宏业举行公葬,并为其铸铜像,"以标乡望而励群儒"①。1907 年,学生不顾清政府的残酷镇压,毅然为秋瑾募捐修墓,并一致为其申冤,痛斥清政府"野蛮"。② 湖北革命党人被捕入狱后,众多学生自愿前往监狱探视,"狱中几成为学生俱乐部"。③ 革命党人的烈士精神日益浸润青年学生的血液,他们渐趋内化革命党人的精神世界,并以实际行动竞相仿效。辛亥革命前,激进学生显然以革命党人自居,他们效法革命志士,成为起义暗杀的重要力量。革命报刊遭到封禁,他们也加入声援队伍,筹议对策。④ 湖北学生与新军在清王朝末日前夕,组织成立了众多革命研究会,以便更好地策划起义。⑤ 学生的革命言行使得清政府大为震惊,以至于对学生无一不以革命党视之,并采取相应措施予以遏制。有官吏提议政界应拒青年于门外,减少学生从政的机会⑥;有的指出留日学生是学界风潮的主导者,应选派更多的学生赴德国留学,以德国之学派为中国学堂之模范,使各省学堂以忠君尊孔为第一宗旨⑦;有的激进人士甚至认为学堂是天下大乱的祸首,应废学堂重科举。⑧ 虽然清政府采取了种种限制措施,但学界革命化已不为其所控制,学界朝着革命化道路前行。学界的革命化或者学界与革命党的深度融合,成为清政府的莫大隐患,而随着学生军的出现和壮大,更是将清政府推向了绝境。

二、学生团体的合法化

为加强学堂内部管理,防止学生思想激化与学生团体的政治化,清政府在 1904 年就制定了禁止学生立会结社和参与党会的《各学堂管理通则》。1909 年,学部又对其进行了增订。其中"学堂禁令章"中"十不准""两不得"对学生的学堂行为进行了严格规定。⑨ 在"干预国家政治及离经叛道、联盟纠众、立会演

---

① 湘学界为陈姚铸铜像[N]. 大公报,1906-07-13.
② 遇知氏. 读查辑党人勿妄株连折注[N]. 大公报,1907-08-21(2).
③ 中国人民政治协商会议湖北省委员会. 辛亥首义回忆录:第二辑[M]. 武汉:湖北人民出版社,1980:16.
④ 《天民报》之风云[N]. 民立报,1911-07-02.
⑤ 费正清. 中国:传统与变迁[M]. 张沛,译. 北京:世界知识出版社,2001:486.
⑥ 用老臣办新政[N]. 中国日报,1907-11-14.
⑦ 议定中国学界宗旨[J]. 江西官报,1906(20):60.
⑧ 无学堂天下便治乎[N]. 民呼日报,1909-06-04.
⑨ 学部奏增订各学堂管理通则折[J]. 教育杂志,1910,2(3):27-40.

说,均经悬为厉禁"①的严苛管控下,学生自治团体从产生之时就缺失合法身份,游离于内部管理结构之外。

在清政府看来,学堂由学业与法律所构成。法律是实现学堂整齐划一、劝惩防闲的有效保障。1903年制定的《京师大学堂续订条规》写道:"凡在学堂者,欲学业之有所划一也,不能不受法律之整齐,欲学业之有所策励也,不能不受法律之劝惩,欲学业之有所专向而无所妨害也,不能不受法律之防闲。"②从这一角度,也可以考察清政府以禁令的形式限制学生立会结社的动因。虽然受到限制,但学生并未放弃对自治权利的追求,而是表现出顽强斗争的姿态。在不同类型的学堂,学生均成立了不同形式的学生自治团体,如复旦公学实施民主管理,推行学生自治,陕西宏道学堂组织全堂自治会,安徽高等学堂实行"代议制",中国公学以自治"行共和之法",倡导学生主体制,广州岭南学堂成立学生自治会。除上述提到的原因外,学生自治团体的出现也与推动学潮密不可分。在发动学潮的过程中,学生们日渐感受到成立自治团体的重要性和紧迫性。在他们看来,自治团体既是一个培养自治力、互助力及组织力的训练场,也是破旧立新的试验场,更代表着一种情感归属、身份认同和团体意识。③ 基于此,他们说道:"革命之不成,无团也。""必特结一大团体,革命始成。"④学生自治团体的出现及迅速发展,凸显出学生对民主管理的渴求和对专制体制的否定,反映了学界民主倾向的日益强化,对彰显国民主体身份、增强国民参政意识、推动民众思想启蒙具有重要意义。这些先于学生自治会出现的团体组织,可谓是学生自治会成长的胚胎,决定了日后学生自治会的基因序列和基本面貌。

学生在民国建立过程中的作用是有目共睹的。对学生而言,新政权的产生不仅意味着原有身份的改变,还预示着自身权利的扩大以及受到更多的尊重。从民初颁布的教育法令法规看,新政府并没有像清政府那样,视学生团体为"非法组织",而是为其划定权利边界,允许在规定范围内自由活动。1912年9月颁布的《学校管理规程令》中规定:在得到校长批准和职员督率的前提下,学生在课余可以设立游艺、体育、音乐等有益于身心的会团。学生如果对教学与校务管理确有意见,可以上书或面陈学校职员等候裁决,不得一意孤行,妨碍学业。1912年9月3日,蔡元培在中国公学开学典礼中说:"辛亥革命以前,全国学风以破坏旧秩序为目的。现在民国成立,应以建设新秩序为宗旨。"⑤蔡元培在中

---

① 北京大学校史研究室.北京大学史料:第一卷 1898—1911[M].北京:北京大学出版社,1993:580.
② 朱有瓛.中国近代学制史料:第二辑 上册[M].上海:华东师范大学出版社,1987:905.
③ 于海兵.五四时期地方学生的革命之路:以南昌改造社及其团体生活为例[J].中共党史研究,2020(6):24-43.
④ 桑兵.晚清学堂学生与社会变迁[M].桂林:广西师范大学出版社,2007:76.
⑤ 高平叔.蔡元培教育论著选[M].北京:人民教育出版社,2011:23.

国公学的演说显然意有所指。光复以前,中国公学在培养革命党和推翻清政府等方面发挥了功不可没的作用,参与革命是中国公学的重要职能。时移世易,以中国公学为代表的高等学府如果还停留在革命前的阶段,保留着革命传统,则与时代发展格格不入,对教育发展也毫无益处。政权的更替决定了学生要摒弃过去的革命思维和激进言行,将精力投入到新秩序新生活的构建中来。蔡元培力图将晚清以革命为主的高等学府导入以现代化为中心的正途,切实发挥大学在科学研究和人才培养中的主导作用。

除《学校管理规程令》外,在民初颁布的教育法令中,很少见到其他有关学生团体活动的规定。这种制度设计,一方面表明学生团体获得了合法化身份,学生有权建立属于自己的团体;另一方面也显示出民国政府欲将学生团体置于规范化运行轨道,以利于对学生团体的管理。既承认学生团体有自由活动的权利,又将其限定在特定的范围内发展,在"自由与规范"的理念下,政府为学生团体构建的发展格局显然比清政府"单向度"的压制更具民主化和合理性,也更能获得学生对学校管理规程的认同和遵循。

学生团体的合法化出现在民初不是一种偶然,而是政治社会"共和""民主"等多种因素相互交织的必然结果。一是培养新型"国民"的需要。与晚清教育宗旨相比,民国教育部在1912年9月颁布的教育宗旨显然指向"国民"的塑造和"国民性"的养成。教育不再以培养"臣民"和"奴性"为目标,而是以培育具有集体意识和国家观念的新型国民为宗旨。在新型国民的素养中,自治能力是其核心部分。"盖自治一事,甚为重要,欲造成公民必自兹始。"①如果能"树自治之极轨",则"宏强国之远漠矣。"②杨贤江也指出,有无自治能力是区分共和国民和专制国民的重要标准,共和国是无法建立在没有自治能力的国民基础之上。③如何培养国民及其自治能力,成为民初教育必须解决的重要现实问题和承担的政治使命。显然,传统教育方式不足以支撑培养国民的重担,需要寻求新的途径创新人才培养规格。民国有人士认为,学生自治是发展学生人格的唯一方法。④ 事实上,学生自治不仅是国民能力结构中的重要组成部分,还是塑造国民的有效路径。国民性的养成和自治能力的培养不仅需要教育的环境,还需要团体生活的训练。离开团体生活的熏陶和实践,国民的培养只能停留在观念层面,收效甚微,这也是陶行知生活教育的要义所在和价值体现。而学生团体无疑是练习学生自治的重要载体和空间组织,学生在其中可以获得自己管理自己

---

① 周其峻,胡开瑾.训育标准指示:人群组织与学生自治[J].安徽省立第二师范学校杂志,1920(7):10-11.
② 宋恩荣.中华民国教育法规[M].南京:江苏教育出版社,2005:16-23.
③ 杨贤江.学生自治何以必要[J].学生,1920,7(2):13-17.
④ 朱调孙.学生自治与人格的发展[J].东方杂志,1920,17(5):91-94.

的能力和其他方面的素养。通过学生自治的中介作用,学生团体和国民建立起双向互动关系。

二是教育法令的授权。如前所述,民国政府在教育法令中允许学生成立游艺会、体育会、音乐会等有助于学生身心发展的组织,这便在法律层面确立了学生团体的合法性。法国学者马克·夸克指出,赞同、规范网络和法律是合法性理念的三要素,合法律性是合法性的必备前提之一。虽然民初政府对学生团体的类型和权限有所限制,但在法令上首次确认了其存在的合理性,这对学生团体的未来发展意义深远。由于民初的中国社会缺乏一种明确的政治信念,加上军阀混战频繁,政局动荡不安,因此中央对地方的控制软弱无力。费正清认为,革命党人在辛亥革命时有党无兵,未能掌握实权;如今的军阀,有兵无党,同样无力领导国家与建立新秩序。1913年后,军备扩充复兴,党派却分崩离析。中国缺少能够将新兴的军事力量和新的政治组织结合起来的领袖人物,军阀统治下的中国政府走向崩溃的边缘,中国社会也达到了混乱的极点。①

政权的更迭导致颁布的教育法令不能一以贯之地实施,法令的权威也大打折扣。本为规范学生团体发展的教育法令因中央权力的式微未能起到应有的震慑效果,校园风潮依然时有发生。吕芳上在《从学生运动到运动学生》一书中指出:五四运动之前的学生风潮,矛头指向校园内部,范围限于校长、教职员、课堂及饭厅。风潮结束后,学生中的激进分子一般受到严肃处分,校长和教职员或留或去,校园又回归平静。如1914年,湖南工业学校因校长人选问题发生风潮,特派员施文垚奉命整理工校。施到校后,以杨翰湘为首的十几名学生在校中早有布置,乘施行经静处时即行扭打,拳足交加,喊声震地。所幸此时有庶务部人员经过,督率工役排解才得以脱身。施被殴辱后,旋即前往行政公署面呈教育司长及民政长,派警卫数十名缉拿行凶学生。结果,四名肇事学生押解警察厅,其余学生均漏网。②复旦公学复学后,公费停发,经费困难。庶务长叶藻庭忙于筹措经费,无暇顾及学生与工友的矛盾与纠纷,加上社会处于转型之际,学生情绪偏激,稍有不满,动辄罢课。对于此次罢课,舆论界主要持批评态度,认为复旦学生"实无必须停课之理由",是"小题大做",如此"意气用事,何尝以学业为前提哉!"③蔡元培执掌北大校长后,认为社会对大学的不满主要体现在两方面:一是学课之凌杂,二是风纪之败坏。解决第一个问题的关键在于延聘纯粹的学问家,将大学改造为纯粹研究学问之机关。救第二弊的方法在于延聘

---

① 费正清.中国:传统与变迁[M].张沛,译.北京:世界知识出版社,2001:501.
② 湘省工业学校学生风潮详纪[N].时报,1914-04-29(10).
③ 复旦大学校史编写组.复旦大学志:第一卷 1905—1949[M].上海:复旦大学出版社,1985:61-62.

学生之模范人物,以整饬学风。① 由此可见,民初的校园并不平静,学生风纪问题仍然是困扰办学者的痼疾。需指出的是,这一时期校园风潮发生的主要原因是学生对学校管理的不满,学生的政治意识还没有完全觉醒,与五四后的学潮性质有所不同。学生的傲慢与偏见说明了教育法令在学生群体中并未形成强烈的威慑力和整合力。然而,教育法令的有限约束力并不意味着学生团体合法化受到影响。事实上,无论法令的实施效果如何,经过政府认可的学生团体至少在法律层面获得了合法性依据。而学生团体在法律层面合法性的获得又是其他层面合法性获取的重要前提和保障。

三是学生自身的争取。以利益法学著称的耶林认为,法权是经由斗争获得的,每一项法律规则都是从对抗它的人手中夺取的。② 权力的分配与获取无疑是斗争与协商的结果。从晚清到民初,学生团体合法化的历程显然与学生自身的争取密不可分。虽然目前缺少学生在争取团体合法化方面与校方及政府交涉的相关材料,但可以推测出,学生团体的合法性绝不是内在有机地发展以及政府的"一厢情愿"和"主动示好",而是学生与政府之间协商与妥协的产物。尤其是在"思想自由""兼容并包"理念的影响下,学生对自身权利的争取更是有了理论依据和制度保障。蔡元培在1918年北京大学开学典礼上指出:大学不是养成资格和贩卖知识的场所,而是纯粹研究学术的机关。就任北大校长后不久,蔡元培为养成学生高尚人格,组织建立了进德会,设立了书法、画法、乐理研究会和体育会,成立了学生银行和消费公社。这些以提升道德修养、愉悦身心、养成服务社会能力为主旨的组织与会社,不仅改变了北大的学生风貌、课外生活与学术环境,还为学生团体的培育和学生自治的推行提供了良好氛围和坚实平台。蔡元培对学生团体建设的重视或许与参观南开学校有关。1917年5月23日,南开自治励学、敬业乐群、演说三会开联合讲演会,邀请蔡元培、李石曾、吴玉章来会主讲。三人演讲之余,参观南开时说:国中学校大都思想不自由,"然贵校于斯,殊异于众。校中会章不一,入者自由,择选无丝毫信仰之束缚"③。

南开学会团体的发达与张伯苓的重视不无关系。张伯苓认为,南开培养的是"活孩子",不是"死孩子",青年少时练习正当快乐,则终身受益。④ 在张伯苓的倡导下,南开积极支持学生成立各种社团,以培养学生的主动精神、合作意识和自治能力。南开的学会团体大致分为五种:一是由学生自己组织的团体,如自治励学会、敬业乐群会、演说练习会、义塾服务团、救国储金会、校刊等;二是学生组织、教职员辅助的团体,主要包括各类学术性和技术性较强的学会,如国

---

① 高平叔.蔡元培教育论著选[M].北京:人民教育出版社,2011:81.
② 耶林.为权利为斗争[M].郑永流,译.北京:商务印书馆,2016:2.
③ 高平叔.蔡元培教育论著选[M].北京:人民教育出版社,2011:100-102.
④ 南开大学校史编写组.南开大学校史[M].天津:南开大学出版社,1989:50.

文学会、英文学会、德文学会、体育会、军乐会、唱歌会、柔术研究会等;三是师生合组的团体,主要有新剧团、中国音乐会、照相传习社等;四是临时性的组织,主要有周年纪念会、春季旅行会、辩论会、运动会、欢迎新同学会及假期留校学生乐群会等;五是毕业学生同学会,以联络同学感情,促进母校繁荣为宗旨。① 对于学生集会,学校也不以政治理由进行干预,学生只要向庶务课登记就可举行。与南开类似,清华学校学生在课业之外,也成立了诸多会社组织,或以研究专门学术,或以联络感情,或有益于进德修业,练习办事能力,大体而言,分为五类:一是阐扬宗教之组织,如青年会、孔教会等;二是研究学术之组织,如年报、学报、周刊、白话报、崇学杂志、修业杂志等出版物,科学社、文学会、拳术会、国情考察会等会社;三是练习技艺之组织,如音乐会、戏剧社、国乐团、美术社等;四是服务社会之组织,如社会服务团、通俗演讲团、星期日学校、工人教育团、乡村教育改良研究所、平民学校、校工夜校、平民图书馆等;五是联络情谊之组织,如各级级会、各同乡会、唯真学会等。② 无论是北大,还是南开和清华,这些学生团体的倡导者和组织者大多为学生。如南开敬业乐群会是由周恩来、张瑞峰和常策欧在1914年3月4日发起成立的;义塾服务团成立于1915年,最初由敬业、励学、青年三会联合发起。虽然学校对学生团体的成立表示赞同和支持,但是学生如果没有办会意愿,对课外活动持冷漠态度,学生团体的发达局面将不会出现。

　　四是民主管理的推进。学生团体合法化既是大学民主管理的重要体现和内在要求,也是崇尚与推进民主管理的结果。1912年10月颁发的《大学令》规定,大学设评议会和各科设教授会。评议会和教授会的设立,真正拉开了大学民主管理的序幕。广大教职员特别是教授群体通过评议会和教授会参与学校的管理与决策,极大地改变了以往大学治理的结构,调动了教师的积极性和创造性,使大学朝学术化、专业化方向发展。学校的治理不仅是行政人员的责任和权力,学术人员同样有权力参与大学共同治理,以更好地实现大学教授高深学术、养成硕学闳才的宗旨。民主管理在教师层面的实现势必对学生产生影响。虽然教育法令没有明文规定学生在民主管理中的角色和作用,但是一些大学在办学过程中逐渐赋权学生,鼓励学生参与学校管理,推动学校发展与改革。例如,复旦公学1917年改大学后,由于学生人数逐年增长,有限的行政人员无力承担精细化的学生管理任务。学校于是提倡学生自治,赋予学生自己管理自己的权力。五四运动后,学生自治会取代了监学,学生如有违犯校规,则召开特别法庭审理。李登辉出任复旦大学校长后,更是鼓励师生共同管理学校,通过

---

① 南开大学校史编写组. 南开大学校史[M]. 天津:南开大学出版社,1989:50-56.
② 学生各会社周年纪念之回顾[J]. 清华周刊,1919(168):14.

设立"行政院"和"师生联席会议"等机构,统辖学校行政事务,消除师生间的隔阂,以达到"师生合作,发展学校"的目的。[①] 张伯苓也是民主管理的积极倡导者,他常说南开不是校长一人的,而是大家的;学校管理不是校长独自发号施令,而是大家协商共治。他曾提出"校务公开、责任分担、师生合作"的校务管理方针,并推动成立师生校务委员会,就学校各种问题提出议案,提交学校加以讨论与改进。[②] 学生有权参与学校管理与建设,对促进学生团体的发展及合法化起到了重要作用。一方面,学生可在管理机构中表达成立学生团体的必要性和紧迫性,维护自身组织的合理性和正当性;另一方面,学生在参与管理中获得的民主精神、组织能力、合作意识与协商思维,能够迁移到学生团体的举办当中,为更好地开展学生团体活动提供示范经验和规范指导。

政治的剧烈变动深刻影响到教育组织的形态。民国成立后,政治上由专制到共和,再由共和到洪宪帝制、君主复辟乃至军阀割据,帝国主义势力在此过程中也一直伺机而动。内政外交的动荡不安与各地军阀的相互争夺,反而促成了文化思想界的"自由假期"[③]。这种"自由假期"的出现以及民初教育困境的显现[④],为学生团体合法化又赋予了另一种含义,即学生团体由合法化裂变为自由化。由于民初政府与学校当局对学生团体缺乏规范化的指导和法治化的引导,从学生团体中演变而来的学生自治会一开始就表现出自由放任的发展特征,而这显然不是官方所愿意看到的结果。

[①] 复旦大学校史编写组.复旦大学志:第一卷 1905—1949[M].上海:复旦大学出版社,1985:207-208.
[②] 南开大学校史编写组.南开大学校史[M].天津:南开大学出版社,1989:50-56.
[③] 朱庆葆.中华民国专题史:第十卷,教育的变革与发展[M].南京:南京大学出版社,2015:47.
[④] 民初教育困境主要体现在教育行政废弛、教育经费短缺、优良师资不足、职教发展迟缓、升学就业困难等方面。

第三章　学生自治会的自由化
　　　　与改造设想(1919 — 1927)

　　在蔡元培的主导下,当时的教育部进行了一系列的教育改革,如改订教育宗旨,废除读经、尊孔、忠君与奖励出身,改革学制,修订课程,推行社会教育等。在高等教育方面,先后颁布了一系列高等教育法令,对大学的办学宗旨、办学条件、管理体制、系科设置和入学资格等进行了详细的规定。从教育法令规章角度看,在学生自治会议题上,民国政府既不大力倡导,又不明确反对,而是将相关权利赋予学校。民初政局动荡不安,教育行政深受影响。上至当时的教育部,下至各个大学,人事与政策变动不居,缺乏连续性和稳定性。虽然面临种种不利因素,但也正是在缺少强有力的中央统一政权下,大学才真正开始朝向具有自治权和学术自由精神的学术机构发展。[1] 在校长治校、教授治学的新型大学治理结构体系中,学生自治也获得了某种合法性和正当性。[2] 这种合法性在1918年得到了集中体现。据吕芳上的《从学生运动到运动学生》记载,这一年,南京高等师范学校、北京大学及浙江第一师范最先成立"学生自治会"组织。经过五四运动的驱动,学生自治会在各校迅速发展起来,成为代表学生利益、参与校务管理和改造社会面貌的重要群众性组织。

---

[1] 许美德. 中国大学:1895—1995 一个文化冲突的世纪[M]. 许洁英,译. 北京:教育科学出版社,2000:66.

[2] 对大学而言,学生自治既是时代潮流,又是民主管理所需,更重要的是可以借助学生的力量辅助学校发展。此外,大学教授与学生群体之间也是一个利益共同体,在涉及自身利益时,两者需要对方的支持。

第一节　五四运动与学生自治会的成立

在学生自治会产生之前,有些大学就已经出现了各种学生自治团体。1919年秋,与方豪(主席)、易克嶷和张国焘一起被选为学生会干事的康白情,就认为北京大学学生会由北京大学学生干事会蝉生而出,是五四以来的新产物和五四运动的中坚势力。他称赞学生会能够代表全体学生,是以大学全体学生组织的。学生会以"本互助的精神,谋学术的发展和社会的改造"为宗旨,其中设评议部和干事部,对学校和学生都有相当的信用和权力。[①] 清华学校在1919年以前,因为学生课业繁重,没有统一的学生权力组织,学生事务由斋务处管理。五四运动中,为应对学潮,临时组织清华学生代表团,负责对外联络和维持校内秩序。后因代表团无形涣散以及福州事件的发生,促成了清华学校学生会在12月23日正式成立。[②] 清华学校虽然在五四之前没有成立学生自治会,但不等于没有学生自治团体。各级级会、每科学生代表会、高等科学生法庭、暑期西山消夏团都证明清华学生已经有了自治能力和实践。而且,五四前清华学校组织的各种会社多达50个。此外,针对学校没有正式机关可以发表学生对学校的意见,清华各级学生举定代表成立了自治团。自治团的成立,对加速校事进步、增强学生自治能力发挥了重要作用。这些会社与学生自治会相比,规模相对较小,功能较为单一,自治色彩不强,不能解决突发公共政治事件。但也正是在这些会社前期运作的基础上,学生自治会才有可能在五四运动的刺激下迅速成立。

任何事件的产生与发展,都是综合力量推动的结果。五四运动虽由巴黎和平外交失败直接催生,但绝对不是唯一因素。除外交失败外,段祺瑞政府出卖国权,与日本帝国主义狼狈为奸,俄国十月革命的成功以及其他国家民族革命的爆发,蔡元培、陈独秀、胡适等人对进步思想的传播以及新文化运动的开展等[③],都是五四运动产生的重要背景及原因。面对国权之旁落与国贼之专横,北京17所高校以及旧制中学共五千以上学生以"不得之,毋宁死"的爱国情怀与"不忍于奴隶牛马之痛苦"的反抗精神,纠合万余群众,列队巡行,举行大规模示威运动。运动的主要目的有两个方面:一是向各国公使表达国民对外交失败的愤怒,请求主持公道。二是向总统府请愿,惩罚亲日卖国贼。游行中,双方发生冲突,军警以枪柄木棍,殴伤学生数百人,逮捕百余人。最终因学生牵头暴发了

---

① 康白情.北京大学的学生[J].少年世界,1920,1(1):48-58.
② 清华大学校史研究室.清华大学史料选编:第一卷[M].北京:清华大学出版社,1991:207.
③ 五月四日:五四运动略史[J].党星,1927(1):49-50.

全国性的罢课罢工罢市,政府才释放被捕学生,罢免曹汝霖、章宗祥、陆宗舆职务。至此,被当时学者称为"我国青年之魂"与"抗日之蓓蕾"的五四运动以成功而结束。在这场运动中,为避免重演庚子之变,蔡元培、范源濂等教育界人士竭力劝阻政府的极端行为(各国公使曾向政府请下"格杀勿论"之命,拟用机关枪扫射),结果以"许拿不许杀"保全了数千名青年学生的生命。①

胡适在 1925 年发表的《爱国运动与求学》一文中指出:与一般学潮不同,五四运动最为真实,最可敬爱,是"无所为而为",实为七年来学潮中最有价值。②在这种"无所为而为"的纯粹爱国之举背后,学生自治团体也获得了新生命。5月4日,清华学校临时组织清华学生代表团,凡校中各种会社领袖均为团员,负责对外联络和维持校内秩序。代表团精神团结,行动敏捷,为清华有组织以来见所未见。③ 北京高师为了联合北京各学校力争外交,也于当天成立学生会。④ 5月8日,为声援北京高校学生,抗议政府暴行,同济学校决定组织学生会,后由各班长建议定名为"自觉会",并确定以"自觉觉人"为宗旨。自觉会一开始由师生共同组建,后经改组后领导机构完全由学生代表组成。⑤ 5月7日,上海交通大学学生参加上海学生示威游行,并要求开除师范班毕业生章宗祥的学籍。5月11日,校内学生组织"南洋公学学生分会"成立。⑥ 详情见表3-1。

表3-1 部分大学学生自治会成立时间表⑦

大　　学	时　　间	名　　称
南京高等师范学校	1918 年	学生自治会
北京大学	1918 年	北大救国会
北京高等师范学校	1919 年 5 月 4 日	学生会
同济医工专门学校	1919 年 5 月 8 日	自觉会
上海南洋公学	1919 年 5 月 11 日	南洋公学学生分会
清华学校	1919 年 11 月	学生会
沪江大学	1919 年	学生自治会
金陵女子大学	1919 年	学生自治会

---

① 景学铸.五四运动之回忆:五四运动之前因后果与评论[J].今日青年,1940(5):16-25.
② 胡适.爱国运动与求学[J].现代评论,1925,2(39):5-9.
③ 清华大学校史研究室.清华大学史料选编:第一卷[M].北京:清华大学出版社,1991:207.
④ 黄公觉.北京高师的学生生活[J].学生,1922,9(7):197-203.
⑤ 翁智远,屠听泉.同济大学史:第一卷[M].上海:同济大学出版社,2007:55-56.
⑥ 上海交通大学校志编纂委员会.上海交通大学志[M].上海:上海交通大学出版社,1996:780.
⑦ 主要根据各校校史整理统计。

五四火炬不仅照亮了大学校园,成为高校成立学生自治会的直接动因,还点燃了校级联合、区域联合的引线,推动了区域和全国学生联合会的产生。5月6日,北京中等以上学校学生联合会正式成立,下设评议、干事两部。5月11日,在寰球中国学生会举行上海学联成立大会,以青年学生之能力唤醒民众之爱国心,下设评议部、执行部和总务部。6月16日,中华民国学生联合会总会在上海成立。五四运动的爆发,可以说是打开了学生联合结团的总阀门,学生走出校园成为民国社会中的一股新兴力量,改变了社会的结构和学生群体的形象,标志着中国学生政治生活的开端和"新"与"旧"对立时代的开启,中国现代学风由此转变。

五四运动后,有研究者对中学学生自治组织情况进行了调查,结果显示,设立学生自治会的学校占89.9%。① 调查结果证实了陈兼善的论断,他说当时所有的都市和学校都视学生自治会为必需,"否则足以显示其无人"。② 朱调孙在1920年发表的《学生自治与人格的发展》一文中也指出:

> 近来学生自治问题讨论的声浪很高,就江苏省境内学校而论,若干学校学生,如高师暨南等,已于校内自动组织学生自治会,公选自治会长以及各股干事,大家共同商酌制定了许多自治规则。而且,这等学生自治的运动不止江苏一处,竟可以说差不多全国各省学生皆有此类觉悟,先后讨论组织学生自治会的事。学生自治有形式与精神两个方面的解释。在形式方面,学生自治是学生于某范围内,不愿学校管理人来干涉他们的事,他们自己管理自己;在精神方面,学生自治是发展学生自己人格的唯一方法。③

张君劢在研究俄国教育后发现,教育部长将"学校中设学生自治会"确定为教育方针之一,与教育不收学费、废除大学入学考试、国民不分阶级入同等学校、为工人设补习学校处于同等重要的地位。④ 可见,设立学生自治会在当时确为一种普遍现象和重要制度。学生自治机构的成立在五四后达到高潮的主要原因可能是学生运动引起了学生的自动精神、组织能力和办事能力,增加了许多学生团体生活的经验。⑤ 学生自治会的普遍设立充分说明"新学生"形象和"学生自治会"已被学生和社会所接纳和认同。从产生过程看,多数大学成立学生自治会的主要原因在于开展学生运动、维护国权,这是以民族主义为本质的爱国行为的拓展,也是学生对社会国家荣辱产生责任感的表征。郭秉文认为,近代中国学生作为一个阶层具有强烈的民族主义倾向,对国家遇到的重大问题

---

① 陆殿扬. 全国中学校状况调查统计[J]. 新教育,1922(5):5.
② 陈兼善. 学生参与学校行政论[J]. 教育杂志,1924,16(9):1-4.
③ 朱调孙. 学生自治与人格的发展[J]. 东方杂志,1920,15(5):91-94.
④ 君劢. 读六星期之俄国[J]. 改造,1920,3(2):51-63.
⑤ 蒋梦麟,胡适. 一年来学潮之回顾和希望:我们对于学生的希望[J]. 新教育,1920,2(5):89-94.

富于责任感。在爱国心和责任心的驱动下,一遇政治危机便聚众开会,商讨补救措施。① 学生自治会的成立便是学生更好地表达爱国诉求和体现民族责任感的有效途径。然而,经过五四的洗礼,在"解放"与"改造"的旗帜下,学生对周围的不良环境越来越不满,开始重新定位自身在校园和校外中的角色,积极要求参与教育改革与社会改造。在缺乏民主训练的情况下,起源于学生运动又以"读书不忘救国"为志向的学生自治会预示了此后的发展道路和时代命运。正如当时有人说:"自五四运动以后,学生会的成立,可谓风起云涌,差不多每个学校都有一个学生会。你也学生会,我也学生会,辗转变迁,'学生会'三个字在一般人心目中成为一个不详的名词了。"②

从各校情况来看,成立学生自治会的动机在五四运动前后有所差异。五四运动前,大学成立学生自治会更多地受到西方学生自治制度的影响,是一种引入性的学生自治练习。而五四运动后产生的学生自治会,则多缘发于对外活动以及组织学生运动的需要,是一种内在性的主体自觉。所谓"今之学生自治之机关厥惟学生会,其成立之初乃由外界之压逼,非真出于自治之诚意,故其目标在对外,而无丝毫自治之力,相习成俗,贻害实深!"③然而这并不是说,如果没有五四运动和学生自治思潮兴起等外部诱因的作用,学生自治会就不会出现,而是强调与西方大学相比,民国时期学生自治会产生的外部环境比内在诉求更为紧要。这种差异主要是由于中国特殊的国内外局势或者说大学缺少良好的外部发展环境导致的。正是基于这一角度,杜赞奇认为,近代中国经济的现代化、民族的统一和国家政权建设并不像欧洲那样来源于自身内部的发展,而是来自外界的强求。④ 如果说,西方大学学生自治会的产生是以内生因素为主导,那么民国时期学生自治会的出现则是由外生因素所诱发,当然这种外生因素作用的发挥是建立在前期学生联合结团的传统之上。

第二节 学生自治会与校园生活参与

学生自治会本应以实行学生自治、养成健全人格和发展互助精神为宗旨,视学生事务为工作中心。这也是政府和校方允许学生自治会成立的基本前提,即学生自治会的合法性寓于自治性之中,超过自治事务之外插手校务和政治则

---

① 郭秉文.中国教育制度沿革史[M].北京:商务印书馆,2014:150.
② 王文俊.南开大学校史资料选[M].天津:南开大学出版社,1989:431-434.
③ 李道煊.学生自治之真意义[J].清华周刊,1925(349):13-14.
④ 杜赞奇.文化、权力与国家:1900—1942年的华北农村[M].王福明,译.南京:江苏人民出版社,2003:3.

有越俎代庖之嫌,为政府所不容。然而五四运动后,青年学生气象大变,一改之前埋头苦读、死气沉沉的形象,社会地位的提高和责任感、使命感的强化,使得学生参与社会改造的意识高涨,他们将干预校政和过问政治作为自身应尽的职责(吕芳上《从学生运动到运动学生》)。尤其是在政党的肯定和赞赏下,学生的这种"自我想象"和"自我赋权"被无限放大,并通过学生自治会的平台投射到校务管理和政治生活当中。1921年10月,上海商科大学学生自治会在章程中就将"辅佐校务进行"作为宗旨确定下来。① 1925年1月,北大学生会再次全面改组,并通过了新章程。新章程规定,学生会以"发扬文化、改进社会、协助学校谋利会员"为宗旨。② 1926年,大夏大学学生会将"发展自治与互助之能力、匡辅学校进行和实行国民运动"作为宗旨写入章程。③ 这些章程的规定说明学生自治会并不局限于学生事务的管理,他们希望在校务管理和社会改造中发挥更大的作用,获得更多的权力和资源,既为自身谋求利益,又为满足自身的私欲。学生自治会干预校政和过问政治不仅体现在规章制度层面,还落实到具体实践中。校长人选、教授选聘、经费拨配、校产维护、外交后援、发展规划、学费减免,无不成为学生自治会的议决要案。学生自治会权力的膨胀以及对校务的干涉,使得大学校园进入了扰攘不安的岁月。诚如当时人所认为:在发展个性、研究学术和求做实验以外,青年学生还要背负一种促进社会去谋人类幸福进化的责任④,那么他们跨越权界和过问政治也就显得顺其自然了。

一、五四前后的学生生活

(一)禁缚主义:五四运动前的学生生活

有学者认为,五四运动后教育发生了一个大革命,即多年被压迫而失去自由的学生,居然能够恢复自由,重见天日。学生觉悟有自治之必要,且深知群治为不可少,乃相率组织自治会。⑤ 而在学生自治会成立之前,学生事务管理多由学监、舍监负责,学生欠缺自动、自觉的精神。如复旦早期学生数较少,行政机构十分精简。除校长外,设教务长1人、庶务长兼斋务长1人、监学2人。其中斋务长考验学生品行及学生宿舍事务,监学考察学生勤惰品行等。⑥ 北京高师

---

① 南京大学校史研究室.南京大学校史资料选编:第二卷 下[M].南京:南京大学出版社,2019:661.
② 北京大学学生会章程[J].北京大学日刊,1925(1614):1-2.
③ 大夏大学学生会章程[J].大夏周刊,1926(34):15-17.
④ 学生的根本觉悟[J].觉悟,1920(1):4.
⑤ 周钧.学生自治与学校[J].学生杂志,1924,11(4):42-44.
⑥ 复旦大学校史编写组.复旦大学志:第一卷 1905—1949[M].上海:复旦大学出版社,1985:207.

第三章 学生自治会的自由化与改造设想(1919—1927)

学生自治会成立于 1919 年。自治会成立前,学校训育工作由学监承担。自治会成立后,废除了学监制度,之前关于训育的事项主要由自治会代理。① 学监、舍监的设立主要是为了监督学生的言行,防止学生有出格之举,至于学生的发展则不是他们关注的重点。清华学校在学生自治会产生前,学生的言行管理也主要由斋务处负责,当时有人回顾清华的学生管理说道:

> 从前清华学校里的自治机关完全是一个斋务处和几个斋务先生所组织而成。一瞪眼,小学生们便怕了,跑了,不敢做了,这样的管理学生是可以为暂时之计,不可以为永久的,可以为学校之计,不可以为学生的。因为往往学生离开了学校,离了管理便如"无羁之马",一溜烟便跑到"利欲"窠去了。学生法庭同校中管理一样,种种还是受校中的牵制,所以告发的人,实在太少,有其名而无其实。②

清华作为仿效美式办学的留美预备学校,学生管理尚且如此严格,其他学校的情况也就可想而知了。较为苛刻的学生管理不仅与规章制度有关,也与学监、舍监的自身素质相关。郭秉文认为,不少担任学生管理的人员是旧制教育培养出来的,在处理学生问题时很少会同情理解学生。他们在精神上依然保持着强压与傲慢,对学生滥用权力,残暴驾驭。③ 这些守旧的管理者秉承"教书者治人,读书者治于人"的传统理念,严格限制学生的课外活动,一般只允许举办体育活动、演说以及其他关于学艺的研究会等,一年一次的运动会和远足算是奢侈品。本应以毕业学生为主角的"校友会",校长和教职员也强势参与其中,并将其宗旨定为"观摩德艺、锻炼身体"。即便这种谈不上学生自治的组织,在当时也属进步之举,而且大多为师范学校所设。④ 这种具有保育性质的学生管理模式使得学生多半屈服于规训式的教育训练,缺乏基本的自治精神和能力。1918 年 10 月,南高师代理校长郭秉文报告学校概况时就训育情况说道:

> 本校训育取训练和管理兼重主义。训练注意启发,使知其所以然,管理注意实践,使行其所当然,二者交相为用,以期知行合一。实施训育之大别有二:一曰修养,二曰服务。修养方面,于学生则重躬行与省察;于职员,则重感化与考查。有学生考察表,每周由学生记载,学监调阅一二级,因以审知学生之性行而诱导之。有职员考察册,每学期由各职员记载汇交学监处,因以品评学生之性行而劝勉之。服务方面,于学生则重实践与研究,于

---

① 黄公觉.北京高师的学生生活[J].学生,1922,9(7):197-203.
② 陈念宗.清华的回顾和清华的将来[J].清华周刊,1920(增刊 6):1-7.
③ 郭秉文.中国教育制度沿革史[M].北京:商务印书馆,2014:150.
④ 可可.十年前学生生活之回顾[J].学生杂志,1928,15(12):7-13.

职员则重示范与检查。校内各处与学生有关系者,均载明于服务生服务规程,由服务生分期轮流以实践其职务,有需要时则开服务生会以资研究。每日由学监周行各处,检查一切,即记载于检查簿。①

如果说南高师的训育制度在强调规范学生品行的同时还兼具民主性、科学性和发展性的话,那么清华学校的学生管理规则就显得较为"无情生硬"。1923年,清华学子吴景超在《清华学生生活的背景》一文中指出:1919年以前,清华学生没有什么自治可说,那时学校对于学生,事事都要监督,事事都要干涉。几个类似自治机关的职员,虽然由学生公举,却要校长任命的手续,在法律上才有根据。② 从清华《管理学生规则》中也可以发现,在"注意训育良美气质"与"养成纯正之品行"的名义下,学生在校的言行都要受到监控,基本没有自主的空间和权利,更谈不上人格发展和公民培育。比如,校长可以随时发布条告或面谕各项规则,效力等同现行章程;职员和教员都有督责监察学生的责任;上课、自修、起居、饮食、体育、游艺均有定时,告假、学行、赏罚亦有定则,一取严整主义;学生不得加入政党和过问政事,也不允许充当校外报社访员;学生在校和赴美留学期间,一律不得婚娶,否则立令退学;放暑假后,除消夏团员外,其他学生限三日内离校;非课余时间不得接见校外来访亲朋好友;阅读小说应先送教务处检定,违者处罚;录取者入校时需填写志愿书和出具保证书。③ 在《学生惩罚规则》中,更是列出了38条"禁令",违者轻则训诫、禁假、思过、记过,重则责令退学。如无故不上课或规避体育运动者,未经斋务处许可在寝室食用膳者,拾得他人物品不交斋务处收存者,无病卧床晏起者,体质太弱或患神经病传染病者,私藏纸牌和他种违禁物件者,就寝熄灯后私燃蜡烛者。学生如有违反上述规定,除揭示本校外,并随时通知学生家属,俾学校、家庭互尽督责之力。④ 从两个《规则》来看,学生从入校到毕业,从校内到校外,从思想到言行,从读书到游艺,无不处于学校监控网络之中,一切破坏秩序、妨害公益及其他不道德不名誉的言行举止都不为学校所容忍。对此,后来有人撰文批评这种"单向度"的禁缚政策:

因为向来对于青年认识的错误,中国过去的教育对于青年的一切正当活动总是采取禁缚政策,无数青年被迫把他们的全部精力消磨在诵读死书和盲目的服从之中。教育的愚民化只是造成了无数带有奴隶性的新儒士,

---

① 南京大学校史研究室.南京大学校史资料选编:第二卷 上[M].南京:南京大学出版社,2019:26.
② 清华周刊社.清华生活:清华十二周年纪念号[M].北京:清华周刊社,1923:21.
③ 清华大学校史研究室.清华大学史料选编:第一卷[M].北京:清华大学出版社,1991:189-191.
④ 清华大学校史研究室.清华大学史料选编:第一卷[M].北京:清华大学出版社,1991:193-195.

而磨灭了青年人所特有的活动能力和奋斗精神。①

对于学校过于苛刻的管理制度,清华学生发出了不同的声音。比如清华大学将百码、跳远、攀绳、游水等五项运动作为学生毕业的基本条件,引起清华学生的强烈反对。学生在《清华周刊》上撰文,极力呼吁取消实力试验,认为清华学校不是体育专门学校,实力试验不能作为衡量人才的标准,也不能判定身体素质。并提出实力试验根本不能存在的四个理由:(一)本校体育的成绩早已有过之无不及的态势,本校非为体育专门学校;(二)本校栽培的人才,原冀将来有些用处,而体力试验并不能决定一个人将来的用处;(三)有自由的教育,然后有高尚的人才。今体力试验的限制,实无异于科举的限制;(四)运动之事,各有所长,亦各有所短。实力试验,不能代表一人之体力与实力。②

学生对于暑期不准留校的规定同样提出异议。学生李迪俊提出"暑期留校"方案,得到所有评议员通过。李指出,清华学生主要由全国各行省咨送,有的来自四川、贵州、云南、两广等边远地区。因交通不便、旅途多险、川资太重等原因,每年大概有一百多名学生不能够也不愿意回家。由于学校不准暑期留校,学生大多在西山度过暑假。西山并不是理想的读书求学和休闲场所,那里光线昏暗、卫生堪忧、治安混乱、交通不便、图书稀缺,实在是不得已的选择。住西山有许多不便,留校有许多好处。留校于学校有益无损,请当局别"媚上"和"媚外"。一国的宪法是谋一国人民的幸福,一校的校章是谋一校学生的幸福。拿人民去适合宪法,拿学生去适合校章,是根据什么法理。③客观地说,此时的清华学生管理规定并不是以学生发展为中心,而是以规训、秩序、服从、严整、控制为追求目标。因此,学生基于自身的考虑对学校规章制度的合理性质疑也就具有某种正当性,与先前学监"一瞪眼,便怕了、跑了、不敢做了"的氛围已有所不同。当然,也有高校在不同的时期显现出不同的一面。如复旦大学在震旦学院时期就提倡学生自治,"除教务长外,学校一切行政工作都由学生承担。初级教学任务,也由高才生转相传习,以此作为实施民治的试验,培育国民自治能力"④。

少数风气未开的学校甚至在五四运动之后,依然保留着斋务学监等名目,没有学生自治的氛围。1924年,舒新城应傅振烈的邀请任教于成都高师。来到成都高师后,舒新城发现这里的学生生活"最有趣味",与他十年前在湖南高师生活的情形极为相似:"他们虽然是大学生,但仍要过中等学生一样地严格管理的生活。他们无论出校门多少时,都得向斋务处请假,早晚上课时都要由斋务

---

① 金石鸣.青年的伟大性[J].英大周刊,1940(11):19-20.
② 不平.取消实力试验的呼声[J].清华周刊,1921(218):1-4.
③ 李迪俊.我们为什么要求暑假留校[J].清华周刊,1921(218):4-9.
④ 复旦大学校史编写组.复旦大学志:第一卷 1905—1949[M].上海:复旦大学出版社,1985:56.

处点名,逾期不返校或不告假缺席,都有记过的惩罚。"①就总体而言,五四运动前学校对学生生活采取禁缚主义,限制学生的思想和行为。在阅读书报上,以学校教科书为主,杂志报章较少;在学制课程上,以必修科和学年制为主,不谈政治;在课外事业上,除校友会外别无组织,除远足运动外,别无事业,偶有出版物或他种研究会,也与政治保持距离;在享乐上,学生尚多"淡泊自甘",克制欲望;在活动路径上,学生以在校读书为主,于求学之外再无活动;在生活问题上,学生过的是平凡无奇的学校生活,社交未公开,男女未同校,求学和谋生都未有大的困难。② 学生的生活被严格控制在校内,学生的权利意识和主动精神较为欠缺,参与校务管理和社会改造的意愿也相对不高。对此,陶行知曾指出,从前的学校只知道严管学生,现在的学校一味盲目的放任,都不利于学生品格修养的指导。③造成这种管理态度转变的原因无疑就是五四运动。

(二)自由主义:五四后的学生生活

五四后的学生对自治更加觉悟,权利意识开始启蒙,渐有脱离"屈服"而走向"自主"。加上新教育理念和杜威来华演讲的影响,学生自治的风潮逐渐在高校兴起,致使学生活动与之前相比相差甚远:

> 就课外活动而言,以前是简单,现在是复杂;以前是平稳,现在是激荡;以前不大有政治意味,甚或与政治绝缘,现在不但富有政治意味,甚且以政治为中心,随政治为转移了。以前学生生活的范围是以学校为界,重心在学校;今日学生生活的范围是超出学校,重心却在校外。④

学生活动大都由学生团体组织,而学生自治会则是学校所有学生团体中最高组织。五四之后,学生自治会在全国高校普遍设立。作为学生自治机构,学生自治会负有共同改进学校教育的责任,练习学生自治的方法,提升学生活动的数量和质量。把过去空虚、呆板、自私、书本上的,只准服从不许创作的死教育,改为切实、活动、服务,能自己立法,自己守法的活教育,由此培养自治能力,造成共和精神。如清华学生自治会一开始模仿美国三权分立制的形式,设评议部为立法机关,学生法庭为司法机关,干事部为行政机关。评议部以各级评议员组成。议员选举以级为单位,每级七人;其在五十人以下之级,每十人得选议员一人。干事部分为总务科、会计科、文书科、新闻科、交际科。每科设正副主任各一人,由正副主任之中,互推干事部主席一人,副主席一人。⑤学生会的三

---

① 舒新城.蜀游心影[M].上海:中华书局,1934:132-133.
②④ 可可.十年前学生生活之回顾[J].学生杂志,1928,15(12):7-13.
③ 陶行知.南京中等学校训育研究会[J].新教育评论,1926,2(23):2-4.
⑤ 清华大学校史研究室.清华大学史料选编:第一卷[M].北京:清华大学出版社,1991:206-207.

部,既是自治的机关,也是教育的机关,学生从中学习许多学问和经验。比如在评议部里,学生学会了使用议院法,使得召开学生全体大会时有条不紊;在干事部里,学生可以练习办事的灵敏;在学生法庭里,学生可以练习判断的精明。① 这种以民主方式产生和运作的学生自治会,在社会的领导、学校的发展和自身利益的谋求等方面,都尽到了相当的责任。② 这也是当时教育者推动学生自治的主要原因,并希望看到学生自治会在发扬学生自治、丰富学生活动方面发挥功效。

显然,五四后学生生活的改变与学生自治会的产生不无关系,学生自治会在丰富学生生活和争取学生权益方面承担了重要职责。清华学生吴景超认为,只要比较学生会成立前后的学生,就可看出清华学校大权旁落的情势。以前学校对于学生,这事要问那事要管,现在学校则不问不管了。与此形成对比的是,学生以前对校事不谋不议的,现在对于董事会要求改组,对于招收自费生,要请校长出席说明理由,自治的火焰竟烧到办事人的园地中了。③ 学生以学生自治会为组织依托,强势参与校务改革,极大地改变了学生的生活范式。

学生自治会组织架构的设置对学生生活的内容与结构的改造有着密切关系。交通大学上海学校学生会分为评议和执行两部。执行部又分为总务科(文牍、会计、书记)、舍务科、南洋周刊社、南洋通讯社、义务学校、营业科、干事会议(管理一切以上各科以外的事务)。从机构设置上看,学生会不仅承担了诸多学生管理事务(如舍务科等),还为丰富学生课外生活、提高学生办事能力提供了平台和载体(如周刊社、通讯社、义务学校等)。学生自治会与学生生活之间的密切关系在北京大学也同样得到了体现。1920年通过的《北京大学学生会章程》规定,学生会设庶事委员会、出版委员会、教育委员会、调查委员会和体育委员会,分别负责办理文书、出版、社会教育、社会调查、体育方面的事宜。1925年学生会改组后,执行委员会分为文书股、会计股、庶务股、交际股、宣传股、调查股和卫生股。1926年通过的《大夏大学学生会章程》规定,学生会最高机构为学生全体大会,下设执行委员会和监察委员会,执行委员会分为总务部、查察部、学艺部、卫生部、体育部和教育部。可见,学生自治会成为沟通学生、学校和社会的中间机构,对内代表学生,对外代表学校,其架构设置也是以协助学校谋利会员为宗旨。学生自治会作为代表学生利益的一个最适宜的代表机关,是其存在的重要依据。1922年11月,北大学生发起再次成立学生会的倡议,其中的理由便在于此:

---

① 吴景超.清华学校学生生活[J].学生,1922,9(7):212-222.
② 希贤.清华学生会的沿革和现状[J].清华周刊,1931,35(11/12):132-134.
③ 清华周刊社.清华生活:清华十二周年纪念号[Z].北京:清华周刊社,1923:22.

学校对于我们有什么主张,我们对学校有什么意见;社会对我们有什么接洽,我们对社会有什么表示。这个中间,总苦于没有一个最相当的代表机关。所以对自身、对学校、对社会一切重要问题,总没有一个圆满解决的机会,这真是痛苦极了。我们以为这种痛苦,就是由于我们三年来没有伟大组织的缘故。①

然而,任何事物都不会完全按照他者的想象而发展。学生自治会毕竟是一个新生事物,它的真实含义、存在依据、活动范围、权力边界在当时并没有形成统一的看法。在缺乏指导的情况下,学生们只能按照他们对自由、民主和自治的解读运作学生自治会,加之情感易冲动,由此产生的诸多校园生活乱象也就不难理解。学生自己也认为,学生自治会因为"有治法无治人"的缘故,不能得到好结果。这一半是由于办事不力,另一半也是由于放任太过了。② 杜威对缺乏经验的学生实施学生自治同样表示担忧:"倘使突如其来,要学生自治,恐怕就是高等学校的学生,亦必不知所措。"③ 所以,陶行知也一再强调学生自治要接受学校的指导,采取一种试验态度。

学者认为,与五四前相比,学生生活发生了显著变化。在阅读范围上,学生更多地选择新文学、哲学和科学方面的知识来阅读;在课程设置上,增设国民训练,添授三民主义,实行"党化教育";在课外活动上,有学生会,有党部,发传单宣言,做露天讲演,组织种种关于政治、艺术、文学的会社;在休闲生活上,看电影、逛游戏场、进跳舞厅、入咖啡店成为司空见惯的事;在活动取向上,学生一面求学,一面在外兼职,如任团体的委员,办党务的,做行政官的,或入军官学校和政治学校的,门路"四通八达"。④ 学生生活的变迁固然与五四运动有密切关系,但是推动变迁的主导力量无疑是学生自身及其组织。五四运动后,自由主义深受知识分子以及青年学生的追捧,并融入学生自治会的具体运作当中,对其活动范式产生潜移默化的影响。学生对自由与共和的强求使得他们妄解自由,谬倡平等,从而造成秩序紊、伦常乱、公理昧、权利争的不良局面。⑤

二、学生自治会权力的膨胀

在学生自治会成立之初,教育界人士就已警觉到可能会出现的流弊,杜威、蒋梦麟和陶行知等便是其中的先知先觉者。杜威来华讲演中,涉及很多学生自治组织的内容,这或许是当时学生自治存在诸多问题的缘故。杜威对学生自

---

①② 发起"北京大学学生会"的缘起[J]. 北京大学日刊,1922(1102):2-3.
③ 杜威. 学生自治的组织[J]. 教育公报,1920,7(10):218-220.
④ 可可. 十年前学生生活之回顾[J]. 学生杂志,1928,15(12):7-13.
⑤ 顾明远,边守正. 陶行知选集:第1卷[M]. 北京:教育科学出版社,2011:591.

组织持肯定态度,但是对中国当时出现的学生"自"而不"治"深感担忧,并认为学生自治团体的失败在于制定法律和规则时,缺少详细的推究和舆论的赞同,偏向形式,不重精神。他指出,自治的意义在于"自己练习管束自己的意思""学生组织是专为管理自己,不是去管理教习、校务及学校以外的一切事务"。究竟哪些是学生自治组织应该做的事,学生自治组织的具体权力范围在哪,杜威也给出了建议,如课堂和校内场地卫生打扫,组织话剧团、音乐会、演讲会、义务学校等。① 陶行知同样认为,学生自治的范围应以学生应该负责的事体为限。② 蒋梦麟在北京高等师范学校成立纪念日(当天也是学生自治会成立日)的演讲中告诫学生:

> 学生团体与学校中其他团体有密切关联,要联络进行、共谋全校幸福,这就生出几种问题来:一是学生个人和教职员个人或团体的问题;二是学生团体和教职员个人的问题;三是学生自治团体和教职员团体的问题。这几个问题不解决,将来恐生出种种阻力。③

蒋梦麟对三种问题的总结是基于学生自治的权界做出的,他看到了学生自治与教师指导之间的张力和矛盾,却忽视了学生自治与校长威权之间的冲突和隐患。后来多次爆发的学生迎、拒校长风潮,恐怕是蒋梦麟始料未及的。陶行知也觉察到学生自治存在的问题,认为学生自治之弊可去、自治之益可享的关键在于不争权、不凌人、不对抗、不负气。④事实上,一些学校为使自治事宜发达美满,采取了相应的措施,如北京大学、南高师等校成立了学生自治委员会⑤,以期通过教员的指导推动学生自治步入正轨,避免师生交流不畅导致隔阂。在南高师 1919 年 11 月 5 日召开的校务会议中,学生自治委员会报告了学生自治会筹备状况。除刘伯明报告筹备方案外,与会人员重点就学生自治的范围进行了商讨。⑥这说明,对学生自治权界的划分是学校在成立学生自治会问题上考虑的重要方面,也从侧面透视出学生自治会可能带来的流弊。

历史的吊诡之处在于,久经管束的学生一旦被释放,由学生自治而打开的潘多拉魔盒使得教育学者的谆谆告诫成为泡影,学生自治的功能无限放大,"学生自治"逐渐走向了"学生治校"。尤其是在学生组织的支持下,学生权力的势

---

① 杜威.学生自治的组织[J].教育公报,1920,7(10):218-220.
②④ 陶行知.学生自治问题之研究[J].新教育,1919,2(2):94-102.
③ 蒋梦麟.学生自治:在北京高等师范演说[J].新教育,1919,2(2):19-22.
⑤ 刘伯明、陶行知曾担任南高师学生自治委员会主任《南大百年实录》编辑组.南大百年实录:上[M].南京:南京大学出版社,2002:81).
⑥ 南京大学校史研究室.南京大学校史资料选编:第二卷 上[M].南京:南京大学出版社,2019:124.

头就难以规避。① 舒新城认为,学生权力的增长是受民主主义教育思想影响的结果,"学生在学校不独自治而已,并要治校,对于社会则一切问题均要干涉,而尤注重政治运动"②。1920年6月,南高师学生自治会就提出自治会三部长加入校务会议的请求。鉴于学生自治会对于学校行政不负责任,三部长无参与会议之理,校务会议否决了此项请求。③ 校务会议是讨论学校重要事项的机构,参会人员应为对学校行政负责任的教职员,学生自治会意图厕身其中无非是想彰显自身的权利,更好地表达学生的诉求,在学校决策中拥有一席之地。在校方看来,校务会议或教务会议可以讨论学生提出的意见,但是学生自治会参与校务会议的"无理请求"显然超出学生自治的轨道,不属于其职责范围之内。

出于对学生自治的误解,学生自治会在自我放任与无序发展的泥沼中越陷越深。1925年10月,《晶报》以"又有一土匪奇谈"为题,报道上海艺术大学学生自治会干涉校务一事。为此,自治会致函该报记者:查敝校自开学后,教职员即照常上课,并无临时由学生推举七代表向教务处交涉而致除名情事。自治会认为此事为传闻之误,请求该报予以更正。④ 如果说在此事件中,学生自治会以"土匪"而自羞,比较在意自身形象塑造的话,那么学生自治会其他种种出格行为就显得"名不副实"了。1921年,被东南高等师范专科学校广告吸引而来的学生发现学校名不副实,学校的教育理念也比较保守,于是他们建立学生会强制接管了学校,并扣押了学校管理人员。校方不得已向警局和法律机构求助,学生则通过报纸等媒体寻求外界支持以改组学校。⑤

学生将学生自治与教育宗旨联系起来,视学生自治为实现教育宗旨的不二之选,以此跳过学校管理的束缚,意图增强学生自治的合法性和正当性,不可不谓之"高明"。学生有此"高见"在某种程度上也是"被逼无奈"。在五四后的学生看来,学校不能尽量发挥教育之性能,其罪在于自身不能自治与行教育者之管理不当矣。他们认为,学校管理是学生自治的对立面,是一类镀过金或戴过方帽与失业无赖、有名无实、不学无术之人以图营利的工具,对学生自治的发展无疑是一种妨碍。因此,要发扬学生自治,就必须限制学校管理的权限,还权于生。学生的这种认识虽然有一定的现实依据,但偏颇之处亦十分明显。这也是杜威在演讲中经常提到许多学生误解"自治"的缘故。从根本上说,学校管理与学生自治并不必然处于对立状态,它们之间可以并行不悖,相

---

① 艾伦·B·科班.中世纪大学:发展与组织[M].周常明,译.济南:山东教育出版社,2013:70.
② 舒新城.近代中国留学史·近代中国教育思想史[M].北京:商务印书馆,2014:389.
③ 南京大学校史研究室.南京大学校史资料选编:第二卷 上[M].南京:南京大学出版社,2019:149.
④ 上海艺术大学学生会.上海艺术大学学生会来函[N].晶报,1925-10-30(3).
⑤ 黄美真,石源华,张云.上海大学史料[M].上海:复旦大学出版社,1984:37-38.

辅相成。正所谓：

> 以学生自治济学校管理之穷，以学校管理匡学生自治之不逮，学校尽其管理之能，学生尽其自治之权，如政府与人民对于权能划分之理论，使各得其宜，而不至滥。学生尽可于不违背校规之范围内行其自治，学校尽可于有利学生之条件下行其管理，二者互得，功乃益彰。①

学生自治不仅与教育宗旨具有"同义性"，还与地方自治具有连带关系。"苟学生在校时，能预储自治之能力，一投身地方，而地方人民素乏自治能力者，经学生之孜孜劝导，皆被学生之感化，而人人能自治矣。"②学生自治作为地方自治的先导，表明学生自治不仅在校内体现出教育价值，在校外还具有政治功能。不仅地方自治有赖学生的劝导，一省一国自治也离不开学生自治的推进。在学生自治如此多的光环之下，学生自治会极易走向自我膨胀的道路。

教育界对学生自治缺乏缜密的研究，拿来主义痕迹明显，本土化改造不足，对学生自治实践也未能给予充分的指导。虽然杜威、蔡元培、蒋梦麟和陶行知等人积极倡导学生自治，对学生自治的研究也不乏真知灼见，但凭他们一己之力尚不能有效改变学校当局对学生自治的模糊认识与错误认知。对推行学生自治，多数学校出于模仿，而不是出自诚意、责任和学生内在需求，任其自由发展，诚如当时学者所说：

> 现在经济制度下面的学校，多半是贵族式的守旧式的和商品化的。而学校里的办事人，不是老顽固，就是官僚化政客化，想找一些确能知道顺应新教育潮流的人物，实在寥寥。所以他们肯降心允许学生自治的，并非出于诚意，只是鉴于位置的危险，迫于时势的要挟，不得已而为之。所谓放任主义，在学校当局实行起来，也只是放弃责任罢了。只要学生不闹风潮，任何牺牲（听其学生坏，听其学校退化）都可以。③

郭秉文认为，引入西方学生自治制度成功与否，关键要看学校管理层与学生就学生自治问题在各自作用的认识上能否协商一致。管理者应认识到成功管理的权力界限，而学生又愿意尊重并遵守学校教师与行政管理者的合法权利，学校和学生双方相互礼让与民主协商，学生自治才能真实有效。④ 如果双方拒不承认对方的合法权利，采取以暴制暴的方式，大学的良法善治以及教育学者的良苦用心必将失去效用。在缺乏有效指导下，各大学学生自治会往往演变

---

① 松添.学校管理与学生自治[J].民大高中学生，1934,1(3):27-29.
② 赵玉芳.学生自治与地方自治[J].期刊，1921(1):13-14.
③ 周钧.学生自治与学校[J].学生杂志，1924,11(4):42-44.
④ 郭秉文.中国教育制度沿革史[M].北京:商务印书馆，2014:152.

为治校机关,迎拒校长,进退教员,多以自治会名义行之,且有票选校长者。① 对此,舒新城认为教育界的先驱者应深刻反思。②

三是杜威等教育家对学校即社会、教育即生活理念的提倡,被国人所误会。以为学校就是外面的社会,学校行政人员为国家官吏,学生为国民,并将欧美服务于学生日常生活的学生自治会搬到中国。一旦掺入"学校犹政府,学生犹国民"的错误念头③,学生自治会演变为议会,学生对校中行政,不但参与而已,并有干涉之权。④ 清华学生梁实秋便认为大总统是国民举的公仆,校长是学生雇的总经理,教职员也不过是学生的经理或顾问罢了。⑤ 在"学生强权"的理念指导下,有人指出学生自治会是学生政治机关,它的重要性和价值与国家政治机关是均等的:

> 学校与学生的关系是双重的。就教育方面说,学校是父母,学生是孩提;就行政方面而言,学生是主人,学校是公仆。学生与学校既然有主仆的权利和义务,对于应兴与应革的事,当然要帮助学校去维持发展。在学生只可以作有理的请求,不能有背理的要挟,在学校亦应该本着发展的诚意、教育的本旨,予以合理的接受。这样,大家维持,学校才能有美满的发展。⑥

北大学生会干事康白情也将学生会的评议部比作一个国家的国会。这样一来,他"名正言顺"地将北大比作一个独立自主的民主国家,而学生不仅是求学者,更应被看作严肃且坚毅的"士"。⑦ 基于以上认识,学生进而总结道:学生政治非常重要,应该与读书同时并进;学生会应该本着教育和行政两方面的意义,去帮助监督学校发展;自治会应该给民众以实际的指导和帮助;个人政治知识的储备和政治道德的修养十分要紧。⑧学生把学生自治会不参与校务管理视为对民治主义莫大的妨碍,认为学生自治会与国家政治的清明或腐污有密切的关系,凡从事政治的人必须要经过学生自治会的政治训练,否则骤临重任必将失败。在学生眼中,学生自治是学校民主的内在要求,捍卫学生自治是学校民主化的重要任务。学生自治会不仅是训练学生政治能力的重要机关,在校务管理中也应该处于主导地位,既为学生带来种种利益,又为学校发展提供便利,堪称"一个完美的团体"。既然学生自治会能够减少学校的烦心事,改善学校环境设备以满足学生的需要,那么在学校行政范围内,学校应以诚恳的态度来接受

---

① 黄建中.学生自治之真谛[J].曙光,1947,1(2):41.
② 舒新城.近代中国留学史:近代中国教育思想史[M].北京:商务印书馆,2014:390.
③ 舒新城.近代中国留学史 近代中国教育思想史[M].北京:商务印书馆,2014:389.
④ 舒新城.一个改革中学学生自治的具体方案[J].新教育,1923,7(5):27-68.
⑤ 梁治华.学生自治之讨论[J].清华周刊,1920(185):14-17.
⑥⑧ 许桂馨.学生会是个学生政治机关[J].清华周刊,1930,34(7):1-4.
⑦ 康白情.北京大学的学生[J].少年世界,1920,1(1):48-58.

学生的建议,并迅速地办理。如果确有困难,学校当局应向学生自治会有所解释。在民主精神的引领下,学生对学生自治会地位的过度拔高,已有凌驾于学校之上,大有"学生大学"的历史违和感。

四是政府尚未出台规范学生自治会行为的教育法规。在无章可依的情况下,学生自治会成为学生利益的代言人,行为过于自主,受外界约束力小。无论是教育部公布的教育宗旨,还是学校教育法令,抑或是高等教育法规,都未直接涉及学生自治会的规定,对学生自治会的核准、宗旨、组织、成员、权力、活动更是缺乏统一的要求和规范。郭秉文指出,国家政府的性质决定了学校管理的理念,有什么性质的政府就有相应的教育管理理念为支撑。在封建专制时代,学部所制定的堂规戒律精微严格,学生处于全景敞视监控中。民国建立后,政府引入了相对自由宽松的教育政策。虽然当时的教育部制定了各种规程,但是这些规程仅作为各校制定详细管理办法的总体性和指导性原则。学校管理者在参照规程的基础上,主要依据学校类型和本地情形制定学校章程和学生管理等规定。在政府的规划中,也缺失学生团体规则与学生参与学校行政管理法令的设计。① 在此状况下,学生自治会的成立和运行基本处于自发自为状态,学生操控着学生自治会的所有权力。即使是校长出面干预,学生自治会也不为所动。如清华校长张煜全忽视学生需求,阻止学生五四后成立"清华学生会",引起学生强烈反感,最终被学生赶走。缺乏上位法的约束和限制,学生自治会的自我赋权与自成目的愈演愈烈。唯有制定经学生认同的学律,学生自治会才能在合理的轨道运行,学校才有督饬学生之权。②

五是教员和党派的参与及引导,为学生自治会注入了诸多不稳定因素。在教员引导方面,浙江一师在校长经亨颐的领导下,不仅较早成立了学生自治会,还将"养成健全人格,发展共和精神"作为学校教育方针,鼓励学生发扬"自动、自由、自治、自律"的主动精神。为了实现学校教育方针,经亨颐采取了四项教育改革措施,即职员专任、实行学生自治、改授国语、试行学科制。其中,"改革国文教授"由时人称为"四大金刚"的国文教员刘大白、陈望道、夏丏尊和李次九主持。他们改革传统教授法,提倡白话文和现代语,引导学生运用批判的态度和研究的方法,对自编的白话文教材进行分析、综合和辩难,教员再进行总评。③这种兼具文学性、艺术性、思想性、可变性、批判性的教学方式,有助于学生了解人生真义和社会现象,对学生思想改造起到了潜移默化的作用。然而,这种破旧立新在官方眼里却成了离经叛道和妖言惑众,并以学生自治会章程与部章不合、白话文不符师范教育要旨为由,撤换了校长,免除了四位教职,最终解散了

---

① 郭秉文.中国教育制度沿革史[M].北京:商务印书馆,2014:45.
② 朱有瓛.中国近代学制史料:第二辑 上[M].上海:华东师范大学出版社,1987:905.
③ 浙江学潮的动机[J].星期评论,1920(39):c_1-c_4.

学校,由此引起学生强烈的反对。政府也意识到学潮的频发与教员不无关系,认为"各级教育机关,对于办学人员和教师之选择,亦每欠审慎。以致身为教师而操纵学生,拨弄风潮之事数见不鲜"①。王东杰在研究成大与成高师之间的纠纷后指出,两校学生表现出强烈的参与意识,比较而言,教师这一群体表现得更为"老成"一些,但对学生的抗议行为又多少抱了"纵容"态度。② 与成大和成高师教师的"纵容"态度相比,南高师陆殿扬对学生自治会的支持则显得"光明正大"。1920年4月14日,他在致郭秉文函中建议改校务会议为教职员学生联席会议。联席会议由学生自治会代表与教职员组成,两者共商校务,协议一切,且学生代表人数最好与教职员代表人数保持平衡,校长为当然主席。他认为联合会议具有融洽感情和增进能力之功用,"内既融洽,外可示范,必能于教育史上开一新纪元也"③。

作为北大精神和中国现代大学理念的缔造者,蔡元培对学生自由发展理念的强调也在某种程度上助长了学生自治会的乖张行为。1924年,他在写给傅斯年和罗家伦表达拒绝返校意念的信中说:"研究学术始终是我对大学发展的基本要求,至于其他方面,则倡导教职员和学生随其个性自由伸张。对这种自由发展我只不过不加以阻力,非有所助力也。"④顾颉刚晚年回忆说,正是由于蔡先生引导学生自由思想并参与社会活动,才有几年之后五四运动的产生。⑤ 蔡元培不仅倡导学生自由发展,对其参与的社会活动也给予支持,如学生主导的"平民夜校"。正是蔡元培对大学作为社会启蒙者的强调,使学生难以判断教育与政治之间的界限所在。⑥ 蔡元培本意是想用"治学"的方式来"治人",在充分尊重师生独立人格的基础上,以使师生"当有研究学问之兴趣"和"尤当养成学问家之人格"。然而,他对学生个性自由发展的认同被世人所误读或有意曲解,学生也在"个性自由"旗号的保护下,表现出越来越多的"外乎情理之举动",逐渐显露出激进倾向与破坏意图。

在党派参与方面,吕芳上对学生运动的研究无疑是最好的注脚。他认为,政党与学生相互牵引,造成了20世纪20年代由自主的学生运动向政党运动学生的趋势转变。政党对学界的干预,使学界的"清流"变成"浊流",校园的安宁

---

① 天行.学潮与出路[J].东方杂志,1932,29(6):1-3.
② 王东杰.国家与学术的地方互动:四川大学国立化进程 1925—1939[M].北京:生活·读书·新知三联书店,2005:46.
③ 南京大学校史研究室.南京大学校史资料选编:第二卷 下[M].南京:南京大学出版社,2019:655.
④ 高平叔,王世儒.蔡元培书信集:上[M].杭州:浙江教育出版社,2000:708.
⑤ 高增德,丁东编.世纪学人自述[M].北京:北京十月文艺出版社,2000:27.
⑥ 魏定熙.权利源自地位:北京大学、知识分子与中国政治文化 1898—1929[M].张蒙,译.南京:江苏人民出版社,2015:157.

也将被打破。据《从学生运动到运动学生》记载,1921年10月,上海中国公学发生驱舒(新城)逐张(东荪)风潮。风潮的起因不仅有校内派别的斗争,还有研究系与国民党之间的对垒。类似的党派参与学校权力角逐的案例还有:1922年2月浙江省法政专门学校"拒周(伯雄)"风潮,1922年4月山东女师"易长"风潮,1922年10月北京高师"去李(建勋)与拥李"学潮,1922年12月国立北京法政专校"驱王(家驹)拥王"风潮等。1924年12月8日,东南大学学生赵龙瑜在致郭秉文函中也指出,学生自治会危机四伏,破绽将露,内部已分为四大派别,其中一大派别为"党人派"。"其垄断总会者为国民党,其数约三四十人。与之相互倾轧者为新中国党,为数亦不下十余人。"①学生的顾虑说明,党派竞争已经渗透到学生自治会这一层级,一定程度上对养成真正自治之公民产生负面影响。

在风潮中,学生自治会往往冲锋在前,看不见的"黑手"则隐匿在背后。"学生逾法越分之举动,非特未为社会人士所指斥,而隐然中提倡奖助之者,且大有人在。学生得此护符,气焰益张;大言高论,唯我独尊;而虚浮夸张之习,与日俱增。"②学生自身也意识到,在"隐然提倡奖助者"的渗透下,赤心做事亦知有所不能。虽然权力和政治行为是大多数组织自然存在的过程,是组织生活的现实③,但是学生自治会对权力的追逐、偏好以及误读,对组织自身的可持续发展也带来了诸多隐患。

除上述因素外,从组织行为学角度来说,学生自治会权力的膨胀也是群体发展过程中可能出现的一种状态,尤其是在以不确定性为特点的形成阶段。另外,在北洋政府时期,"自治"是非常流行的话语,地方自治与大学自治同频共振,相得益彰,学生自治从中获得了政治合法性和现实依据。④ 对学生自治会权力的膨胀,并不是所有学生都表示认同。学校训育缺位的背后是教育秩序的紊乱。有学生就指出,学生多管学校的事,其结果是两个方面都遭受损失:学校方面,事事受掣肘,什么也做不成;学生方面,牺牲功课,念书不能好好念。并认为,学生太管闲事以及上不怕天、下不怕人、中不怕法,是导致中国教育界混乱的一个重要原因。主张学生会的事只能限于学生自己的事,不能旁及学校行政。学校行政不能"事事仰承学生鼻息",要承担起为学生办事的主体责任。⑤学生能看到学生自治会权力的膨胀带来的弊端,说明他们并没有丧失基本的理

---

① 南京大学校史研究室.南京大学校史资料选编:第二卷 下[M].南京:南京大学出版社,2019:672.
② 崔钟秀.评学生爱国运动[J].清华周刊,1925,24(5):13-15.
③ 斯蒂芬·罗宾斯,蒂莫西·贾奇.组织行为学[M].孙健敏,等译.北京:中国人民大学出版社,2016:325.
④ 卜正民.秩序的沦陷:抗战初期的江南五城[M].潘敏,译.北京:商务印书馆,2015:67.
⑤ 吴聪.我们应当管学校的事吗[J].清华周刊,1923(278):5-7.

性判断。只是在自治声浪弥漫校园的特殊时期,理性的声音显得相对微弱。总体而言,一方面,学生自治会权力的膨胀有违自治精神,容易干扰正常的教育秩序;另一方面,学生自治会的建言献策对学校和国家的发展不无裨益。比如,1925年6月2日,东南大学学生自治会执行部议决请学校于下学年起实施军事教育,改普通体育为兵式操,以救时艰,而止侵略。① 此外,东大学生会在南京国民政府成立后,催促教育当局从速改组学校,并向国民政府教育行政委员会提出五项请愿。② 类似的请求还有增加膳费、拒缴教育费及图书馆费等。③ 学生自治会站在民族救亡和维持教育秩序的角度对学校及政府提出改革意见,不能简单地将其认定为"越位",而应该从受教育者比学校更关注国家危亡和办学秩序的层面倒逼学校革新予以考量。

有意思的是,国外有些学者对我国学生自治会表现出来的政治干预表示惊赞。孟禄曾说:"中国学生在学校的情形和欧美不同,自治能力很大。不但在一个学校里组织团体,且能联合许多校组织一个大团体。所做的事情,不但不限于学校内部,且对于政治上社会上教育上也都要干预,这实在是中国学生对于中国的一大贡献。"④此种论调与杜威对学生自治组织的界定完全相反。⑤ 这种现象说明,在学生自治的价值取向以及学生自治与政治的关系上,国外学界也有争议,这对国内学生自治的发展产生了一定影响。

三、学生自治会与校长的去留

苏云峰指出,五四运动后,清华学生自主意识和自我认识增强,通过学生会参与学校改革,三度赶走校长。⑥ 1928年8月,罗家伦为顺利接掌清华大学,派他的东南大学学生郭廷到清华大学打探情况。郭廷会晤了冯友兰和六七名清华学生(4人为学生会代表)后,写信向罗家伦汇报了清华师生欢迎罗氏来校改革的意愿。从郭廷拜会学生会代表可以看出,学生会的态度在确定校长人选中的重要性。有意思的是,罗家伦既因学生的欢迎而顺利就职,又因清华北平校友会和校内排外性团体"护校团"的反对而去职。⑦ 吴宓在1930年5月20日的日记中

---

① 《南大百年实录》编辑组.南大百年实录[M].南京:南京大学出版社,2002:180.
② 五项请愿为:驻军迁回;学校尽快接受并改组;东大整体改组;商科迁宁;保障经费(东大学生会向国民政府请愿[N].新闻报,1927-05-20(9)).
③ 南京大学校史研究室.南京大学校史资料选编:第二卷 下[M].南京:南京大学出版社,2019:663-665.
④ 茚玉麟.论学生自治与学生运动[J].学生之友,1942,5(1/2):4-6.
⑤ 杜威认为,学生自治组织是学生自己练习管束自己的,不是去管教习、校务及学校以外一切事务的(杜威.学生自治的组织[J].教育公报,1920,7(10):218-220).
⑥ 苏云峰.从清华学堂到清华大学:1928—1937[M].北京:生活·读书·新知三联书店,2001:159.
⑦ 苏云峰.从清华学堂到清华大学:1928—1937[M].北京:生活·读书·新知三联书店,2001:31.

写道:"是晚学生代表大会通过驱逐罗家伦校长,校中从此又多事矣。"①在吴宓看来,学生会是学校"多事"的肇因,一迎一驱无不体现出其强势参与校务管理。

清华学生自治会体现出来的强势民主在当时绝对不是个案。在这一时期的校园生活参与中,最值得关注的莫过于学生自治会在校长去留中扮演的角色。据《从学生运动到运动学生》记载,从1919年到1922年,因学生(大多为学生自治会行为)与校长而引起的风潮就达70件,其中师范学校最多,中学和大专次之。70件中,驱逐校长48件,拒新校长11件,挽旧拒新7件,拥护校长2件,考问新校长1件,驱旧拒新1件(见表3-2)。从统计结果可知,驱逐校长和拒新校长的风潮占到84.3%。其中固然有学生自身(如学生神圣与学生万能的错误观念)和党派之争的原因,但大多数是由于校长本身的缺陷引起的。有学者总结了学潮发生的原因,有12种,其中反对校长拒绝新校长、反对教职员拒绝新教职员、挽留旧校长、挽留旧教职员就占到了三分之一。② 郭秉文指出,学生的越界行为一部分归咎于学生精神独立且不守规矩,但在大多数情况下,责任并不在学生一方,而是由于学校行政管理者缺乏治事的能力以应对这种情境,只会滥用权力,缺失有效管理的能力,或由于个人或其他原因不愿使用合理的方式方法去维持学校的秩序。③

表3-2 部分大学学生迎拒校长风潮简表(1919—1922)

时间	学校	风潮发动原因与经过	结果
1919年12月	北京高师	驱逐史地部主任王桐龄:王言论乖谬,反对学生干涉闽案	学校有分高师派、湖北派、直隶派互斗之说
1919年11月	北洋大学	①驱逐校长赵天麟:学生要求更换教员不遂,宣布校长十罪状;②拒新校长冯熙运:反对国立大学校长由直隶省长径行委派;③直隶省长停拨北洋大学经费	①赵校长离职;②冯校长宣布离校;③反冯学生转学北大或退出拒冯团体
1919年12月	清华学校	①驱逐校长张煜全:张反对成立学生会,预备改大,计划停招中等科学生;②传闻罗忠诒接掌,学生拒绝,提出新校长7标准	①学生罢课;②张辞职;③金邦正继任

---

① 吴宓.吴宓日记第5册:1930—1933[M].北京:生活·读书·新知三联书店,1998:75.
② 其他8个原因为:反对考试,反对学校当局的处分,对学制课程的要求,反抗增加费用,对于经济公开的要求,反抗侮没人格之待遇,学生间自相争斗,其他关于对政治教费的表示及要求(李扶弱.学生自治与学校行政的界限[J].江苏学生,1932,1(3):14-26)。
③ 郭秉文.中国教育制度沿革史[M].北京:商务印书馆,2014:150.

续表

时 间	学 校	风潮发动原因与经过	结 果
1920年9月	民国大学	驱逐校长陈量:侵吞公款,学生自治会推选蔡元培掌校	校长辞职,徐宝璜代长
1920年11月	北京高师	① 驱逐校长陈宝泉:学生要求改大未果,又加入派系斗争,陈辞职;② 陶履恭掌校,学生亦反对,派系之争异常复杂	陈辞职,学生弃旧拒新
1922年2月	武昌高师	① 驱逐校长谈锡恩:安福系,顽固守旧,以新旧之争开除学生13人,因学生接触新空气,要求查账;② 武汉学联,北京八校声援	① 谈校长去职;② 张继煦继任;③ 复课
1922年4月	清华学校	抵制校长金邦正:农科出身,学非所用,反对学生参加索薪教潮罢课,学生受留级处分,引起反弹	校长辞职
1922年5月	交通大学	驱逐校长陆梦熊:陆撤换各部主任,为亲日派,学生反对,罢课请愿	① 陆校长去职;② 学校分唐山大学、南洋大学二校;③ 复课
1922年10月	北京大学	挽留校长蔡元培:因讲义风潮,蔡不满学生暴行辞职。两千名学生签名挽留校长	校长复职,学生复课
1922年10月	北京高师	驱逐校长李建勋:学生组"校务改进会""学校维持会"进行拥李、去李之争	① 李校长三次请辞;② 教部改高师为师大,委派范源濂为校长
1922年11月	唐山大学	驱逐校长余文鼎:① 学生为矿工募赈被指过激,遭开除5人;② 学生罢课,谴责校长十罪;③ 校长以武力解散学生;④ 北大学生声援,王正廷出面调停	校长离职,学生复课

　　五四运动后大量有关校长罪状的文章见诸报刊,足以说明校长的治校方式引起学生的不满。比如1924年福建女师学生在《益世报》宣布校长汪涵川罪状以及学校组织的腐败与污点①;1925年北京女子师范大学学生自治会在《民国

---

① 啸谷.闽省女师风潮之扩大,学生出名宣布校长罪状[N].益世报,1924-04-25(7).

日报》宣布校长杨荫榆掌校以来24条罪状①；1925年国立武昌商科大学学生在《民国日报》宣布校长屈佩兰四大罪状②。从刊发的文章看，学生宣布的校长罪状主要有：品卑学劣、侵蚀校款、违反校章、废弛校务、滥用私人、思想落后、专制野蛮、滥处学生、排斥良师、钳制舆论、摧残教育、夤缘官厅等。学生宣布校长罪状的真实性暂且不论，能够以强硬的姿态与校长对抗，不言妥协，在五四前则少有发生。而五四运动后的大学校长，既要应付官厅，争取办学经费，延聘优秀师资，谋求教育改革，又要满足学生"出于其位"的要求，可见想办好教育绝非易事，稍有不慎将面临下台的风险。

　　学生的主体意识和出位之举不仅表现在驱逐校长上，对参与校长选聘也不遗余力。五四之后，本着"校长革命""教育革命"的宗旨，学生频繁过问并干涉校长人选，向政府和校长提出自己的标准，合则留，不合则拒。例如，江苏法政专门学校学生与校长钟叔进水火不容，向其下达"哀的美敦书（最后通牒）"，提出改进校务11条，包括免除学监、改建宿舍、公布历年预算决算、改良考试制度、增设必要课程等，并限定24小时内给予完全圆满答复，无丝毫讨价还价余地，否则将准备欢送会。③ 对于新校长人选，学生自治组织也积极参与其中。1920年1月，清华学生自治会在校长张煜全辞职后，就派代表考察新任校长罗忠诒。学生代表认为罗忠诒不足以胜任后，学生自治会便发动全体学生给罗忠诒写拒绝信，劝其不必就任。1920年10月，浙江五师学生自治会向教厅委任的洪成渊校长提出12个问题进行考核，包括"持什么教育主义""有人介绍否""办学以什么为本位""对现在学生的态度和运动的意见""对学生自治的意见""对男女同校的意见""对废止考试的意见"等。④ 所幸这位校长具有革新精神，顺利通过考核正式就任。1922年1月，浙江六师学生对新校长郑鹤春提出改造学校的要求，并希望校长能宣告他的教育宗旨。若是没有教育宗旨或者宗旨不合时代潮流，学生则不予承认。如果教育宗旨审查通过，新校长还需对"承认学生自治会章程""更换旧教员与聘请新教员""废止考试名次""经费公开""招收女生"等12个问题进行回答⑤，学生满意后才予以承认。显然，"官厅任免校长须得学生同意"是学生的"创举"，学生对此极具自豪感和成就感。如浙一师学生在取得"挽经护校运动"的胜利后，就说"这不是中国今日破天荒的一件事吗？"⑥

　　如果说学生对上级委任的校长进行考核（或者官厅任免校长须征求学生同

---

① 京女师风潮扩大，学生宣布之校长罪状[N].民国日报，1925-01-31(6).
② 武昌商大驱除校长，宣布屈佩兰四大罪状[N].民国日报，1925-03-10(6).
③ 苏法校排去钟校长[N].民国日报，1920-11-08(7).
④ 浙五师生承认新校长[N].民国日报，1920-10-03(6).
⑤ 陈宗芳.浙六师学生对于新校长的希望[N].民国日报，1921-01-16(4).
⑥ 浙一师学生奋斗始末[N].民国日报，1920-05-25(6).

意)彰显出学生参与校务管理的意识,那么"校长民选"和"维持秩序"则更能体现出学生校园主人翁地位。"票选校长"实际上是国外学生自治的一种假象,如英国牛津大学和剑桥大学固然有票选正监督的规定,但是在校生没有投票权,其主持校务的副监督,由各学院院长互选产生。爱丁堡大学的在校生虽然能票选校长,但只是名誉职位而已。① 受此种"假象"以及无政府主义思想的影响,部分学生对校长制度本身提出异议,认为校长制度不符合民主时代的精神,理想中的社会,是没有什么"长"的东西,校长和学生在地位上应该是平等的,都是学校中的一员。② 尤其是在推行地方自治的背景下,"校长民选"成为应时之需,更具合理性和正当性。1921 年,湖南长沙第一师范为配合地方开展自治,创设校长民选制,学生投票选出易寅村为校长。③ 由民选产生的校长,无疑更具有民意基础,契合自治时代潮流。所谓"维持秩序",是指校长离职后无人主持大局的情况下,学生自治会承担起维持学校正常秩序的责任。例如,1920 年 3 月,浙一师学生自治会在经校长离职且新校长未上任之际,在维持学校正常运转方面发挥了重要功能。自治会一方面对内轮派童子军站岗把守大门,召开全体大会,决议坚持"文化运动""留经目的不达,一致牺牲"。④ 另一方面对外推派学生代表分向教育厅、省长公署请愿。对于教育厅委派的代理校长和教职员,学生予以阻拦并百般羞辱。过激行为引起教育厅和省署的不满,遂下令"解散学校"并"遣送学生回家"。后经各方协调,政府当局迫于压力做出让步,同意了学生的三点要求。⑤ 至此,学潮困局得以解决,一师恢复平静。学生自治会参与主持学校大局同样也在北大上演。1926 年 7 月,北大学生会因蔡校长 6 月 28 日再次提出辞职,召集代表大会,讨论应付方法。经代表商议,议决办法三种:① 致电蔡校长,请其打消辞意,尽快回校主持校务;② 函请教育部,敦促蔡校长返校。在蔡校长返校前,部派任何代理或正式校长,一概不认;③ 发表宣言,北大除蔡先生外,其他人均不能胜任校长一职。如有冒昧尝试者,将不惜一切代价抵制。同时,拟特派代表前往上海挽留,以达蔡校长重掌北大之目的。⑥ 蔡元培提出辞职后,学生会继评议会之后发起的"挽蔡活动"显然是以学校主人翁身份行使职能,希望通过学生的影响力使蔡元培回心转意,以使北大走上正轨与繁荣。然而,学生会的这次努力并没有成功,蔡元培坚决辞去校长职务,选择留在南方为新政权出谋划策。虽然挽留无果,学生会依然在"挽蔡工作"中初心未改,直到

---

① 黄建中. 学生自治之真谛[J]. 曙光,1947,1(2):41.
② 浙一师学生奋斗始末[N]. 民国日报,1920-05-25(6).
③ 舒新城. 我和教育[M]. 上海:中华书局,1945:163-171.
④ 浙江学潮之激荡[N]. 民国日报,1920-03-18(6).
⑤ 三点要求为:① 立即撤退驻校军警;② 收回一师解散命令;③ 定期开学,原有教职员复职,校长另行物色相当人选(浙师范被围惨状详记[N]. 民国日报,1920-04-02(6)).
⑥ 学生会通告[J]. 北京大学日刊,1926(1949):1.

新校长蒋梦麟到任。

从各校选择校长的条件来看,不同学校的标准不尽相同,但是对品优学高、热心教育、革新精神、无涉政党的要求成为多数学校学生的共识,这也是经亨颐、蔡元培等校长去职时得到学生拥护的原因。苏云峰认为,作为一校之主,校长的人品学识、办学热忱和领导能力是决定一所学校成败的关键。① 郭秉文也指出,唯有那些有行政才能与美好道德的人才能担任校长的责任。② 毫无疑问,一所大学的发展,与校长的个人品质、人格魅力、道德情操有极大的关系。③ 如果校长具备这些品质,那么酿成学校骚乱的情况就会减少。虽然学生从自身角度对校长的标准提出要求,这些要求也大多与学生利益密切相关,但是学生从民主立场出发,"对于校长自由选举,对教授任意黜陟,以谩骂、殴辱、罢课相挟持"④严重影响学校的办学和政权的稳固。学生的强势参与,不仅引起学校当局的反感,而且不为政府所容忍。正如所有的政府都不喜欢学生运动(自身支持的除外),所有的政府也不喜欢学生干预校政。随着北伐战争的胜利和分裂局面的结束,过渡时代中自由放任的学生自治会也将在政府的整顿与规制下就范,进入政府治理的新阶段。

第三节 学校市与学生自治会改造的理论设计

学生自治会是五四运动后的特殊产物⑤,它不是学校主动建构的结果和学校生活的自然演化。1924 年,清华学生潘光迥(潘光旦胞弟)撰文认为:"学生会的成立,大部分动力是受了'五四'环境的需要和学生爱国热情的膨胀。所谓'学生自治'还不是从纯粹学校生活中所涵养的演化,而是从'五四运动'中移植过来的。"⑥因此,对学校来说,学生自治会是一种强行植入的"公共空间"⑦,其与生俱来的斗争性、破坏力和不确定性对学校权威和政府统治构成威胁和挑战。虽然公民社会中充满活力的结社与文化生活可以为同情的扩展以及道德情感教育提供重要支持⑧,但是对学校和政府而言,学生联合结社的风险性要大

---

① 苏云峰.从清华学堂到清华大学:1911—1929[M].北京:生活·读书·新知三联书店,2001:55.
② 郭秉文.中国教育制度沿革史[M].北京:商务印书馆,2014:151.
③ 田正平.世态与心态:晚晴、民国士人日记阅读札记[M].上海:上海教育出版社,2017:293.
④ 天行.学潮与出路[J].东方杂志,1932,29(6):1-3.
⑤ 舒新城.蜀游心影[M].上海:中华书局,1934:132-133.
⑥ 潘光迥.我对于清华学生会的四条意见[J].清华周刊,1924(317):9-11.
⑦ 闻一多认为,清华学生会是一个公共机关,如果有人妄加凌辱它,就等于凌辱公众的人格。他呼吁公众应当牺牲一切保存公共机关的威信(闻一多.公共机关的威信[J].清华周刊,1921(218):28)。
⑧ 莎伦·克劳斯.公民的激情:道德情感与民主商议[M].谭安奎,译.南京:译林出版社,2015:230.

于其建设性。事实也证明,学生自治会的出现成为校方和政府当局挥之不去的"烦恼"。本来,允许学生自治会的存在是学校和政府顺应时代发展潮流的"正义之举",希望他们能够增进全体会员福利与养成团结自治精神,在属于自己的自治空间中"自娱自乐",而不是"越界妄为"。然而,学生自治会后来的种种过激行为使得学校和政府既深恶痛绝,又无可奈何。即使是"连根拔起",但是经过一段时间的孕育,自我造血功能较强的学生自治会又如"野草般重生",在学校管理中继续扮演举足轻重的角色。从学生自治会自身建设的角度来说,他们始终为自身的"名分"和"合法性"而苦恼,在实际运作过程中也遇到了"角色错乱""松散联合""派系斗争"等诸多问题。如何在发挥应有功效的同时获得官方的认可,寻求持续发展的动力,不仅是学生自治会需要考虑的问题,还是政府必须要解决的难题。学校市作为当时美国学校培养学生自治能力、养成健全人格和发展共和精神的一种"政治拟构",被官方和学生所共同关注。

一、学校市的引入

学校市(School City)制度由美国学者威尔逊·基尔在19世纪末提出并付诸实施。它主要参照市政府组织法,把学校看作城市,学生当作市民,通过模拟市政机构及其运行规则,开展"三权分立"的政治演练,以培养儿童自治能力与公民精神。1896年,基尔选择部分公立学校试行学校市制度,开展微型市政管理模拟训练,以养成儿童的行为习惯适合社会的生活。试行一段时间后,由于该自治模式在培养学生自治能力方面成效显著,其他公立中小学甚至师范学校也仿效推行学校市制度。基于所取得的成绩,基尔所推动的学校市制度在当时被称为"令人称赞的计划"。然而,作为一项教育改革与探索,学校市在后来的实践中因为作用有限以及学生费时过多而引起争议。到20世纪20年代,学校市制度逐渐淡出学校场域,走向式微。

(一)学校市引入的背景

学校市制度在民国肇建后传入我国,较早试行该制度的有上海市立旦华学校、浙江嘉兴秀州中学以及福建协和大学等学校。沪江大学学生张仕章在1920年撰文指出,学生自治组织的名称虽则有学校国、学校联邦、学校州、学校市等等的区别,但是他们的内容都不外乎立法、行政和司法的三种机关。[①] 这一论断反映出学校市不仅在中小学流行,在大学中也有试行并产生一定影响。学校市制度在民国后的传入有其特定的历史背景和现实需求。在政治环境层面,学校市制度的本质是共和政体下的学校政治化模拟,三权分立是其核心特征,培养

---

① 张仕章.对于新学生自治会的希望[J].沪江大学月刊,1920,9(4):10-12.

健全国民是其根本目标。晚清帝制土壤显然不适合其成长,而民初共和政体的构建,为试行学校市制度提供了合法政治氛围和有利发展环境;在学生需求层面,学生的请求是组织学校市的最大原动力。① 1925年前后,共学学校建立学校市的原因就是学生希望自己管理自己。学生认为,如果只是听从先生的命令,学习就像做苦工一般,也得不到有用的知识和经验。② 尤其是经历五四运动后,民治潮流的发达使学生对民主制度日益向往,他们希望在校就能体验政治生活,培养民主素养和共和精神,为将来更好地融入社会做准备。为此,有些学校学生一致投票赞成组织学校市③,并对学校市一日发展一日的状况表示自豪④;在人员传播层面,留美学者的回国以及来华美国学者对学校市制度的嵌入起到了重要推动作用,如1919年,浙江嘉兴秀洲中学推行学校市制度的主导者就是毕业于哥伦比亚大学师范学院的窦维思(Lowry Davis)校长。窦校长起初依据纽约的《学校市的组织大纲》试行学校市,经过四年的实践与调适,才完全东方化。在学者的推动下,"教学生组织学校市、学校共和国等,练习公民自治"成为全国教育界的共识。此外,杜威、孟禄等美国教育家来华后宣扬的社会化、生活化、做中学等教育理论,也为加速学校市的推广提供了理论依据和舆论基础。⑤ 在学校公民教育层面,民国兴学数十年,公民教育重书本轻实际,效果不明显。而学校市是改变传统偏重书本教学、实现教学做合一的有效途径,是讲公民读本的一个"实验机关"。⑥ 学校市是共和国家的雏形,一般设立法部、行政部和司法部。其中,议院和法院等机构的设立,有助于学生对三民主义和公民学科的学习和实践,对改良教学方法和陶冶政治人才也具有重要价值。

民初政治动荡不安,经济遭受破坏,文艺科学发展状况也令人沮丧,只有教育方面差强人意。常道直认为,单就教学方法说,凡是外国所有最新的方法,如设计法、道尔顿制、德可乐利、温勒梯开、复合法等,无不被我国教育界尽量采取实验。不仅旧大陆之英法德诸国小学校内没有这种盛况,就是新大陆之北美合众国,如此的勇敢与进取精神,也没有像我国这样普遍而热烈。⑦ 学校市作为培养未来公民的良法善制,在民初同样受到追捧。常道直等人在参观考察中小学后发现,多数小学校和初级学校均有市政府或类似组织,"几乎成为一切新式小学之一必要设置"。⑧ 常道直的判断与各省情况大致吻合。以安徽省为例,据《民国日报》1922年3月5日报道,安徽省教育厅杨厅长不久前召集全省中学校长

---

①③ 窦维思.嘉兴秀洲中学"学校市"概况[J].教育与人生,1924(33):7-8.
② 张九如,周蕚青.学校市参观记[M].上海:中华书局,1933:2-3.
④ 朱大峯.环游培风学校市一周记[J].星火,1927(1):45-46.
⑤ 李林.学校市:民国时期一种"学生自治"的实践及得失[J].近代史研究,2020(3):149-159.
⑥ 庄永华.省立第三小学校组织学校市的经过[J].云南小学教育月刊,1921(2):14-15.
⑦⑧ 常导之.参观杂评[J].国立中央大学教育学院教育季刊,1930,1(2):75-82.

开教育会议。会上议决"中等以上学校均须组织学校市,俾学生卒业后,服务社会,可为一良好市民,兼可作将来改良市制之模范"①。安徽作为教育并不发达的省份②,在组织学校市方面尚能如此积极,其他省份的情况也就不难推测。从史料来看,全国大部分省市试行了学校市制度,其中东部沿海地区较内陆地区更为重视和普及,成效也相对显著。

(二)学校市的基本特征

学校市在民初的引入与快速发展与其内在属性与特征密不可分。大体来说,学校市的组织原理与运作规则呈现出以下特征:

一是师生合作。与学生自治会不同,学校市的主体是学校,不是学生。学校市的建设是师生双方的责任,不是学生一方面的事情。上海市立旦华小学校在《学校市组织法》序言中指出:"教师不但应该同儿童一起担任自治的责任,并且应该时时留心儿童的自治行为,在适宜的时候,给他们相当的指导。这样一来,儿童自然发出勤恳的努力,自治精神自然一天发荣一天。"在组织大纲中,亦规定学校市由学校全体儿童及教职员共同组成,并均为本市市民。③ 嘉兴秀州中学采用中庸标准,将师生关系比喻成外圈和内圈。学生如有超出范围的举动,还有一个外圈去纠正他,防止学生的意旨就是法律等不合理现象的发生。比如提案由市议会通过,经教职员顾问团认可后,才可定为校律。师生双方对各自的权利和义务都有着清楚的认识和充分的承认,而维系他们和谐关系的是爱、忠诚和机变。窦维思在介绍秀州中学学校市概况时说:"市议会是交换意见的机关,教职员和学生各本谅解的同情,为本市前途谋幸福""教职员对于本市职员,负有特别监督之权,对于不尽职的职员,亦负有惩劝的责任。但同时双方互相敬爱,亲密如一家人。本市能有近日的成绩,完全是靠这一种精神。"④师生合作的工作机制既充分尊重了学生的自治权,也避免了没有教师的参与而导致学生自治流于形式毫无生气现象的发生。如果教师指导得宜,对于宪政教育,必有所裨益。⑤

二是三权分立。学校市的核心要素就是根据三权分立的原则和精神拟构现实政治,儿童在"共和国家的雏形"中体验政治生活与规则,以使自身的社会与国民的社会相互接近、相互沟通。各个学校在组织学校市中,大多采取三权

---

① 皖五中组织学校市[N].民国日报,1922-03-05(8).
② 费正清认为,资源匮乏与自然灾害频仍、省内派系之间的权力斗争、青年知识分子与教师的地区性流动是导致安徽高等教育相对落后的主要因素,而安徽的情况也反映出中国其他省份高等教育的一些问题(费正清,费维恺.剑桥中华民国史:下卷[M].刘敬坤,等译.北京:中国社会科学出版社,2016:390)。
③ 上海市立旦华小学校.学校市组织法[J].教育潮,1919,1(1):94-101.
④ 窦维思.嘉兴秀州中学"学校市"概况[J].教育与人生,1924(33):7-8.
⑤ 天民.学校市之组织[J].教育杂志,1917,9(7):124-130.

分立的架构,即设立立法部、行政部和司法部,由学生充当职员。也有少数学校设立市议会、市政厅、警察厅、市裁判所、控诉院等部门①,但是其基本特征仍然是三权分立。

三是全员参与。在学校市中,学生皆为市民,有选举权与被选举权,共同参与政治生活。秀州中学规定每年召集选举大会四次,日期记载在校历上。市长、副市长、市议院院长、法官,都由全体市民投票选举。②上海市立旦华小学校也规定议员也由市民选举产生。③贝满女中为发展学生自治能力,养成互助合作精神,训练良好市民资格,规定凡学校高级部学生,均为学校市民,有选举、被选举、创制、复决、罢免五权。④澄衷学校为适应时代潮流起见,在小学部筹办学校市。学校市采用委员制,委员由全体市民选举。⑤在多数学校的规定中,只要学生符合相应的条件,都具有市民所具有的权利。全员参与既尊重了学生的权利,又充分调动了学生的积极性,是学校市运行的基本要求和重要保障。

二、学生自治会的困境

由于缺乏前期的酝酿、自治的训练和经验的积累,加上政府和校方采取相对自由的管理态度,学生自治会的组织原则和运作规则大多不成熟、不健全,欠缺基本的规范性、权威性和稳定性。在此环境下,学生自治会不仅面临着外部压力,内部治理不善也同样影响到组织的稳定甚至是存亡。内部治理不善显然与学生自治会组织文化相关。戈夫曼认为,一个机构的文化价值观念在很大程度上决定着参与者对许多事务的感受⑥。学生自治会组织文化的模糊与偏激影响学生的认同。1922 年,清华学生撰文指出学生会缺乏责任心,犯有七病:一是开会不到;二是到者必迟;三是扰乱秩序;四是举己为职员,则不负责任;五是人被举为职员,则反对之;六是人不办事则斥其溺职;七是办事则斥其垄断。在此种情形下,学生视服务学生会如畏途,不敢涉足。⑦此外,还有人指出学生自治会的缺憾体现在四个方面:没有光荣的历史;没有切实的后盾;没有健全的组织;没有正确的指导⑧此评论虽然刊发于 1937 年,但无疑是对这一时段学生自治会发展的真实写照。总体而言,学生自治会的困境主要体现在两个方面:外在困境主要是政府和学校的角色期待,内在困境主要是组织与服务功能弱化。外在

---

①③ 上海市立旦华小学校.学校市组织法[J].教育潮,1919,1(1):94-101.
② 窦维思.嘉兴秀州中学"学校市"概况[J].教育与人生,1924(33):7-8.
④ 贝满女中[N].益世报,1929-03-17(16).
⑤ 澄衷学校筹办学校市[N].新闻报,1927-05-02(13).
⑥ 欧文·戈夫曼.日常生活中的自我呈现[M].冯钢,译.北京:北京大学出版社,2008:206.
⑦ 傅正.清华学生应具四项觉悟的我见[J].清华周刊,1922(241):6-8.
⑧ 礼文.谈谈我们的组织:学生自治会[J].交大学生,1937,6(1):28-29.

困境是内在困境的延伸和体现,内在困境往往决定着外在困境。因此,对学生自治会内在困境的研究显得更有价值,也更能体现学生自治会的真实面貌。

(一) 组织建设不振

早期的学生自治会主要采取两种组织方式,即清华大学的三权分立制和北京大学的委员会制。无论是三权分立制还是委员会制,在实际操作过程中,学生自治会都遇到了不少棘手的问题。例如,北京大学从五四运动后到1922年之间,学生自治会基本处于"瘫痪"状态。学生对此深感忧虑,表示要除旧换新,采取绝对公开的态度,积极组织一个足以代表全体学生的团体,以发扬团结精神,谋求自身利益。学生总结学生自治会"不振"的原因主要有三:

一是以前起草员所根据的组织法太繁复,未曾得到简便适宜的好处。二是以前开会讨论,总难得在第一次大会中赶紧得个良好结果。等到二次或三次再开会时,人的热血都降下去了,最后连到会的人都没有,怎能组织学生会成气咧。三是从前的选举方法太笨,职员不易选出。①

为此,学生提出相应的救济方法:一是拟定一个简洁适宜的合法的组织法;二是设法在第一次大会中就将学生会的根基完全成立;三是创设一个最便利的选举方法。学生本着这三个要素,创造出一个适合北大实际情况的"治会良法",即先成立机关,再制定章程,而不是先行制定章程,再经大会讨论成立团体。② 然而,在学生自治会成立的问题上,也有学生提出疑问。有学生指出,学生自治会的先决问题是要了解赞成自治会的人到底有多少,如果只是少数人参加投票,恐怕就要有"非法学生会"和"一部分的学生会"的笑柄。③

清华学校在学生自治会组织建设上,同样遇到了困扰。清华学校学生自治会模仿美国政治组织形式,立法机关有评议会,司法机关有学生法庭,行政机关有干事部。评议会和干事部运行较为正常,唯有学生法庭功能受限,形同虚设。创设学生法庭是学生从"被治"走向"自治"以及倡导"司法独立"的必然要求。对此,校中热心学生可谓不遗余力,通过介绍国外大学学生法庭④等途径竭力提倡。校方对此也予以批准,允许试办。学生法庭主要受理学生间的各种争执案件以及学校移交的一切事件,旨在提倡学生自治、灌输法律知识、提升学生人格与辅助校章实行,学生对之抱无限希望,学校对之亦绝对信任。然而,学生法庭成立之初,因为判理斋务处移交学生违反校章一案久延不决,致成悬案。一案

---

①② 发起"北京大学学生会"的缘起[J]. 北京大学日刊,1922(1102):2-3.

③ 学生会的先决问题[J]. 北京大学日刊,1922(1105):4.

④《清华周刊》曾介绍了威斯康星等大学的学生法庭程序细则(余日宣.特载:威斯康星大学学生法庭[J]. 清华周刊,1922(234):28-31)。

未结,他案无从开审。以致后来发生的案件仍由斋务处直接执行,学生司法权不啻拱手奉还。① 正如清华学生指出,学生法庭对于司法的职责有点不能胜任,变成了一个无用的机关和形式的组织,结果就取消了三权分立的原则而采用责任内阁的形式。② 斋务处自行处置定罪,显然是擅夺学生法庭的职权,集司法权与执法权于一身。这种越俎代庖之举将导致学生"申诉无门""含冤莫白"。一是因为未经初级法庭审判,高级法庭不能接收申诉;二是如果再诉于初级法庭,因斋务处为学校职员机构,学生不能诉职员于学生法庭。③ 学生法庭不能发挥作用的主要原因在于斋务处的干涉。在当时的清华,新式的学生法庭和旧式的斋务处并存于校,拥有同等的职权。学生的言行仍由斋务处监视,学生间争执事件,斋务处"有权"裁判。如此一来,"学生自治"为空言,"司法独立"为具文,学生法庭失去存在的价值,学生也不能脱出奴隶式的管辖。而这不但是学生自治能力残缺的遗恨,学校也多花了一笔冤枉钱。④

学生法庭功能的发挥不仅受制于斋务处,学生内部对其态度也分成五大派。第一派是无理反对派,即我的反对就是我的理由;第二派是自私自利派,即学生法庭可以组织,但千万别来告发我;第三派是不管派,即有法庭也好,无法庭也不坏,反正我们不会违纪违规;第四派是虚心派,即不赞成法庭,因为有了法庭,每个学生都可以监督我们;第五派是恐慌派,即学生法庭由师生合办容易造成学生的傲慢。⑤ 可见,即使是一项好的制度,由于受传统管理体制的束缚以及学生多元化的要求与认识不到位,也会难以取得实效。

(二)服务功能弱化

学生自治会对内为学生与学校的中间者,对外为学生的代表者,以谋全体学生的利益和幸福为宗旨。能否代表全体学生的利益与服务学生发展成为评判学生自治会成绩好坏的主要依据。从办会宗旨来说,学生自治会应将主要精力用于服务学生,为学生谋福利。但在实践中,由于种种原因,学生自治会"以学生发展为中心"的工作导向发生了偏离,导致其服务功能的弱化。概括起来,主要有以下三个方面的原因。

1. 工作人员的缺位

这里的"缺位"不是指有岗无人,而是指居职不尽责。一般而言,学生自治会的职员是由学生选举产生,在一定程度上能够代表学生的利益。然而,少数

---

① 傅正. 成立来之清华学生法庭[J]. 清华周刊,1922(增刊8):8-10.
② 锋. 清华学生会的过去、现在和将来[J]. 消夏周刊,1930(6):31-33.
③ 傅正. 清华斋务处与学生法庭[J]. 清华周刊,1922(246):8-11.
④ 彭光钦. 清华学生组织之改造:取消学生会,建设学校市[J]. 清华周刊,1924(326):9-13.
⑤ 子诚. 清华学校的自治声:学生会的自治运动,同学中的自治讨论[J]. 清华周刊,1921(229):1-6.

负责人一旦成功获选,就抄老文章,创造不出新格局。由于这些人办事不力,使得学生自治会毫无生气,既乏新鲜姿态,又少充实内容。① 1922 年,有人撰文声称,学生之所以不满意北大学生会,实由其组织不良、选人不当所致。② 1923 年 1 月 20 日,北大学生会干事会会议议决:各股主任无故一日不到者改选,干事三日不到者除名。③ 惩罚之严厉明显与学生会干部作风散漫相关。1921 年,针对清华学生自治会评议员遇到议事的时候总是无故不到的现象,有人撰文提出批评。批评者指出,自治会评议员如同国会评议员,一到议事的时候就常常缺席,放弃他们的责任。即使是评议长东拉西找,人数也达不到合法规定,评议会只能宣告散会。评议会既然开不成,自然有许多事不能正常进行。④ 1923 年,有人生动描述了召集评议会和全体大会的经过:

> 每次要召集评议会的时候,出条告让听差摇铃,早早到议场去侍候着,恐怕等了十几分钟,还是不足法定人数,临了主席还要和颜悦色地同大家道一声歉,以便展期举行的时候,他们还能光顾。偶尔要召集全体大会,更是要半条性命去换了。摇铃吹号,好容易开成了会。一会儿议事日程还没有完毕,大家急着要散会了。⑤

对学生自治会工作作风的指责不止于此。1924 年,又有人撰文对清华学生会质疑,指出三年来学生会在为学生谋福利和辅助学校发展等方面均未能取得满意的成绩:

> 近三年来学生会谋同学公众幸福的事曾办过几件?对于学校行政的辅助究竟怎样?仔细想来,恐怕关于前者,很难想出几件,关于后者,不但没能辅助学校,反犯了些干政的嫌疑;而且内部因党派起纷争,如去年屡次发生相互攻讦的事,不久以前,又因评议部私人间意气酿成滑稽的弹劾尚未就职之干事部主席案,会场上攻及私人人格,闹得乌烟瘴气;以致现在的学生会既对于学校失信任,复对于同学失信任。⑥

2. 活动方向的失衡

受五四运动的影响,成立初期的学生自治会往往将参与校外运动作为主要任务(如救国赈灾等),对于校内事务则不愿过问,甚至是完全放弃。1922 年 4

---

① 沈鉴.学生自治会往哪里走[J].清华副刊,1934,42(1):5-7.
② 金实时.对于学生会名称之意见[J].北京大学日刊,1922(1103):4.
③ 王学珍,郭建荣.北京大学史料:第二卷 下 1912—1937[M].北京:北京大学出版社,2000:2411.
④ 吴彭.学生会的补救方法[J].清华周刊,1921(209):9-12.
⑤ 清华周刊社.清华生活:清华十二周年纪念号[M].北京:清华周刊社,1923:100.
⑥ 彭光钦.清华学生组织之改造:取消学生会,建设学校市[J].清华周刊,1924(326):9-13.

月,《清华周刊》介绍清华学生会现状时说道:"学生会之成立,主因本在对外,几年以来,争外交,争教育,几于应付不暇,卒至学生精疲力竭。而学生会内部之团结力,亦渐见松疏。"①从评议会的记录中,可以透露出自治会"重校外轻校内"的工作倾向。有学生指出,只要看看清华学生会评议会记录本,就可知道学生会对于校内的事务基本不闻不问,如出洋问题、大学问题、国文问题等。评议会对这些直接涉及学生利益的问题既提不出什么意见,也想不出什么补救方法。②从会议记录看,北京大学学生会在同一时期虽然表现出对校内事务的重视,但是对校外时局的关注往往超过校内,社会活动异常活跃。如1925年6月2日,北大学生会召开全体代表大会,议决案有:

① 自6月3日起,本校开始罢课;② 通电全国宣布英捕横行之罪状;③ 联络北京各校集合,举行示威游行;④ 监督外交部向英日两国严重交涉;⑤ 唤起国民一致行动,废除不平等条约;⑥ 组织讲演团,唤醒民众反抗意识。③

1925年12月5日,北大学生会召开第三次全体代表大会。会议一开始,对外代表王德崇报告上次示威游行经过及新学联最近工作情形,巫启圣报告上次示威游行被捕经过。议决案有:

① 本会对时局发表宣言,由邓文辉等五人承担审查责任;② 建设国民政府的详细办法,提交学联代表大会讨论;③ 决定在最短时间内出版周刊;④ 刊印同学录;⑤ 改良学校卫生如澡堂等,由卫生股向学校交涉;⑥ 征求同学意见,增购书籍;⑦ 向学校交涉废止各宿舍不许女生入内的规定;⑧ 要求学校添加寄宿舍。④

学生自治会的活动方向与时局有着密切关联。时局稳定,学生自治会将更多的精力投入到校内学生事务管理中;时局动荡,学生自治会不得不消耗更多的时间参与校外事务和政治活动。在一些有家国情怀的学生看来,学生自治会虽为自治而设,却也与学校发展、社会民众及国家政治有极大关联。因为民众愚昧无知,所以大学生没有闲暇专做自己的梦,他们要为民众肃清耳目宣泄困苦,使民众成为进步的力量。而国家政治作为大学生将来的责任是无待再言的,他们担负着将国家政治从黑暗中解放出来的责任,是建设国家的中流砥柱。

---

① 清华大学校史研究室.清华大学史料选编:第一卷[M].北京:清华大学出版社,1991:208.
② 吴彭.学生会的补救方法[J].清华周刊,1921(209):9-12.
③ 王学珍,郭建荣.北京大学史料:第二卷 下 1912—1937[M].北京:北京大学出版社,2000:2417.
④ 王学珍,郭建荣.北京大学史料:第二卷 下 1912—1937[M].北京:北京大学出版社,2000:2421.

艰难时局与政治使命感使得学生毅然走出象牙塔,体现出学生自治会对社会和谐与政治稳定的期待。然而,学生自治会对活动的"自由裁量权"并没有获得政府的认同,1927年8月29日,当时的教育部下令取消学生会、学生联合会、筹集会组织:

> 查学生在校肄业,以潜心求学为主旨,不得驰骛外缘,致纷心志。近年各校设有学生会、学生联合会等名目开会,虚耗光阴骛外,则荒废学业,每念及此,良深叹惜,应即一律取消。嗣后凡未经各学长主任许可之会,均不准自由召集。①

3. 学生群体的冷漠

对学生自治会而言,关系到生死存亡的两件大事莫过于政府取缔与学生冷漠。政府取缔的原因无须赘言,学生冷漠又从何而起?首先,学生冷漠与学生自治会的工作作风有关。如前所述,学生自治会少数办事人员在其位不谋其职,工作消极,不求创新,根本不能反映学生的心声和代表学生的利益。长此以往,学生认为学生自治会的存在与否,与他们毫无关系,抱一个"不管主义"②。其次,学生自治会的工作导向在一定程度上脱离了学生的利益诉求。挽救国运虽然是学生自治会义不容辞的责任和引以为傲的传统,但是对校外活动的无限投入与付出以及对校政的干涉难免影响到自治会为学生谋求利益宗旨的实现。有学生就曾批评学生自治会是个人出风头和活动分子的机关,而不是为学生谋利益的组织,对自治会"向来没有好印象"。③还有学生因为反对自治会一二职员,因而反对自治会本身,对自治会秉持"捣乱主义"。再次,多元价值观影响到学生对自治会的认同。虽然大多数学生对学生自治持赞同态度,但也不排除少数学生认为读书才是学生的天职,尤其是在课业繁重的学校,这种矛盾就显得更加突出。有学生指出,"没工夫""功课忙"是很多学生不愿意参会的重要原因。在"正当"的名义下,选举票可以任别人随便拿,会可以不开,事情可以不过问,权利可以不要,义务可以不尽。当然,学生不习惯团体生活也是不可隐讳的。④1923年3月24日,清华学生会通过参加北京学界收回旅大示威游行议案。然而,在3月26日的游行中,有27个同学无故不到。这一行为显然触犯了学生会章程的有关规定。为此,学生会执行议案决定,把27个名字送给校长,请其核办。⑤这一事例显示,个人意志与团体精神并不总是保持一致,学生

---

① 王学珍,郭建荣.北京大学史料:第二卷 下 1912—1937[M].北京:北京大学出版社,2000:2404.
② 吴彭.学生会的补救方法[J].清华周刊,1921(209):9-12.
③ 牛力.罗家伦与国立中央大学[M].南京:南京大学出版社,2015:139-140.
④ 邓广熙.学生自治会诸问题[J].交大学生,1934,1(4):1-4.
⑤ 华.个人意志与团体精神[J].清华周刊,1923(276):1-2.

对学生会的决定并非"高度认同"。这一现象也出现于中央大学。1924年12月,中央大学学生赵龙瑜认为学生自治会已处于风雨飘摇之秋,同学中除主张解散外,未闻有谋所以挽救者。并且,学生自治会因各人态度不同,已分为四大派别,即党人派、冷淡派、悲观派、改进派。①

从学生的评论中,可以更加深入地体会到学生群体对学生自治会的冷漠态度:也许有人以为学生自治会总是使人失望,因而规避;也许有人以为读书才是真正的任务,因而不理;也许有人以为那是无聊人的玩意儿,因而漠视。② 在一些学生对自治会表现出不满情绪的同时,另一些学生对此表示忧虑,主张要改变对学生自治会不闻不问的错误态度,倡导由旁观者改为监督者,由指谪者改为赞助者。学生认为:"世界上便是最下等的人类也有团体的组织,我们推翻学生会便是自己不愿意有团体的组织,自己看轻自己的人格,自己甘心过那下等人类不如的生活!"③这些学生支持自治会的理由在于:如果学生自治会解散了,还有哪个机关能表达学生不满意的态度,还能依靠哪个机关联合学生做一点救国的事业?罗隆基在评价清华学生会时说:"大凡一个东西,在他存在的时候,旁人总不觉得他的用处,待他消灭以后,思念往事,始追悔没有他的不便利。"④罗的言下之意是,在对待学生自治会的存亡上,应考虑全面,慎重其行。尤其是那些诅咒学生会"腐败不堪"与祷祝学生会"早终正寝"的学生更应三思。针对"学生会为学生方面唯一对等的机关,学生会消灭则学生的权限缩小,管理方面的威权增加",以及"学生会为清华对外的机关,学生会消灭则一切对外联络将从此中断"的片面之谈,罗认为是"非学生会根本存在之论也"。⑤ 基于无自治会则无自治可言的逻辑,学生指出,学生会做的事如果有不合众意的应当质问他,学生会的职员有不能尽职的就应当弹劾他,学生会应当做的事而没有做的就应当告诉他。⑥ 唯有如此,学生自治会才能健康发展,才能表现出力量,才能在正当的轨道里促成完全的自治。

大学生作为文化素质较高的一类群体,其对学生自治会的冷漠态度反映出国人对公共事业参与热情不高,这似乎也是民族特性。1903年,京师大学堂仕学馆日本教习岩谷孙藏便因学生对俄国侵略中国漠不关心而辞职。⑦ 没有组织能力和法治精神可谓是国人最大的缺点。⑧ 虽然有限的参与和冷漠对于政治系

---

① 南京大学校史研究室.南京大学校史资料选编:第二卷 下[M].南京:南京大学出版社,2019:672-673.
② 鉴之.怎样才可以使学生自治会表现出力量[J].清华副刊,1934,42(10):1-2.
③ 桓.评议部与学生会[J].清华周刊,1923(278):3.
④⑤ 罗隆基.对于一年来清华学生会的感言[J].清华周刊,1921(206):1-8.
⑥ 吴彭.学生会的补救方法[J].清华周刊,1921(209):9-12.
⑦ 杨天石,王学庄.拒俄运动[M].北京:中国社会科学出版社,1979:153.
⑧ 张九如,周蓉青.学校市参观记[M].上海:中华书局,1933:45.

统的稳定具有一定的积极作用①,但是学生对政治与公共事业的冷漠同样会带来诸多隐患。首先,学生自治会本身就是学生参与的结果,如果学生没有参与意愿,学生自治会是无法成立与维持的,进而学生的权利也得不到有效的保障;其次,有限的参与会影响学生组织功能的发挥与监督,容易导致学生与组织之间产生隔阂以及学生组织的精英化与极端化,不利于学生自治会民主功用的施展。一个参与的社会是一个民主政体存在的前提②,参与性的经历可以有效避免个体专制行为的发生。如果学生能普遍理性地参与自身组织的建设,那么将会获得双赢的结果。这种双赢的结果是基于参与具有的四种功能,即教育性、整合性、合法性与保护性。学生参与能力的培养只有在参与实践中才能完成,即陶行知说的过什么样的生活就受到什么样的教育,过参与生活的就受到参与的教育。这种参与生活或参与实践不仅依赖个体的主动,更需要制度的保障,以建立个体、个体品质与心理特征与制度之间的互动关系。学生自治会在通过制度激励学生参与方面显然做得不够,正如蒋梦麟和胡适所言:"学生会的章程只关注职务的分配,对一些最紧要的程序和制度却不注重,这是导致学生团体没有生命力的主要原因。"③

三、学生自治会改造的理论设计

学生自治会面临着学生冷漠、学校反感和政府压制的三重困境,组织改造迫在眉睫。政府虽然可以单方面下令取缔学生自治会的形式,但是学生自治的理念与传统已经深深融入大学精神之中。加上动荡时代的中央政府权力难以有效渗透到基层社会,政府的训令事实上起不到应有的控制效果。对政府、学校和学生等利益相关方来说,务实有效的做法是对学生自治会进行改造,而不是简单的取缔消灭。此时的中国中小学正在如火如荼地开展"学校市"试验,这一"令人振奋的方案"自然进入到改革者的眼中。虽然最终未能形成气候,但有限的"经验"和改造的"想象"转变为另外一种形式在南京国民政府的强制推行下成为现实。

资料显示,大学中采用"学校市"制度来改造大学学生自治会或替代学生自治组织的大多停留在"想象"和"理论设计"阶段,进入实践操作层面的学校并不占主流。实践层面,福建协和大学在1921年至1925年间曾推行过"学校共和国"制度。协大在1916年创办伊始就成立了各级代表大会会议组织,以办理学生自治事宜。1921年,应时代需要及谋会务扩充起见,学校对代表会议进行了

---

① 卡罗尔·佩特曼.参与和民主理论[M].陈尧,译.上海:上海人民出版社,2006:6.
② 卡罗尔·佩特曼.参与和民主理论[M].陈尧,译.上海:上海人民出版社,2006:39.
③ 蒋梦麟,胡适.一年来学潮之回顾和希望:我们对于学生的希望[J].新教育,1920,2(5):89-94.

改组,并由校中倪乐善教授创设学生共和国。学生共和国成立四年后,又改为学生会,直至 1930 年遵照部颁《学生自治会组织大纲》重新改组。① 想象层面,以 1924 年清华学生彭光钦②撰写的《清华学生组织之改造:取消学生会,建设学校市》一文和 1922 年清华学校斋务长陈绍唐撰写的《村制——实行自治的唯一入手办法》一文最具代表性。③ 在彭撰文中,他认为清华的学生会对学生和学校都失去了信任,已经丧失了存在的价值,而改造学生会的最好途径是建设学校市。建设学校市并不是单纯的羡慕和模仿,而是这个制度特别适宜施行于清华。彭光钦坚信,倘若清华采用学校市制度,将来取得的成绩肯定比现在学生会的成绩更令人满意。而这满意的成绩是建立在学校市所具有的种种益处之上。

（一）建设学校市的益处

1. 增进学生自治事业

20 世纪 20 年代的清华学生自治会并没有完全实现自治,依然处于"自治"与"他治"的中间状态。拿膳食来说,学生自治会既参与管理,同时仍需"劳驾"庶务处。多头管理导致厨房百弊横生,饭菜质量一天比一天糟糕,似乎找不到整顿的办法。如果全由学生自治会一方来管理厨房,效果将会比现在好;学生法庭也同样处于尴尬的境地,只要有斋务处的存在和干预,就不能真正发挥学生法庭的作用;自从庶务处包管电影以来,没有几部电影使学生感到满意。如果组织学校市后,学生一切起居、饮食、娱乐及其他应由学生自治之事,都由学校市直接管理,那么学生自治事业可以顺利推进。④

2. 提供市民训练机会

成立学校市对学生自治团体来说是一件开新纪元的大事,备受外界关注。⑤ 学校市之所以如此重要,主要是因为它有助于学生向市民的转变以及政治人才的陶冶。政体变更后,大部分民众依然不知政治为何物,对国家政务也缺乏参与精神:

---

① 学生自治会:简史、章程、职员[J].协大消息,1932,1(6/7):22-23.
② 彭光钦(1906—1991),重庆长寿县人,1922 年考入清华学堂留美预备部,1931 年在美国霍普金斯大学获生物学博士学位,中国橡胶作物科学研究的先驱者,热带作物科学研究院和华南热带作物学院的创始人之一。在清华期间曾担任过学生代表大会主席。
③ 除此之外,还有名为华国在《清华周刊》发表《新旧生问题中之:学会组织问题》一文。文中就新旧制学生会设置问题提出自己的设想,认为"邦联制"最适合清华的特殊情况,即新旧生各组织一学生会以办理自身事务,各不相干相侵。如有平均关于新旧两生的特殊事项,则列举出来,交由彼此共同组织的清华学生代表团处理(华国.新旧生问题中之:学会组织问题[J].清华周刊,1925(347):5-8).
④ 彭光钦.清华学生组织之改造:取消学生会,建设学校市[J].清华周刊,1924(326):9-13.
⑤ 莫廷森,何绵周.学校市成立的效能[J].台中半月刊,1930(22):36.

我们今日国家政治的不上轨道没有新精神,最重大的原因还是够公民资格的人太少,政治观念及趣味的缺乏。一件很重大的国事,往往人民对之没有深刻的反应,这是最足悲观的现象! 没有一个国家没有人民的督促力量而能勇往直前走上现代化之路的,我国国家的落后是由于人民的落后。①

　　不仅广大民众没有政治训练的机会,大学生因为生活在校,同样缺乏市民的训练。而未养成一种独立的真正公民人格的学生毕业后一入社会,既不知适应社会的方法,又不知市民的责任。"故由学生出身之人,在一城一市一乡中,并不见为其一城一市一乡之健全分子"。② 面对学生未经市民训练而不能适应社会的窘境,学生呼吁"受高等教育的人是将来国家的希望,不患人人做不了专家,而患人人做不了真正的公民,做不了真正的公民才是最大的耻辱。真正的公民就不该于权利义务的观念有所含糊。"③学生将做不了公民与耻辱联系起来,足见对公民训练的重视程度。清华学校在20世纪20年代中期之前(1925年改升大学)的主要角色是留美预备学校,其任务在于往美国输送合格的留学生。这种预备性质的学校在市民训练上更是缺乏根基,令人担忧。"我清华学生,自幼童来校至游美返国,皆拘拘于学校生活,于人情世故,多所隔膜,以此等青年投入社会,哪能希望社会得他们多少利益。"④从校门到校门的学校生活以及繁重的学习任务限制了清华学生接触社会生活的机会,良好市民的培育也受到一定影响。"而建学校市,则同学皆可得市民的训练,将来置身入世,对国则为一国之健全公民,对社会则为一城一市一乡之健全分子,于公于私,两得其利。"⑤

3. 减轻学校经费负担

　　教育经费是教育发展的根本保障。民国建立以来,频年内争,政变縻常,教育经费挪充军需,是常态之举。叶嘉炽认为,中央权威不彰、军阀割据地方、军队强行挪占、预算制度议而不行、省教育经费未彻底独立等因素是造成北洋政府教育经费短缺的主要原因。⑥教育经费的短绌虽然影响到教育事业的发展,但是与此形成对比的是,大学规模和人数总体上却在不断增加。⑦相应地,学生管理成本也随之上涨。相对增长的学生数,有限的管理人员难以覆盖到所有学生

---

①③ 沈鉴.学生自治会往哪里走[J].清华副刊,1934,42(1):5-7.
②④⑤ 彭光钦.清华学生组织之改造:取消学生会,建设学校市[J].清华周刊,1924(326):9-13.
⑥ 陈能治.战前十年中国的大学教育:1927—1937[M].台北:商务印书馆,1990:281.
⑦ 以北京大学为例,从1907年到1929年,共有毕业生3822人,其中本科毕业生3519人。毕业生最多的一年为1925年,有472人,其次是1923年,有390人,再其次是1924年,有342人。总体来说,毕业生人数呈现增长趋势(王学珍,郭建荣.北京大学史料:第二卷　上　1912—1937[M].北京:北京大学出版社,2000:768)。

事务。而且,"许多事为学校很难照料,不若学生自管之好"。如上述清华庶务处放映的电影常使学生不满意,这并非庶务处故意不放好片子给学生看,而是他们实在不知道学生欣赏的水平。而学校市的建立,可以裁撤别无他事的骈枝机关,将其事务交由学生自己办理(除学校行政事务和课堂教学外)。如此一来,既能增进学生自治事业,辅助校务发展,又能减轻学校财政负担。

(二)建设学校市的原则

学校市与学生自治会虽然在功能和结构上有重合之处,但是两者绝对不是同一事物的两个方面。正是两者之间有着显著的区别,才有人主张把学生自治会改组为学校市。从根本上说,两者之间的差异主要体现在与学校关系的不同。对学校而言,学生自治会更多展现的是一种独立自主不受约束的"反叛者"形象,两者之间时常处于相互防范状态。而学校市更像是学校的合作者和附属机构,师生共同参与是其重要特征。从此角度来看,无论是学校还是政府,抑或是学生,对学校市的认同度都要大于学生自治会。他们无不希望建设一种组织,既能维护自身的权益和权威,又不触犯其他人的利益,以实现合作共赢。这种对维护权威基础上的合作共赢的期许便成为建设学校市总的原则。

1. 完全办理学生自治事宜

为了避免学生自治会干涉校政的弊端,学校市以完全办理学生自治事宜为原则。在目前所能看到的学校市组织大纲中,学校均规定凡属学校行政范围以内的事务不在学校市办理自治事宜之中。学校市不仅不能过问学校行政事务,也不能妨碍教师教学,只能在学校划定的范围内练习自治。如山东省立第一中学校校长及教职员相信学生确有自治能力和自治道德,所以在青年教育时期内,为把学生培养成未来社会所需的优良公民,依据学校教育方针酌定学校市组织大纲。其中第二条规定:本市宗旨在使学生人人借练习自治之机会养成优良公民之资格。① 安徽省立第六中学为谋课外作业之发展、学生自治之促进及养成优良公民起见,也组织成立学校市。② 太原平民中学自1922年成立以来,对于学生自治向来鼓励,校中各种自治团体星罗棋布,不一而足。为增强自治精神及练习民权,学校曾设"假定自治讨论会",按照普通大会组织法,组织各种委员会,成绩颇优。待北伐完成实施训政后,为练习"四权"运用,于校内组织平民市。学校教职员与学生,皆为平民市民,权利一律平等。③ 可见,在学校市以完全办理学生自治事宜方面,学校间达成了高度"共识",配合也极为"默契"。

---

① 山东省立第一中学校学校市组织大纲[J].北京高师教育丛刊,1921,2(5):116-118.
② 省立第六中学校组织学校市章则[J].安徽教育月刊,1922(53):7-22.
③ 太原平民中学之学校市[N].中央日报,1929-05-13(8).

2. 不干预学校行政

以完全办理学生自治事宜为原则也就规定了学校市不得干预学校行政,也不得抵触学校其他规则。事实上,学校建设学校市不仅在于培养学生自治能力和养成优良公民,更重要的是"以指示学生自治的途径借谋贯彻学校管理训练的目的"。对学校来说,学校市的功能是双重的,即练习自治与服务学校,而练习自治是为学校更好地实现管理训练学生服务的。学校市的"非干预性"与"服务性"在各校的章程和大纲中体现得十分清晰。如《山东省立第一中学校学校市组织大纲》第九条规定:本市统治权,及于本市民之全体,但在教室上课之时间,则失去其统治之效力。第十条规定:自治各机关得各自订定其办事细则,但不得与本章程及学校规则抵触。第十一条规定:本市市民当和学校行政者力求一致,依据本校教育方针共同负担促进本校发达进步之责任。① 安徽省立第六中学组织学校市章则第七条规定:本市受学校教职员之指导,由全校同学之合作,模仿地方自治机关之组织办理自治事宜,但属于学校行政范围以内者不在此限。第十一条规定与山东省立第一中学校第九条完全一致。② 太原平民中学学校市宪法第二条规定:平民市采用民主集权政体。第三条规定:平民市对于平民中学校行政不得干预。③ 而学生自治会超出学生自治范围干涉校政,无疑是学校的"痛点",故学校想方设法以去除。

3. 训练良好市民

共和政体的构建需要公民社会的支撑,而公民社会的形成主要依靠公民教育。学校作为公民教育的主阵地,承担养成优良公民的主体责任。正所谓:"今日之学生即将来之公民,将来公民所需要之知识,应当养成于今日之学校。"④民国初建,各项工作渐入正轨,教育也围绕国家政权建设的需求逐步调整自己的方向。大学虽以养成硕学闳材、应国家需要为宗旨,但是学生的公民教育也是大学不可推卸的责任。在1912年9月颁布的教育宗旨中,政府将道德教育置于首位,显然是重视公民教育的体现。公民教育的途径不外是教学与实践,学行并重,知识讲授容易解决,实践体验又该选择何种模式?在此背景下,学校市制度作为公民教育的实践方式进入学校场域,成为训练良好市民的重要平台。学生自治会在培养市民上虽然也有一定功效,但是与学校市相比,还是稍逊一筹。首先是非全员性。学生自治会是由少数学生代表构成的自治组织,除了召开全体大会时,多数学生与自治会并不发生关系,从而也就缺乏市民训练的机会。其次是非政治拟构性。学生自治会并不是专门为模拟市政组织和开展公

---

① 山东省立第一中学校学校市组织大纲[J]. 北京高师教育丛刊,1921,2(5):116-118.
② 省立第六中学校组织学校市章则[J]. 安徽教育月刊,1922(53):7-22.
③ 太原平民中学之学校市[N]. 中央日报,1929-05-13(8).
④ 芮佳瑞. 学生自治须知[M]. 上海:商务印书馆,1921:1.

民教育而建立的机关,它的主要任务是办理学生自治事务,掌握原先属于学校的学生事务管理权是其存在的前提。如果说"政治拟构性"是学校市的主要特征,那么"权利自导性"则是学生自治会的核心诉求。学生自治会的兴趣中心在于学生自治权利的获取以及运作,市民训练并不是其关注的重点。

(三) 理论设计中的变革思维

耐人寻味的是,曾在中小学风行一时的学校市制度并没有普遍引入大学的场域,只是停留在少数人的"理论设计"中。从需求侧角度来说,官方和学生并不排斥学校市制度,《清华周刊》刊发的彭光钦《取消自治会,建设学校市》一文便是例证。除此之外,《清华周刊》在彭撰文发表两年前就刊发了该校斋务长陈绍唐撰写的《村制——实行自治的唯一入手办法》一文。陈在文章中首先引用《自治与被治》一文的观点,该文作者行知认为:

> 近二三年来,学生自治的声调在清华唱得算很高了,而唱到今日,把学生秩序反唱到了个乱七八糟、难堪救药的田地。这次的失败,同学要负大半的责任,其余是学校管理人要负的。最根本、最深奥、最美丽的自治乃是各人自治。若是人人都把自己治成完人,一个团体里也没什么得治的了。①

陈引用行知的文章,其实是想借别人的话语提出自己对学生自治改造的意见。在转述行知的观点后,他说:"回顾一年以来清华学生自治的成绩,属于个人方面的颇有进步,但属于团体方面的,除不满人意的'学生法庭'外,一无所有,实无进步可言。"②虽然在个人自治与团体自治的关系方面,陈与行知发生了分歧,但两人对清华学生自治失败的认识是一致的。对于学生法庭,陈也表述出不同的观点,认为即使是"必也使无讼乎",学生法庭也只是治标的、消极的,其积极的功效须于法庭以外求之。学生会和其他会社能够实现自治的积极功效吗?陈并不寄希望于此。他认为:"大凡大组织之结果,不外始而少数负责,继而意见发生,终而精神散漫,不可收拾。证诸既往,比比皆然,是大组织不易收效果也。若必欲得一实行自治,而易于互助协进的入手办法,其唯小组织乎?"③学生会显然就是陈言下的大组织,不能收到良好的自治效果,因而他将目光移向"小组织"——村制。

按照陈的规划,一排宿舍为小村,其中大一分为二村,高等科分为十二村,中等科分为五村,以一村的小组织为自治团体的基础,再由各村合为清华市。清华市设正副市长各一人,由各村正副村长互推产生,再由斋务长请校长加以

---

① 行知. 自治与被治[J]. 清华周刊,1921(223):4-8.
②③ 陈绍唐. 村制:实行自治的唯一入手办法[J]. 清华周刊,1922(250):9-12.

委任。市长的职权有:担任市会主席、负责对外工作和不干涉各村内政。每村设正副村长各一人,由各村住户互推产生,总管各村一切事务。其他设公安委员会和卫生委员会,分别负责维持公安和砥砺学行以及注意公共和个人卫生事宜。斋务长在清华市的建设中,负有帮扶和监督的责任,可以随时出席市会和村会,但是没有选举权和被选举权。市村议决案如果与学校有直接关系,则由斋务长核夺或转咨他部核办。① 较之中小学推行的学校市制度,陈所拟定的"村制"可谓是"微缩版"学校市,两者在功能上相类似,与校方的关系也较为"友好"。陈版的学校市制度最大的特色在于本土化,他没有将"三权分立"制度作为练习学生自治的主渠道,而是以中国民众最熟悉的村制为依托推行学生自治。20 世纪 20 年代初,地方社会正在试行村制方案,各地"震于山西模范省之名,拟师其法试办村制而为自治树之始基"。村制的核心是以乡村为社会的基本单位,它是地方自治的始基。乡村如果能走上自治的轨道,整个社会也就实现了和谐与安稳。基于此,陈通过模拟村制,将学生编入"村"的小自治团体,使每个学生在"村"中都有练习自治的机会,并扮演公民角色。这种将村制与学生自治融合起来的设计,既简单易行,又带有浓郁的"乡土气息",十分接地气,诚为学生自治本土化的有益探索。

陈绍唐理想中的"村制"在清华没有得到实施,却在涂闻政创办的江西省立南昌乡村师范学校得到了落实。该校成立后并没有仿照大多数学校的做法成立学生自治会,而是创新学生自治组织形式,培养学生健全人格。自 1928 年至 1934 年,该校参照各地乡公所的办法,设立伍农乡公所。凡学校师生工友均为乡公民,推选邻长、乡长,区长由学校训育主任兼任,县长职权由本校校长兼摄,仿照地方自治组织系统,养成学生自治能力以备将来参加乡村社会自治工作。后因各地改办保甲,乡公所制度废止,1934 年改为进修会。校长任会长,职教员任部长,各级级长任干事,股长则由各级会员公推,全体师生均为会员,其宗旨在于联合全体师生以从事健全人格之修养。"由于各师友相与为善,进修会之精神优于一般自治会于此可证明焉。"1921 年涂闻政毕业于南高师,对学生自治会不可不谓之熟悉。他之所以没有在南昌乡村师范学校成立学生自治会,可能是在校期间对学生自治会的工作不太满意。考虑到学生自治会并非养成学生自治能力的最佳场域,进而选择其他适合学校实际情况的学生自治组织。这一事例说明,在学生自治会普遍成立的年代,对学生自治组织本土化和创新的追求并未中断。

从引入的时间来看,清华学校在 1920 年前后就有人研究过基尔的学校市制度。1920 年 4 月,《清华周刊》第 185 期刊发了清华第一任学生会评议会主席

---

① 陈绍唐.村制:实行自治的唯一入手办法[J].清华周刊,1922(250):9-12.

王造时的《学生自治的原始和界说》一文。王是从学生自治的源头来介绍学校市制度,而不是将其用来改造学生自治会。文中指出,早在1540年时,德国就有一个中学试行过学生自治。时至近代,美国成为推行学生自治最积极最广泛的国家,而首倡学生自治的人便是基尔。为了使学生了解行政的概况,养成自治的观念和习惯,基尔创设了学校市制度。他根据地方自治机关的模式把校内学生组织成一种有机体的机关,分立法、行政、司法三部。学生也就是市民,在学校市中自己制定法律,自己遵守,以维持学校秩序。教职员的作用在于指导和训练,并不干涉学校市的运行。学生在校练习自治的目的在于将来进入社会后能成为一个好国民。① 此文发表在清华学生会成立后的第4个月,当时的学生会组织稍显稚嫩,各方面发展还不健全,发挥的作用也十分有限,尚处于探索成长期,随时都有可能在外界的侵扰下夭折。王在此时撰写该文的用意或许是想增强学生会的合法性、正当性和规范性,以获取学生会发展所需的内外部资源和支持,使学生会被周围的环境所接受并步入正轨。至于学校市制度本身对学生会建设的借鉴意义并不是王所关注的。事实上,王是把学校市制度作为学生自治的起源和学生自治会的前身来看待的,它是学生自治发展的过去式而不是未来图景。学生自治会应该在学校市制度的基础上,不断完善与创新,在发扬学生自治精神和培植良善公民方面发挥主导作用。然而,王的"无心"却成为后人的"有意"。随着学生自治会在后来逐步陷入"合法性"危机,学校市制度被人重新发现其潜在的价值,将其作为一种可能的改造方案,寻求破解之道。

遗憾的是,无论是风靡一时的学校市,还是在地方大行其道的村制,虽然倡导不乏其人(包括普通学生、学生会主席和斋务长),但最终都未能扎根于大学。此种结局或许可从两个方面予以解释:一是当时的大学基本成立了学生自治会,如果再组织学校市,则易造成机构重叠、功能重合的局面。尤其是在学潮无止息的时代,学校当局也不希望增加自身的督导职责和管理负担。如果为了建设学校市而取消学生自治会,则必然引起自治会成员的强烈反对(历史上因校方取消自治会而引起学潮不在少数),最终的结果可能是两败俱伤。二是学校市本身并非完美无缺。虽然当时的学术界和舆论界大力倡导建设学校市,但是学校市在实践过程中逐渐偏离原初制度设计,政治拟构的初衷也与学校的育人使命并非完全重合,有时甚至相互冲突(如学生可能沾染官僚作风等不良习气),所设计的"三权分立"制度与当时的政治氛围也不相融。凡此种种,使得学校市的机构设置与真实内涵不断异化,最终在抗战前后销声匿迹。

---

① 王造时.学生自治的原始和界说[J].清华周刊,1920(185):5-7.

事实也证明,学生自治会更加适合民国的政治和大学的环境,比学校市更有生命力。学校市的沉寂也从另一个角度证实了学生自治会价值的独特性。然而,仅从生命力角度不能评价一个制度的真正价值和历史影响。因学校市兴起而产生的学生自治会改造想象虽然没有转化为现实,但是在国民党逐步完成从"军政"向"训政"时代的过渡后,对学生自治会的自由发展已不再是"听之任之"。如何将学生自治会纳入国家政权建设的轨道,服务国家的目标和政治的需求,是国民政府对学生自治会以及教育事业发展的根本要求。

第四章　学生自治会的制度化与日常状态(1928—1936)

南京国民政府成立后,为规范教育事业发展,加强对教育的法治化建设,修订并颁布了一系列教育法规和条例,将前期相对自由混乱的高等教育纳入政府严格统一的监管之下,使其走上国家管理和标准化的轨道。[①] 这一时期对高等教育影响最为重要和深远的是"三民主义教育"宗旨的确定。1928年5月,大学院组织召开第一次全国教育大会,提出废止"党化教育"宗旨,推行以"三民主义"作为新教育宗旨的议案。1929年4月,国民政府正式通令公布"三民主义教育"宗旨。至此,"三民主义教育"成为各级各类学校所遵循的主体教育思潮,学校教育被置于现代民族国家建构的轨道之中,服务于国家的需要和政府的意志。"三民主义教育"宗旨确立后,国民政府在1929年相继公布《大学组织法》《大学规程》《专科学校组织法》等教育法令规程,以进一步加强对大学行政和教学的规划与整顿。除了推行严密的训育管理制度外,国民政府还采取严厉的组织措施,限制学生的思想行为和团体发展。在南京国民政府初期,由于受到强制管控,学生自治会基本按照教育法令要求运行。随着民族危机逐渐上升为主要矛盾,学生自治会肩负起文化重建的责任,成为民族救亡的急先锋和政治建设的推动者。

---

① 叶文心.民国时期大学校园文化:1919—1937[M].冯夏根,等译.北京:中国人民大学出版社,2012:115.

第一节　南京国民政府教育宗旨的形成及其对学生自治会的影响

一、民初教育宗旨的变更

教育宗旨是教育制度的上层建筑部分,是全部教育政策的精神统领。基于"未有政体革命而教育不革命者"的逻辑,民国成立后便废止了"忠君""尊孔"的旧教育宗旨,取而代之的是 1912 年 9 月教育部公布的新教育宗旨,即注重道德教育,以实利教育、军国民教育辅之,更以美感教育完成其道德。"大凡一个国家,什么政治,就需要什么教育;什么教育,就产生什么政治。"[①]蔡元培拟定的新教育宗旨将以自由、平等、博爱为核心的"道德教育"放在首位,比旧教育宗旨强调以忠君、尊孔为本质的"忠孝教育"具有先进性和时代性。前者以培养共和国新国民为目标,后者以造就服务于清政府的封建臣民为旨归。新教育宗旨兼顾了隶属于政治与超乎于政治的双重取向,指向一种在理想和现实中联合生成的教育理念,在承载传统教育思想与西方文化理念的同时,也与国家意志与政府诉求高度契合。这在蔡元培于 1912 年 4 月发表的《关于教育方针之意见》一文中清晰可见。虽然蔡元培尤所注重的世界观教育未被列入教育宗旨,提倡的美育地位也有所下降[②],但是新教育宗旨的颁布改变了"中国向来的教育,对于宗旨一层不大考究"[③]的传统,划清了民国教育与封建教育的界限,标志着中国教育近代化历程中一个旧时代的结束和一个新时代的开启[④],使中国教育获得了一次思想上的大解放,有力地推动了日后民国教育的多元化发展。

民初教育宗旨在一定程度上适应了共和政体和社会发展的需要,却由于"不合国情与世界思潮,且非为全民族解决生活"[⑤]的原因致使教育界多未遵循。尤其是在欧战后,"军国民主义教育"备受世人诟病,加上杜威来华宣扬平民主义思想和"教育本身无目的"理论等因素的推动,废止军国民主义的教育宗旨甚至是取消教育宗旨的呼声越来越强烈。[⑥]在各界人士的呼吁下,1919 年 10 月召开的全国教育会联合会第五次会议决定废止教育宗旨,提倡教育要研究人应如

---

① 姜琦.十六年来中国教育宗旨的变迁[N].民国日报,1927-10-10(8).
② 蔡元培认为世界观和美育主义是超乎政治的教育,也是晚清旧教育宗旨所未涉及的方面,故尤为倡用。
③⑤ 朱经农.中华民国教育的宗旨[J].南京特别市教育月刊,1928,1(12):4-9.
④ 田正平.中国教育史研究·近代分卷[M].上海:华东师范大学出版社,2001:196.
⑥ 姜琦.十六年来中国教育宗旨的变迁[N].民国日报,1927-10-10(8).

何教,而不是如何教人,并宣布教育本义为"养成健全人格,发展共和精神"。虽然教育本义排除了军国民主义教育的成分,强调受教育者的主体性,但是倡导的"健全人格"和"共和精神"还是很难解释,稍嫌笼统。1922年11月,教育部公布了学校系统令,以7条标准代替教育宗旨。遗憾的是,7条标准里面只包含了民权主义(适应社会需要、发挥平民精神、发展个性)和民生主义(发展国民经济力、生活教育)层面,遗漏了民族主义层面。诚如学者认为,民国前16年间的种种教育宗旨,或太片面,或有弊病,或不适合现代潮流及现在的国情,或词句含混,都是偏而不全的。① 教育宗旨在16年间的4次变化(包括洪宪帝制时代的教育宗旨),与国内政治变化密不可分。多次政变使得教育宗旨飘摇无定,形同虚设,难以发挥应有的统御作用。当然,除受到政治影响外,教育宗旨的形态也随着制定者人生观和价值观的不同而转变。比如,有的人注重道德教育,有的人倡导实利观念,有的人重视审美品质,这样便造成顾此失彼的问题,教育宗旨容易演变为制定者教育理想的投射而不是契合现实需要的指导方针。

思想是人类活动的向导和原动力,某一时代某一民族的活动,无不受当时思潮的影响。比如,辛亥革命以前有民族革命的思想,所以才能推翻清朝统治;有五四以后新文化运动的思想,所以对西方文化才有更加深入的体认。思想对人类实际生活产生的影响力量,也许比其他因素都要强烈深远。"盖唯有大多数人以之为信仰中心的思想,才能够发生很大的力量"。② 南京国民政府成立后,政府与教育界深刻意识到教育宗旨(官方对教育思想的高度凝练)是国家教育的指导纲领和终极目标,国家的教育必须有具体一贯的宗旨和中心统一性的思想,才能夯实国家生存发展的基础,引领民族文化不断改革创新。当时国内并不是没有教育思想,而是思想派别过于繁杂,以至于眼花缭乱,造成思想混乱。比如,有新的和旧的,东方的和西方的,唯物的和唯心的,科学的和玄学的,自由主义和三民主义③。这些派别各自为政,自成一家,有的彼此矛盾甚至是互相冲突,"思想多元并存"的结果等于没有思想。

二、以三民主义为宗旨的学生自治会

如何将教育思想定于一尊,抉择出最适宜的教育思想引领学生走上国家建设的正轨,对国民政府来说是迫在眉睫的事。改革教育宗旨的必要性和紧迫性促成国民政府在1928年5月召开了第一次全国教育会议,议决将"党化教育"改为"三民主义教育",以实现三民主义为教育宗旨。1929年,国民党第三次全

---

① 姜琦.十六年来中国教育宗旨的变迁[N].民国日报,1927-10-10(8).
② 旭光.本刊革新后之旨趣[J].清华周刊,1929,32(1):1-6.
③ 在南京国民政府成立前,先后形成的具有全国性影响的教育思潮达数十种之多(田正平.中国教育通史:中华民国卷[M].北京:北京师范大学出版社,2013).

国代表大会正式确定三民主义教育为中华民国的教育宗旨①,并且议决了8个原则为实施方针。至此,三民主义从一种社会思想和政治思想发展为一种教育思想,三民主义教育宗旨获得了官方统一完整的表述,从根本上将过去的放任主义教育政策改变为严格主义教育方针,有助于养成训政时代国家所需的人才。

三民主义教育宗旨的确立结束了民国以来教育宗旨模糊、空虚、逆行、乏力的混乱状态,使教育有了"主义"和"信仰"的内涵和支撑,在一定程度上凝聚了全国大多数民众的思想,具有整合和强固团体的认同功能,有助于实现"民""国"同构的目的。无论是产生形式还是实质内容,都堪称一个理想的教育宗旨。从产生过程来看,它不完全是政府意志的产物,而是教育专家与教育工作者等多元主体民主协商的结果,具有一定的科学性和合法性;从结构内容上看,它是全面多层次的,既有总纲性质的原则表述,又有具体的实施方针,渗透到整个教育活动之中(包括课堂和课外活动),具有较强的灵活性和可操作性。②

然而,三民主义教育是国民政府在构建现代民族国家过程中利用民众对孙中山的崇敬心理而精心创制的政治象征符号,借以整合社会精神资源与巩固其威权统治。因此,三民主义教育如同孙中山崇拜,被国民党有意引导和设计成为个人崇拜的精神产物③,带有明显的"一党专制"的意识形态色彩,是党化教育的延续和变体,两者之间并无本质区别。在实施过程中,国民政府将三民主义教育宗旨异化为贯彻"一党、一主义、一领袖"统治思想与防共反共的政治宗教,为蒋介石走向政治独裁提供了理论依据,凸显了三民主义教育宗旨的负面效应。④ 如此一来,党的意志和守旧思维经常凌驾于教育主旨之上。1931年7月,教育部要求各级学校应将"忠孝仁爱信义和平"八字制匾悬挂礼堂或公共场所,"以资申儆而期共喻,可无缅规越矩之虞,造次弗忘,永作怵目警心之助。"⑤ 显然,三民主义教育宗旨实际上在后期俨然成为了国民政府以"党化教育"思维控制教育的遮羞布和保护伞。有了遮羞布和保护伞,国民政府可以粉饰自己的专制言行,达到钳制思想、麻痹意识的目的。三民主义教育宗旨确立后,就有人提出批评意见:

---

① 中华民国教育宗旨:中华民国之教育,根据三民主义,以充实人民生活、扶植社会生存、发展国民生计、延续民族生命为目的;务期民族独立,民权普遍,民生发展,以促进世界大同。
② 王红雨.读书之外:近代学生课余生活管理研究[M].北京:中国社会科学出版社,2018:50.
③ 陈蕴茜.崇拜与记忆:孙中山符号的建构与传播[M].南京:南京大学出版社,2009:1.
④ 陈蕴茜.崇拜与记忆:孙中山符号的建构与传播[M].南京:南京大学出版社,2009:84.
⑤ 中国第二历史档案馆.中国民国史档案资料汇编:第五辑第一编教育第一册[M].南京:凤凰出版社,1994:76.

从字面上看,三民主义教育宗旨是何等的堂皇！何等的伟大！但是仔细思考一下,不过是"官样文章"而已。从过去的实事看来,民权普遍到什么程度呢？恐怕日形专制。民生发展到什么地步呢？恐怕民多饥色,野多饿殍。说到民族独立,则更不堪设想了！要民权普遍,民生发展,民族独立,固然是由多方面努力不仅从教育可以收效的,可是当局者至少不该自相矛盾！日兵日渐西侵,有实力御侮的政府,只有退让,呼号的只有赤手空拳的学生。①

敢对三民主义教育宗旨提出批评,在当时着实是"凤毛麟角"和"冒党国之大不韪"。胡适曾对三民主义不以为然,便招致灾祸。周作人为此劝胡适"这个年头儿,还是小心点好"。②对三民主义有系统研究的国民党元老胡汉民说:"我们破坏也好,建设也好,都要死心塌地,照孙中山先生的主义和计划去做,不能添加一分,不能减少一分。"③在《建设与教育》一文中,胡汉民又基于"教育不可无主义,主义只能宗于一"的立场,认为蔡元培等人倡导的"思想自由、兼容并包"的教育主张流弊实大,强调:"我们必不能让所谓'包罗万象'摇动了我们已定的教育宗旨！""必不许教育独异于此唯一的主义而有所兼容。"④在胡汉民等人的鼓吹下,教育宗旨大有"罢黜百家,独尊三民"的倾向,不允许被质疑和妥协。他们致力于把"政府的意志"铸造成大众的行为动机,并采取各种手段禁止、压制甚至是镇压反对这种铸造的活动。如1930年4月,由于陶行知支持学生开展反帝反封建的爱国斗争以及乡村教育思潮不符"三民主义教育"主旨,国民政府关闭了晓庄学校,导致乡村教育实验中途夭折,陶行知本人也暂避日本。像胡适和陶行知这样具有社会名望的教育家都需谨言慎行,一般学生在"整顿学风令"下,不得不"明本分""读贤书"。而教育宗旨一旦被置于教条化、神圣化、附魅化、狭窄化、人格化的发展轨道,这样的"主义"也就成为一种最严格意义上的"教义"⑤,思想的僵化与独裁也就在所难免。三民主义教育宗旨的形成,对学生自治会的影响是双重的。一方面,学生自治会的一切活动都要遵循三民主义的要求,三民主义是学生自治会开展活动必须遵守的底线;另一方面,由于学校一向是国民党推行各项政治运动的重要场域⑥,学生自治会必将承担起宣扬三民主义的重要职责。这种双重影响决定了学生自治会在自身"三民主义化"的同时还要成为其他群体"三民主义化"的推动者。1927年6月3日,东南

---

① 卓承琪.从"中华民国教育宗旨"说起[J].大夏周报,1931,8(12):232.
② 董宝良等.中国教育通史:中华民国卷中[M].北京:北京师范大学出版社,2014:42.
③ 张尚文.对于三民主义教育实施的意见[J].上海县教育月刊,1928(12):4.
④ 胡汉民.建设与教育[J].中央周报,1929(70):29-41.
⑤ 徐贲.统治与教育:从国民到公民[M].北京:中央编译出版社,2016:391.
⑥ 陈蕴茜.崇拜与记忆:孙中山符号的建构与传播[M].南京:南京大学出版社,2009:181.

大学学生会召开第三次全体大会,在其向政府提交的改组计划书中,就提出实施党化教育的意见。① 这在一定程度上说明,学生自治会不仅认同政府的教育宗旨,还承担起贯彻教育宗旨的职责。

第二节 政府规训下的学生自治会

三民主义教育宗旨的确立不仅为各级各类学校指明了办学方向,即养成党治下健全国民,也成为校内各种组织开展活动必须遵守的原则。学生自治会作为校内主要学生自治组织,自然也要遵循和贯彻三民主义教育精神。然而,学生自治会在前期所养成的积弊绝非一朝一夕所能祛除,国民政府在加强政策宣传的同时,不得不采取"非常"的措施限制学生自治会的权力和活动,使学生自治会在以实现三民主义为目标的教育中发挥组织引领作用。

一、困扰政府的校园风潮

王凤喈认为,自五四以来,学校训育管理多采自由放任制。各校学生多组织自治会和学生会,参加各种政治活动,以至于几乎每年都要发生罢课游行的示威运动。这种现象之所以出现,一方面是由于学生思想获得解放,另一方面是由于政治动荡,内乱愈炽②。刘大鹏在 1930 年 4 月 18 日的日记中也记载了这一现象:"第一中学、阳兴中学、第一师范、女校、山西大学校均有驱逐校长之风潮。"③与学生思想解放相比,民族危亡和政治败坏是引发校园风潮更为重要的导火索。所谓"历次学潮,其始每由于国事"。④ 就连一向温和的胡适也认为"国事糟糕和外间刺激"是青年学生挺身而出的主要原因。⑤ 北伐成功后,虽然政治趋于统一安定,但是到"九一八"事变之前,因教育行政改革和教育经费拖欠等问题,学生的激进行为屡有发生。其中,影响较大的因素有三类:

一是反对大学区制。为推进大学院制改革,国民政府尝试施行大学区制,以大学区为大学院制的基础。作为一个超越政治的难以实现的理想,以"教育独立"为旨归的大学区制在构建之初就备受争议。最终在教育政策制定权的冲突下,国民政府于 1929 年 6 月停止试行两年的大学区制,教育与学术融为一体

---

① 南京大学校史研究室.南京大学校史资料选编:第二卷 上[M].南京:南京大学出版社,2019:94.
② 王凤喈.中国教育史:下册[M].福州:福建教育出版社,2011:88.
③ 刘大鹏.退想斋日记[M].太原:山西人民出版社,1990:409.
④ 郭斌龢.论近日之学潮[J].国风,1936,8(2):30-33.
⑤ 胡适.爱国运动与求学[J].现代评论,1925,2(39):5-9.

的制度设计以失败而告终。学者认为,大学区制终被取消的症结在于:违背训政精神、学界派系纷争、经费难以维持与主持者的不合等。① 其中,后三个因素是民国教育界的"常态",所以"与训政精神不合"才是大学区制昙花一现的主因。诚如周谷城所言:"教育与政治密切相连,为政治之一部分,解决中国教育上的几种病态,必须运用政治力量始能奏效。要彻底解决教育问题,必须先彻底解决政治问题。"②此外,在施行过程中,因涉及学校利益的重新分配,大学区制也遭到不少师生的反对。1928 年 9 月,北洋大学临时学生会反对大学院决议将该校并入北平大学区,认为大学区制"不合时代的需要和国内的情况",最先表明反对立场,并列举了大学区制的五个弊端,即集权制的错误、学术化的谬解、养成学阀化的教育、毫无根据的划分与事实上的困难。11 月,北平大学区刚成立,北京大学学生即通过停课护校的方式,坚决抵制并入北平大学。学生采取拒绝接收人员入校、举行示威游行、前往南京请愿等方式以示抗议。③ 最终南京政府表示让步,达成了将北京大学改为国立北平大学北大学院等协议。此外,因国民政府将北师大改为北平大学第一师范学院,北京女子师范大学改为北平大学第二师范学院,引起了两所学校的一致反对。两校发动护校运动,向大学委员会和北平大学办公处请愿,要求保存原有组织系统不动,并由此发生了冲突和游行。④

二是保障教育经费。教育财政是教育计划实施的脊骨和支柱。国民政府虽然强调要保障教育经费独立,确保教育经费不被挪用,然而"年来军事频仍,按照原额经费非徒未能增加,有时辄以军事关系,反而移作别用。以致各级学校,因经费支绌之故不能按照计划进行。"⑤舒新城认为,自五四后,从中央到各县的执政者,对于教育并没有维持的诚意,有时摧残无所不至,政学冲突的新闻,几乎无时不有。⑥ 国民政府实际上重蹈了北洋政府挪用教育经费以充军需的覆辙。1928 年,南京第四中山大学学生发起免费运动,引发一系列学潮。同年,时任北平大学第一师范学院临时院务委员会主席的林砺儒指出:"校府如洗,挹注无从,教授无用品,办公室无纸笔,任职者无薪,执役者无饷"⑦,以至于依靠抵押校产拖欠借债勉强办学。教育经费短缺使得学校无法正常运转,逼迫

---

① 陈哲三. 中华民国大学院之研究:民国 16 年至 18 年[M]. 台北:商务印书馆,1976:180-189.
② 周谷城. 教育新论[J]. 教育杂志,1928,20(1):1-14.
③ 中国第二历史档案馆. 中国民国史档案资料汇编:第五辑第一编教育第一册[M]. 南京:凤凰出版社,1994:52-56.
④ 北师大校史编写组. 北京师范大学校史[M]. 北京:北京师范大学出版社,1984:81-82.
⑤ 朱庆葆,等. 中华民国专题史:第十卷 教育的变革与发展[M]. 南京:南京大学出版社,2015:179.
⑥ 舒新城. 近代中国留学史 近代中国教育思想史[M]. 北京:商务印书馆,2014:387.
⑦ 北师大校史编写组. 北京师范大学校史[M]. 北京:北京师范大学出版社,1984:81.

广大师生在 1929 年 2 月 19 日前往大学委员会北平分会请愿,要求政府发展师范教育、增加预算和恢复公费制度。① 1932 年,中央大学殴段(段锡朋)事件与此后的解散整理也与前期政府拖欠教育经费直接关联。行政院在 1929 年 8 月曾议决:中央大学的经费由江苏省和财政部共同拨付,其中江苏省承担 132 万元,财政部拨付 60 万元。按照惯例,国立大学的经费应由中央支付。对于中央这种"不合理"的安排,江苏省早有不满,并以此为借口扣发经费。到 1932 年,江苏省积欠中大经费已达 61 万,并决定从 1932 年起停止拨付,由此引发全校师生的抗议。② 因教育经费问题而引起多次学潮,迫使政府当局更为重视教育经费的解决。

三是学校内部纷争。郭斌酥在《论近日之学潮》一文中指出:"物不平则鸣,今之学潮,不平之鸣也。有学校以外之不平,有学校以内之不平"。③ 显然,校内不平也是学潮产生的重要原因之一。"盖大学生智识较高,能力较强,然大学生活之虚伪冷酷,机械变诈,实为产生学潮之主因"。④ 且不论这种观点是否偏激,学生反抗意识的觉醒则是事实。吴宓在 1930 年 6 月 4 日的日记中写道:在学校的评议会中,由于否决了学生所提的各项议案,所以对于教授休假留学案也未敢表决通过。⑤ 评议会之所以如此决定,是因为担心学生认为议决有失公平,以致产生不必要的矛盾。校方的权衡充分说明"不公平待遇"可能导致学生的不满与过激行为。再如,1928 年 6 月初旬,四川华西协和大学因学校外籍教员大骂中国人为奴隶,以致引起学生反抗;1928 年 8 月初旬,成都师范大学全体学生反对学校总务长刘云阶品行卑污,学识浅薄,侵吞学款,滥用私人。⑥ 1928 年11 月中旬,川大工科学院学生因学生会成立的合法性问题争执甚烈。⑦ 1929 年4 月 24 日,清华大学学生代表向国民政府请愿,提出改隶废董等四项要求。⑧以上列举实为学潮冰山之一角,以《教育杂志》为例,该杂志统计了 1928 年四川省 40 多所学校学潮的起因、处置与结果等信息,在 1930 年又刊发了国内十几所中等以上学校和国外大学的风潮情况。世故不深、廉耻未泯的学生发动请愿和游行虽然动机纯洁,是保存国格的重要体现,但是其破坏作用和负面效应也不容忽视。郭斌酥认为,消弭学潮必须从改善大学学校生活开始,而改善大学学校生活,又必须使大学成为师生相互了解、相互信任、相互敬爱的有生命的团体。然而,当时的大学实已衙门化,学校分成校长及职员、教员与学生三个阶

---

① 北大风波之重兴[J]. 教育杂志,1929,21(3):131-133.
② 牛力. 罗家伦与国立中央大学[M]. 南京:南京大学出版社,2015:28.
③④ 郭斌酥. 论近日之学潮[J]. 国风,1936,8(2):30-33.
⑤ 吴宓. 吴宓日记第 5 册:1930—1933[M]. 北京:生活·生活·新知三联书店,1998:82.
⑥ 阳楚卿. 民国十七年川省学潮统计:寅[J]. 教育杂志,1929,21(7):1.
⑦ 阳楚卿. 民国十七年川省学潮统计:巳[J]. 教育杂志,1929,21(8):1.
⑧ 苏云峰. 从清华学堂到清华大学:1928—1937[M]. 北京:生活·生活·新知三联书店,2001:25.

级。三个阶级外复院与院分,系与系分,各自为谋,老死不相往来。只有在人治的基础上继之以法治,人与法兼备,才可以商讨大学生活改善的问题。①

二、自治训令与学生会改组

诸多内外部因素导致北伐成功后的校园并不安宁,这也意味着国民政府之前采取的一些管控措施没有收到良好的效果。1927年6月,国民政府教育行政委员会就制定了《国民政府教育方针草案》,试图将教育方针和学生运动构建在国民党的根本政策之上。1929年8月,教育部公布的《大学规程》明确规定党义课程为共同必须科目。同月颁布的《私立学校规程》规定私立大学立案时,必须呈报党义课程的实施情况。国民政府制定一系列教育规章制度的目的就是借此统一全国思想,使全国学生切实认识本党主义、政纲、政策,贯彻以党治国为本旨。② 面对此起彼伏的校园风潮,国民政府将整顿的对象聚焦于校园风潮的主导者——学生团体尤其是学生自治会上,企图控制学生团体的发展以使学生久明党义,宜遵宜教,悉心为学。于是,各地蜂拥的学潮成为影响国民政府制定教育政策的重要因素。③

(一)《学生自治会组织大纲》的出台

在1928年的第一次全国教育会议上,三民主义教育组就提出了学生自治会条例。条例对学生自治会的整顿提出明确要求,规定了学生自治会的宗旨与活动范围,将学生自治会的功能限定于校内,服务于学生身心发展与学校规划推行。④ 在此基础上,1930年1月23日,国民党中央第67次会议通过《学生团体组织原则》(以下简称《原则》)和《学生自治会组织大纲》(以下简称《大纲》)。同年10月9日,中央执行委员会112次常务会议又通过《学生自治会组织大纲实施细则》(以下简称《细则》)。《原则》对学生团体的范围、目的、名称、方式、职权等方面进行了规定。《大纲》对学生自治会的成员、名称、宗旨、权力归属、组织结构、权限范围、会员权利、经费、章程核准等方面进行了规定。《细则》对学生自治会章程、职员履历表、会员名册的核准与备案的程序、会员代表数额确定方法、学生自治会的撤销、建议权等方面进行了规定。这是民国以来,国民党中央第一次以专门文件的形式对学生团体的组织进行规定和管控,也意味着戴季陶、蔡元培对学生政治活动限制政策的胜利。需提及的是,在对待学生自治会改组以及去"政治化"问题上,国民党内部也存在争议,如国民党左翼对国民党

---

① 郭斌龢.论近日之学潮[J].国风,1936,8(2):30-33.
② 金以林.近代中国大学研究[M].北京:中央文献出版社,2000:204.
③ 朱庆葆,等.中华民国专题史:第十卷[M].南京:南京大学出版社,2015:137.
④ 中华民国大学院.全国教育会议报告:乙编[M].上海:商务印书馆,1928:65-69.

二届四中全会决定暂停一切民众运动表示不满,认为这种做法不利于巩固国民党在学生中建立的根基。①

一系列管理制度的制定,尤其是其中的学生团体"以在学校以内组织为限""学生自治会不得干涉学校行政""学生自治会将相关组织成立材料报送地方高级党部核准后呈报学校及主管官署备案"等内容,既标志着学生自治会被正式纳入政府管理和监控的政治场域,又意味着中央政府对基层社会政治秩序的建构延伸到高等学校及其组织。学生团体活动处于国民党地方党部、地方政府和学校的三重监管之下,有效地实现了国民党独裁统治的"草根化"。② 值得注意的是,《大纲》规定学生自治会采用委员会制组建(之前很多为三权分立制),通过代表会互选组织干事会(即间接选举制),这种制度设计有利于防止学生自治会干涉校政以及避免少数活动分子蛊惑群众情感操纵学生自治会。③（见图4-1④)

《原则》中对学生团体"以在学校以内组织为限""不得侵犯学校行政为限"的规定,无疑是为限制校园风潮和学生运动制定的,是国民党整顿和控制民众团体的表现,这意味着学生团体的功能将失去一半,成为点缀国民党党治的装饰物。⑤ 对此,全国有地方学联表示反对,提出取消《大纲》的要求。⑥ 1930年2月,在《大纲》发布不久后,上海市学联召开第九次执行委员会讨论取消学生自治会组织大纲等事宜。常务委员认为,中央规定学生团体活动仅限校内,事关学生运动甚为重大,并议决呈市执委会转请中央取消《大纲》。⑦ 此类反对意见遭到中央训练部的严厉拒绝。与此同时,地方党部在操作过程中遇到的疑点,中央训练部也给予了相关指导。如在校学生能否在学校自治会之外另设类似的组织? 中训部解释为:学生在校内既有学生自治会的组织,其目的在于促进"四育"发展,自不应于自治会之外,另组其他团体。至于限制办法,当由本部会商教育部做详细规定。再如,学生团体及学生个人参与社会政治活动的范围如何界定? 中央训练部答复为:《学生团体组织原则》已规定学生团体组织范围限于校内,以不侵犯校政为限,目的在于促成校内自治生活。因此,学生及团体不必直接参加政治活动。如果学生团体参加校外各种地方社会事业,则应在党部

---

① 黄坚立.难展的双翼:中国国民党面对学生运动的困境与决策[M].北京:商务印书馆,2010:52.
② 董宝良,等.中国教育通史:中华民国卷 中[M].北京:北京师范大学出版社,2014:42.
③ 王伦信.清末民国时期中学教育研究[D].上海:华东师范大学,2001:132.
④ 专门学校以上之学生自治会组织系统图[J].湖南教育行政汇刊,1930(5):32-33.
⑤ 王奇生.党员、党权与党争:1924—1949年中国国民党的组织形态[M].北京:华文出版社,2010:153.
⑥ 《原则》与《大纲》颁布后,各方学生皆无若何之表示,唯上海学生略有反响(学生团体组织大纲颁布后之反响[J].教育杂志,1930,22(3):131)。
⑦ 市学联会呈请取消学生自治会组织大纲[N].民国日报,1930-02-10(2).

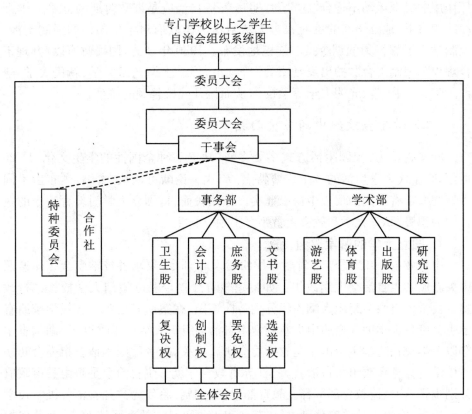

图 4-1　专门学校以上学生自治会组织系统图

指导之下进行。① 无论如何解释,国民政府把学生会改组为学生自治会的真实意图就是限制学生参加国民革命,让学生回归书本,实现学生团体"去政治化"的目的。对此,时任江苏省政府委员兼主席的叶楚伧并不避讳,他说道:

> 青年学生参加国民革命是很好的,但是革命经过一相当阶段以后,大家就要复员的。我们现在打倒军阀工作已经达到相当阶段,中央为要使学生补以前参加革命而牺牲的赶紧弥补,所以不得不使学生复员,而为中华民族植基础,这就是中央改学生会为学生自治会的本意。②

国民党压制民众团体的主要原因有两个方面:一是运动民众是共产党的优势,国民党无法与之抗衡;二是军政时期重"破坏",训政时期重"建设",具有破

---

① 党务报告:中训部解释学生自治会组织大纲[J].中央周报,1931(140):9.
② 叶楚伧氏解释中央改学生自治会之真义[N].民国日报,1930-05-07(7).

坏作用的民众运动不适合"建设"时期①,筹备自治应是训政时期的首要工作。②在此背景下,地方学联的反对根本无法阻止国民政府对学生团体的强制干涉,限制学生思想行为的训令接二连三地发布。1930年2月,国民政府以"办理不合规程""编制不合""搜出反动书籍"等理由,停办上海艺术大学、新民大学、建设大学、华国大学、光明大学等学校③,从而拉开院校整顿的序幕。

(二) 学生会改组中的多重面相

叶文心认为,校园生活方式多姿多彩,缺乏一种全国性的学生文化,是20世纪30年代大学生活的一个主要特点。④ 这一论断可以从《大纲》颁布后不同类型的大学有不同的反应中得以证实。相比较而言,国立大学对教育法令的执行较为积极,私立大学和教会大学则显得独立自主。

1. 国立大学的遵章改组

中央政府一纸令下,各省教育厅纷纷发布训令,要求各校学生会一律遵照中央新颁学生自治会大纲改组。如福建教育厅饬令私立厦门大学校长:"行政院令发学生自治会组织大纲当经分别转饬遵照,在案所有公私立各级学校原有学生会应自本学期起遵照中央新颁学生自治会组织大纲一律改组。"⑤湖南省中等以上学校临时学生会由于是省指委会所属机关,教育厅则函请省指委会转饬各校学生会遵章改组为自治会。⑥ 江苏省教育厅就学生自治会是否由县市政府分别主管,特呈请教育部解释。教育部根据《细则》答复为:"凡省辖各级学校学生自治会,应由市县政府分别主管,其章程无须再呈省教育厅核准。"⑦河北省根据部令,进一步明确"学生自治会之组织程序,指导监督机关及与学校之关系"。⑧ 1930年11月3日,北京大学发布布告:"奉令并抄发学生自治会组织大纲实施细则一份到校。"⑨当时很多学校的校刊校报也纷纷转载《大纲》与《细

---

① 王奇生.党员、党权与党争:1924—1949年中国国民党的组织形态[M].北京:华文出版社,2010:154.
② 孙荣元.学生自治与训政:从武人政治说到学生自治[J].江苏省立无锡中学校刊,1930,1(3):70-80.
③ 中央教育科学研究所.中国现代教育大事记:1919—1949[M].北京:教育科学出版社,1980:202.
④ 叶文心.民国时期大学校园文化:1919—1937[M].冯夏根,等译.北京:中国人民大学出版社,2012:141.
⑤ 令私立厦门大学校长:各校学生会应一律遵照中央新颁学生自治会大纲改组由[J].厦大周刊,1930,9(10):2.
⑥ 教厅函请省委会傅转学生会改自治会[J].湖南教育,1930(18):6.
⑦ 教部解释学生自治会主管问题[J].湖北教育厅公报,1931,2(2):80-81.
⑧ 令知学生自治会组织大纲施行细则[J].河北省政府公报,1930(592):16.
⑨ 王学珍,郭建荣.北京大学史料:第二卷 下 1912—1937[M].北京:北京大学出版社,2000:2406.

则》，可见各省教育主管部门和大学对中央训令的执行不可谓不积极。

国家与大学的关系是一种互动的关系，但占主导的是国家对大学的监控。①这种监控在国立大学中尤其明显。在中央和省厅的督促下，国立大学（包括省立）的学生会基本改组为学生自治会，制定的学生自治会章程也以《大纲》为蓝本，与中央要求保持一致。如《国立清华大学学生自治会章程》规定本会名称为"国立清华大学学生自治会"，宗旨为"实现三民主义，努力国民革命，并谋本校全体同学之福利"②，其他部分基本与《大纲》保持同步。1931 年 3 月 17 日，交通大学上海学生会代表大会召开学期第一次会议。会议讨论修改学生会总章第一条名称案，议决原有学生会名称应改为交通大学上海学生自治会。③ 在 1934 年修订的《交通大学上海学生自治会总章》中，规定"以发扬大学精神，增进全体幸福，实行学生自治，习练社会服务为宗旨"，对最高机关及其职权、会员的权利与义务、执行委员会构成与职权等方面的表述也以《大纲》为遵照。④ 1936 年 10 月 26 日发布的《国立浙江大学学生自治会简章草案》中第一条规定："本简章依据学生自治会组织大纲及组织大纲实施细则订定之"；第二条规定："本会定名为国立浙江大学学生自治会"；第三条对本会目的的规定与《大纲》完全一致，即"本会以三民主义之精神，作成同学在本大学以内之自治生活，并促进其智育、德育、体育、群育之发展为目的"。⑤ 其他如组织系统、最高权力机关等也依照《大纲》进行了规定。1935 年 12 月 20 日，国立同济大学学生自治会召开成立大会，并根据《大纲》精神发布了《国立同济大学学生自治会章程》。在成立大会上，列席学生自治会成立大会的有上海市党部代表王承荨和学校代表李百平。⑥ 可见，《细则》中"学生自治会举行会员大会或代表大会时须呈请当地高级党部及学校派员指导"的要求在国立大学中得到了有效落实。对一些没有按照规定操作的学生自治会，省党部则勒令整改，毋得再次延误。1931 年 3 月 17 日，湖南大学学生自治会常务干事张行儒被省党部"约谈"，原因有二：一是湖大学生自治会向当地高级党部申请许可时，只有张行儒一人署名，而规定是要联署并附推举代表与理由书；二是湖大学生自治会 2 月 10 日改组须请派员指导，而申请到 3 月 6 日才到省党部。为维护教育法令权威，省党部派专员调查一星期，

---

① 胡金平.学术与政治之间的角色困顿：大学教师的社会学研究[M].南京：南京师范大学出版社，2005：93.
② 国立清华大学学生自治会章程[J].消夏周刊，1931(7)：209-213.
③ 学生会代表大会：本学期第一次会议议决学生会名称改为交通大学上海学生自治会[J].南洋友声，1931(13)：16.
④ 交通大学上海学生自治会总章[J].交大学生，1934(4)：54-60.
⑤ 国立浙江大学学生自治会简章草案[J].国立浙江大学日刊，1936(47)：187-188.
⑥ 国立同济大学学生自治会章程[J].国立同济大学旬刊，1936(82)：6-8.

要求应依法再行呈候核夺。①

在多数学校改组学生会的同时，一些学校因为已经存在学生自治组织，在是否要免办学生自治会或者同时施行之间犹豫不决。诸暨县立中学就遇到这个问题。该校在呈报问题后，官方予以回复：

> 查学校依地方自治制度，使学生组织自治，原为训练学生自治生活方法之一种，而依学生自治会组织大纲第十条及第十二条所规定之事务，其范围本大于依地方自治制度组织之自治，故学乡自治与学生自治会二者，自可并行不悖；惟学生自治会依组织大纲第二条之规定，系得以组织，并非必须一律设置。该中学现既设有学乡自治，关于此项学生自治会，如果学生不请求组织，可暂免办。②

官方的回复耐人寻味。从表面上看，官方赞成学乡自治与学生自治会同时施行，但实际上也在暗示该校可以免办，只要学生没有意见即可。事实上，正如回复中所指出的，学生自治会的范围要大于学乡自治，官方完全可以直接回复"同时实施"或者"取消学乡自治、实施学生自治会"之类的话语。而另一所学校在征求官方关于学校成立学生自治会后原有学生会应存应消的意见时，官方则回复"原有学生会，应立即取消"。③ 这两则材料从侧面体现出官方对学生自治会设立与否的真实心态，这种真实心态显然也被学校"心领神会"。即属于自治性质的学生组织可以保留，对于学生会则必须改组或者取消，如果学生不主动要求，学生自治会可以不成立。另外，对组织校际学生自治会联合会，官方则要求一律不得组织。虽然这是中学在改组学生自治组织中存在的问题，但是可以推测，大学遇到此类问题，官方也会给予相同的回复。

2. 私立大学的有限转型

与国立大学及时改组学生会组织相比，私立大学学生会的反应显得相对迟缓，甚至有公然违抗中央训育精神之嫌。如大夏大学学生会成立于1924年11月11日。《大纲》颁布后，学生会并没有及时改组，而是推迟到1931年3月。④ 1932年秋，学生自治会及抗日会负责人张汝砺等，为促进学生运动并统一校内组织起见，倡议取消抗日救国会，改学生自治会名称为学生会，负责学生自治及抗日救国两重工作。改选定于1932年10月进行，由全校大学部同学1300余

---

① 王祺. 指令湖南大学学生自治会常务干事张行儒：呈一件呈报定期开会请派员出席由[J]. 湖南党务月刊,1931(1):174.

② 令诸暨县立中学[J]. 浙江教育行政周刊,1930(38):7-8.

③ 令黄岩县立中学：呈一件为学生自治会组织成立旧有学生会应存应消祈核示由[J]. 浙江教育行政周刊,1930(41):15.

④ 黄坚立. 难展的双翼：中国国民党面对学生运动的困境与决策[M]. 北京：商务印书馆,2010:86.

人参加总投票,开大夏大学普通选举运动之新纪元。①由此看出,无论是组织名称还是活动范围,大夏大学学生会都未能遵循《大纲》的标准,与官方要求相去甚远。南开大学在 1931 年发布《南开大学学生会章程草案》,第一条规定"本会定名为南开大学学生会",第二条规定"本会以促进全校同学之团结及谋全校之便利为宗旨",第四条规定"本会设代表会和执行委员会。"②《大纲》颁布后,南开大学同样未按要求将学生会改为自治会,确定的宗旨与官方重在养成学生自治生活的目标也有所出入,对学生自治会的权力机关——会员大会更是缺少规定和说明。

国立大学和私立大学在学生会改组问题上表现出来的差异性,充分说明大学性质或者说大学与政府的关系是影响校内组织形式和活动的重要因素。国立大学直接由教育部设立,私立大学由私人或私法人设立。基于设立主体的不同,政府对不同性质的大学的期许也有所差别。对公立大学而言,尤其是国立大学,政府有着更高的定位和期待。这不仅体现在对学术和文化的领导上,也体现在对政治和意识形态的认同上。③如果说私立大学更注重教学质量的提升和学生应用能力的培养以获取更多的办学资源,那么国立大学则希望在学术、文化与政治之间寻求一个平衡点,以培育大学的精神与守卫大学的理想,担负起国家政权建设的责任。在政府看来,国立大学、培养人才和服务党国是三位一体的,这也决定了国立大学要及时、准确、彻底地贯彻政府的意志和决策,起到领袖群伦的作用,虽然事实上经常会打折扣。私立大学由于面临更加严峻的生存危机,它们不得不在确保教学质量的基础上尽量满足学生的合理需求,获得学生的认同。另一方面,私立大学有着国立大学欠缺的独立自主品格和开拓进取精神,在制度政策自由度方面比国立大学灵活,更具有"伸缩余地"。1919 年,王征提议蔡元培在上海创办一所新的私立大学的理由之一就是"私立大学较官立者易于措置,于吾党新学新业定易为力"④。吴芳吉也认为:"所贵私立学校,在其自有权威,自有尊严,为社会中人素所信仰。"⑤基于此,南开大学没有照搬国民政府的"三民主义"教育宗旨和实施方针,而是在强调"三民主义"救国精神的前提下,与本校办学方针相融通。对国民党的党化教育,南开大学也没有积极推行,各种学生团体及其活动也不受国民政府规定的限制。⑥南开学生对学生会的评价充分证实了这一点:

---

① 大夏大学学生会[J].上海各大学学生联合会会刊,1933(9):50-51.
② 南开大学学生会章程草案[J].南开大学周刊,1931(116):60.
③ 牛力.罗家伦与国立中央大学[M].南京:南京大学出版社,2015:40.
④ 中国社会科学院近代史研究所中华民国史研究室.胡适来往书信选[M].北京:社会科学文献出版社,2013:39.
⑤ 贺远明等.吴芳吉集[M].成都:巴蜀书社,1994:1041.
⑥ 南开大学校史编写组.南开大学校史[M].天津:南开大学出版社,1989:137.

南开学生会既不是要罢课,也不是要赶职员。我们南开没有罢课的理由。假如有一件事必须要牺牲上课的时间去做,学校自然就停课,先生与学生合作,用不着罢课。具有被学生赶的资格的先生,都不来南开,所以赶职员一件事,也不是南开学生会的职务。南开大学学生会是建设的,公开的,是与学校合作的。平常的学生会总是带一些"神秘"色彩,与学校立于反对地位。学生会做的事,不叫学校知道;学校做的事,也十分提防学生会。南开学生会既没有防备学校的纠察股,也从没见过学校的"便衣侦探"。我们是合作的,建设的,学校要力求发展,增进学生公益,学生会也是如此。南大学生会的宗旨是"增进学生之公益,辅助学校之发展",他的任务是兴利、改善的建设事业,不是要罢课、赶职员的破坏行为。①

师生合作或许是私立大学师生关系的重要特征,不仅是学校正常运行的安全网和减震器,还是培养学生自治精神和独立人格的重要途径。1922年,陶行知在南开大学修身班的演讲中就指出,师生之间养成一种优美高尚、联密有生气的关系,是大学教育的两大要素之一。② 陶行知之所以强调师生应当养成密切的关系,主要原因是当时大学师生之间的关系太疏远,当然也不排除借此机会赞赏南开大学在这方面取得的成绩。南开大学学生会与学校之间所表现出来的通力合作应该说与张伯苓的革新精神和大力倡导密不可分。据《从学生运动到运动学生》记载,1919年底,南开毕业生和在校生对南开大学具有的"贵族""官僚""专制""阶级"气息较为不满,在他们酝酿对学校"开刀"前,校长张伯苓先行改革,准备"在这种实行公开、德谟克拉西精神里,要产生出有系统、有秩序的新组织,努力向建设道上走",从而避免了一场可能发生的校园风潮。张伯苓本人也极为推崇师生合作,将师生合作和责任分担确定为学校的办学方针,并通过组织师生校务研究会、各班添设辅导员、组织各科师生研究会、组织师生茶话会等方式,促校务之进行,助学业之进步,谋感情之联络。③ 张伯苓倡导师生联合起来的根本原因在于它是达到两项相连属的目的,这两项就是"理解"和"自由",即"意在造出一班自动的人来,果能按理解去自动,即完全给以自由。"④ 从这一层面看,南开学生会所表现出来的"自由"正是建构在师生相互"理解"的基础上。如此,也就不难把握南开学生会不同于其他学校的原因。

---

① 王文俊,等.南开大学校史资料选[M].天津:南开大学出版社,1989:431-434.
② 顾明远,边守正.陶行知选集:第1卷[M].北京:教育科学出版社,2011:85-88.
③ 香山会议报告摘要[J].南开周刊,1921(3):25-29.
④ 崔国良.张伯苓教育论著选[M].北京:人民教育出版社,1997:82.

第三节　制度化时代学生自治会的日常状态

《大纲》的颁布结束了学生自治会"无纲办会"的时代,同样也结束了"自由办会"的时代。受到多重力量约束的学生自治会不得不调整自己的工作重心,由之前的自由放任转变为制度化时代的接受治理,以适应环境的变化和政治的需求。与前一时期相比,这一时期的学生自治会更加注重增进同学本身的利益,服务同学的全面发展和社会改造事业。至于政治方面,学生自治会则多有所取舍,不轻易涉足政潮,除非涉及民族存亡等重大事项。

一、学生自治会活动的内在转向

(一)服务学生发展与介入社会改造

《大纲》的颁布,对学生自治会的工作理念与活动方向产生了重大影响,成立自治组织从一件学生自主的"私事"转变成一件国家建构的"公事"。国家权力渗透到以往不被关注的领域,学生自治组织被纳入国家话语之中,与师资、课程与教学等教育体系中的主流因素处于同等被关注和掌控的地位。20世纪20年代思想生活中那种公共事件和个人选择间的密切关系已经不复存在[①],"体制"开始对学生的自治组织进行宰割,"结构"开始对学生的课外生活进行形塑,本属学生自己的自治组织被强行吸收到强身、塑神、保种的国家建构中[②],学生自治会的行为方式也随之发生转向。试以几所大学为例,分析这种转变的表现及其影响。

交通大学上海学生自治会成立于五四运动后,当时称为上海南洋公学学生分会,后改为学生会。学生会主编的刊物有《南洋周刊》,在新文化运动的影响下,主要以宣传新文化为目标。除办刊外,办理的义务学校在当时也较有影响力。到20世纪20年代,逐渐成为学生活动中心的学生会尤为注重政治思想工作的宣传,承担的工作大半为领导学生运动,所主编的《南洋周刊》完全成为讨论中国国民革命问题的阵地。1925年的五卅运动便是由该学生会所主导,实为北伐成功的前导。1931年3月17日,原有学生会在《大纲》颁布后改组为交通大学上海学生自治会。由于政治环境与之前不同,自治会不得不转变工作方

---

① 叶文心.民国时期大学校园文化:1919—1937[M].冯夏根,等译.北京:中国人民大学出版社,2012:161.
② 王红雨.读书之外:近代学生课余生活管理研究[M].北京:中国社会科学出版社,2018:215.

向,用当时自治会执行委员会主席袁炳南的话说,"此则有政治常识者皆能目睹也"。1931年,第二届学生自治会代表大会召开后,自治会的工作逐渐与政治保持一定距离,更加注重学生服务与内在建设。对此,袁炳南有着具体的记述:

> 本届自受任以来,在积极方面,首注意于同学本身利益之改进,如创立自印讲义委员会,创办消费合作社热食部,举行清洁运动;其次则注重科学文化之宣传,如交大月刊之发行,数理、无线电等学会之创立;其次各种音乐团体如京剧、口琴、国乐等均力予赞助,使同学多休养身心,学习技能之机会。在消极方面,则希望学校安静,使学校有进展之可能。至于政治方面,其关系于民族之生死者,本会亦追随于各团体之后,不敢闭门不理,惟其他漩涡式之政潮,本会则不敢问津,非本届负责人之畏首畏尾,乃不忍以同学送入漩涡也。①

《大纲》时代,学生自治会回归校内生活成为众多学校和学生的共识:"组织学生会就是为了满足同学们的切身要求,解决他们在学习上、工作上和生活上的各种困难,而不是'为组织而组织'。学生会的宗旨就是学生会的任务,这些任务就是根据同学们的切身要求决定的。由于学生的基本要求是学习,这就决定了学生会的基本任务是领导和组织同学学习,而不是其他。"②"学生自治会的职责在于养成有组织的生活、训练互助的精神、促进学校的发展和实习四权(选举权、创造权、罢免权、复决权)的使用,这也是学生自治会的重要性所在。"③

回归校内生活在北京大学学生自治会的工作计划中也得到了充分体现。1937年4月1日,北京大学学生自治会拟订了学期工作计划,主要从五个方面开展工作:一是物质改良,完成教室、宿舍、浴室的更新,扩充医药设备,以谋全体同学健康之增进;二是精神建设,提倡各种团体生活,增加同学间交往合作的机会,以谋友爱团结校风之养成;三是学术发展,联络各系学生扶助学术团体,增购图书,以谋同学求学兴趣之提高;四是辅助学校,帮助学校消除浪费现象,增加经费,从事各种必要之建设与改良,以谋学校之发展与同学福利之增加;五是协合师生,鼓励同学拜访教授,敦请师长参加各种学术团体,以谋师生合作基础之奠定。④ 工作计划处处体现出北大学生自治会以谋求学生福利与学校发展为中心,注重内涵建设,参与政治已不是学生自治会日常工作的核心。

私立大学方面,大夏大学学生自治会自改组后,日常工作基本围绕增进学生利益、促进学校发展两方面开展。1931年《大夏周刊》刊发的学生自治会干事

---

① 交通大学上海学生自治会概况[J].交大年刊,1931(年刊):201-204.
② 谢承炽.学生会的基本任务及其他[J].生活(苏中),1946(3):52-57.
③ 瀛洲.学生自治会之重要[J].广西青年,1933(33):9-10.
④ 王学珍,郭建荣.北京大学史料:第二卷 下 1912—1937[M].北京:北京大学出版社,2000:2510.

第四章 学生自治会的制度化与日常状态(1928—1936)

会大事记便充分显示出自治会工作内在转向的变化。在17条大事记中,除处理自治会内部事宜外,自治会显然扮演的是学生利益的谋求者和学校发展的推动者角色,在学生和学校之间起着沟通桥梁作用,就校务管理代表学生向学校提出意见,并协助学校解决各种问题。比如:

> 函请学校购置划船;函请学校体育部组织拉拉队;推派自治会成员会同商学院同学会整顿消费合作社;推派崔步武、汪瑞年为筹备庆祝本校七周年纪念委员会代表;派汪瑞年与上海雅乐社接洽来校表演事宜;函请中山路公安局分所随时注意学校附近卫生事宜;函请学校在校内添设路灯;推派汪瑞年、崔步武出席本校"五九""五卅"纪念会;定26日在群贤堂会客室招待江大运动会全体选手及京苏远征队全体队员;函请事务处注意夏令卫生;函请事务处从速装置各宿舍窗口竹帘。①

燕京大学在1935年完成学生自治会改组后,学生对其提出三点最低希望:一是开成合作,共谋建设;二是提倡友谊,冰释夙怨;三是站在全体同学立场上谋利益。② 学生的希望既是学生自治会今后的工作导向,又意味着之前学生会的内在建设不足,精神不能集中于服务学生。由此看出,学生会作为学生政治机关的形象已经变得十分模糊,作为学生服务机关的身份则日益凸显。与前期相比,《大纲》时代的学生自治会显得较为理性,虽然也关注政治,但对政治存有敬畏之心,与之前的强势参与不可同日而语。除注重内在建设外,还有一些学校的学生自治会积极投入社会改造事业与文化运动当中,承担更多的社会责任,清华大学学生自治会便是其中的代表。清华大学学生会前期主要以谋求学生自身利益与帮助学校发展为工作中心,较少关注社会事业。对此,学生深有认识:"已往的清华学生会可以说是一个监察机关,虽然不能说完全和社会没有发生关系,至少我们可以说没有站在独立的、领导的地位而去做点社会事业。"③自治会改组后,有学生发文指出:

> 中央改组学生会的意思,大概是因为现在已经到了训政时期,一般的努力方面应该趋重培养自治的能力一方面。不道我总觉得处于今日中国的智识阶级,他们的责任要特别来得重大,他们不仅是要注意到自己能力的修养,同时还负着一部分指导社会的责任。④

鉴于学生自治会不能超然社会而独立存在,处于训政时期的清华学生以智识阶级自居,提出要在能力范围内,负担起一部分社会指导、批评和救济的责

---

① 学生自治会干事会大事记[J]. 大夏期刊,1931(2):2-3.
② 李子魁. 对于新学生自治会的希望[J]. 燕大旬刊,1935(7):29-31.
③ 锋. 清华学生会的过去、现在和将来[J]. 消夏周刊,1930(6):31-33.
④ 希贤. 清华学生会的沿革和现状[J]. 消夏周刊,1931(7):207-209.

任,兼顾校内与校外。应该说,清华学生观念的转变与国民政府的管控和引导密不可分,也与学校确立的培养学生服务社会能力的办学方针有关。《大纲》对学生自治"愿景"和精神的重构,使得清华学生自治会在关注学生自治能力培养的同时,努力在社会服务中寻找新的角色和定位,以此作为另一种方式担负起救亡与启蒙的时代使命。当然,直接参与社会服务的经历也有助于学生掌握真正的学问。一位学生对清华学生自治会未来工作的谋划反映了政府"愿景"下自治会工作范式的转换:

> 今后清华学生会的工作,除了我们对于校事仍然保持一种不屈、不挠、纯洁、高尚,以学校前途发展为目的的态度,我们是应当把眼睛往校外边去看一看,贫穷的设法救济,腐恶的努力铲除,彷徨的热诚指导,使自治会成为建设新中国的一个领导机关。①

学生自治会参与的社会事业主要包括设立平民学校(含义务学校、校工学校、通俗图书馆)、开展社会调查、实施社会救助等。其中,设立平民学校的影响最大,成绩也最为显著。五四后的学生自治会为凸显自己的特色与功用,基本都附设平民学校。平民学校以增进民众知识为宗旨,课程简单而实用,教员由学生担任,经费来自募捐和政府拨款,取得了良好的办学效果。② 据当时学者在1923年对北京地区的统计,北京大学、北高师、北京女高师等10余所学校学生会设立了平民学校,其中教职员数287人,学生1746人,构成了北京地区平民学校的办学主体。③ 参与社会事业虽然涉及部分政治,也超出了"以在学校以内组织为限"的规定,但是与罢课罢考、示威游行、迎拒校长等涉及政治的活动相比,其激烈度、复杂度、破坏度相对较小。

《大纲》时代,学生自治会对政治的敬畏和厌倦也表现在校园文化活动开展与兴起上。1929年北大复校后,学生成立了涉及文、理、艺、体等学科的20多种学术性团体,这些团体以邀请专家讲演、出刊刊物、编纂丛书、组织读书、进行特种研究以及襄助本系事业发展为主要工作内容。1931年,交通大学上海学生自治会执行委员会下设9个委员会,其中与校园文化活动相关的有学术委员会、体育委员会、艺术委员会等。体育委员会设有足球股、篮球股、田径赛股、越野赛跑股、网球股、棒球股、排球股、台球股、游泳股。艺术委员会设有话剧社、京剧社、国乐社、西乐社、影戏社、照相社。如此多的校园文化活动组织,既极大地丰富了学生的课外生活,又在一定程度上转移了学生的政治注意力。学生自治会举办丰富多彩的校园文化活动,一方面是由于环境所迫,另一方面也是想通

---

① 锋.清华学生会的过去、现在和将来[J].消夏周刊,1930(6):31-33.
② 邝震鸣.北平平民教育之现状[C].北京:北京青年会服务股印刷,1923:8.
③ 中华教育改进社.京师教育概论[Z].自刊,1923:36-37.

过举办活动,增强自治会的凝聚力和吸引力,使更多的同学支持自治会的工作,回归自治会应有的形象,避免异化为不同政治势力和利益集团争权夺利的舞台。

（二）缺乏活力的学生自治会

回归校内日常生活并与学校当局保持一致是学生自治会在自治法令颁布后所呈现出来的特点之一。此外,在国民政府的严密监视下,学生运动的合法性被取消,凡不是国民党组织的团体都严加摧残,并以暴动名义,严惩学生运动中的激进分子。在此背景下,部分学生自治会逐渐走入沉寂,丧失活力,以至于一般学生或是追求麻木,或是陷入悲观,当然不会有负责任的组织。[①] 在某省立四师学生自治会第十届全体大会上,一位国民党县党部指导员受邀致训词,他指出:"民十六年前学生会之工作,异常紧张,常误学业,似属太过之举;尽数年来,学生会奉令改组为学生自治会后,会务工作,又失散漫,沉寂无闻。""巧合"的是,本应全体会员出席的大会,却人数稀少,会场寥落,实为会员团结力不甚健全之明证。[②] 这也证实了自治会召开全体大会或是代表大会,也要到处"拉人"才能召开成功。交大自治会一位负责人记述了自治会集会的困难。

> 九一八国难后,无论外边的钟敲得如何的急剧响亮,而驾临文治堂参加全体大会的也只有一位主席和两位秘书。要开代表大会也不是件容易的事。事前贴大布告,登三日刊,还要拖几位代表特别去负责拉人。开会时再等一个半点钟,到代表房间里,或图书馆里,将他从书堆里拉了出来,这样才能把会开成功。[③]

中央大学学生自治会在历次风潮中的踊跃表现与1933年自治会两次换届选举投票人数不足也形成了鲜明对比。因参与易长风潮等原因,中央大学学生自治会在1932年被官方解散。后经学校讨论,由各学院推选筹备员两人组成筹备会组织换届选举工作。由于学生参与学生自治会的积极性不高,1933年4月15日的换届选举因教育学院和工学院投票人数不足未能一次性完成。1933年10月自治会换届选举时,教育学院再次因票数不足首轮没有选出代表。[④] 后因选举产生的代表尚未备案,再次引发选举纠纷。对学生自治会选举中的混乱现象,校方不但没有从中协调,而且认为自治会是"有组织的学生"争权夺利的舞台,对自治会采取压制政策,限制其干预校务或参与政治活动。这种压制和

---

① 张兆麟.学生运动:燕大学生会的使命[J].燕大周刊,1935,6(3):11-14.
② 四师学生自治会第十届全体大会记录[J].四师学生,1935(2):197-198.
③ 邓广熙.学生自治会诸问题[J].交大学生,1934,1(4):1-4.
④ 牛力.罗家伦与国立中央大学[M].南京:南京大学出版社,2015:138-142.

限制在 1935 年的校务会议中得到了集中体现。会议决议,学生除"依所在学系个别加入各该系之系会或级会"外①,不得组织集体会社。北京大学学生自治会因内部派系纷争,也曾一度销声匿迹,同学中带政治色彩者几已绝人。北大学生指出:"北大自复校成功以来,学生自治会无形化分两派。两派互争领导地位,终以双方难于博得多数中立同学之拥护以及备受外界摧残,而销声匿迹。两年以来学生组织久告停顿。"为了改变五四精神泯灭和同学生活沉闷的现状,1933 年 11 月,北大英文学会、史学会、政治学会、经济学会、化学会五会联名发起组织代表全体同学意志的学生会,以"作有效之课余活动,创造研究学术之新空气,扶北大之泥涂于已坠也"②。

"自治会自身存在诸多问题"③"功课多""没工夫"固然是学生不愿参加自治会活动的理由,但深层原因在于政府和学校对学生团体的压制,导致学生自治会的号召力、凝聚力和威信力不足。学生自治会中心地位的旁落与学生对团体生活的陌生之间逐渐形成一种恶性循环,其结果是学生自治会存在的价值和意义的逐步消解以及学生对政治的麻木不仁。燕大学生自治会主席张兆麟清楚地看到政府对学生团体的压制与民众民族性情感低落之间的关系。他认为,广大民众在"九一八"事变以及之后种种国难中表现出来的寂寞无声与甘心忍受的心态,主要原因在于缺少学生运动的推动。而学生运动则因为领袖人物或被处分,或脱离学校,或潜伏起来的缘故无法有效组织。在国民政府不准学生集会活动的前提下,想要发起学生运动唤起民众反抗日寇,实在是无法着手。④

二、"九一八"事变与学生自治会的"复活"

国民政府对学生自治会管控的如意算盘没有打好,日本侵略的不断加剧以及国民政府的消极抗日立场,再次激发了学生的反抗情绪,重新唤醒了学生的政治激情。"九一八"事变发生后,学生自治会领导的学生运动骤然复活,他们重新登上历史舞台彰显自己的领导力量。正如学者认为,"九一八"事变为学生和封闭近两年的学生联合会重新积极参与政治活动制造了有利时机,他们不仅在校园内组织抗日救国会,并且建立了县、省、全国等各级抗日联合会。⑤ 卢茨也指出,抗日救亡主题克服了学生意志的消沉,青年学生作为中国的社会良心和公共发言人的身份重新恢复。学生的反抗行为说明国民政府的"去政治化"

---

① 《南大百年实录》编辑组.南大百年实录:上卷[M].南京:南京大学出版社,2002:381.
② 王学珍,郭建荣.北京大学史料:第二卷 下 1912—1937[M].北京:北京大学出版社,2000:2469.
③ 主要有松散联合、职业学生、派系斗争、干预校务等问题.
④ 张兆麟.学生运动:燕大学生会的使命[J].燕大周刊,1935,6(3):11-14.
⑤ 黄坚立.难展的双翼:中国国民党面对学生运动的困境与决策[M].北京:商务印书馆,2010:86-87.

第四章 学生自治会的制度化与日常状态(1928—1936)

政策未能发挥效力。

随着新一轮学生政治运动的到来,大学校园也因此进入"战时"状态。一位清华学生写道:

> 日本进攻华北,使世外桃源的清华变成了国防最前线,象牙之塔变成了风吹雨打的茅棚,绅士们变成了粗野的民族战士,女人们比男性更勇敢地站在救亡运动的前线。至于诗,是抗日救亡的号筒,民族解放的呼声。现在最优美的生活是救亡的生活,一册极好的课本,是日本蹂躏华北的情形和学生救亡运动的经历。①

此时的大学校园已不再是那么美丽、恬静和闲适,学生更多感觉到的是愤慨、紧张和兴奋,救亡生活已经成为日常生活的主色调,融入学生的生命之中。各大学学生自治会在成立抗日救国会、募集抗战经费和出版抗日特刊等方面为全民族抗战贡献自己的力量。1931年11月9日,北大学生会执委会与抗日会,召开紧急联席会议,议决四项内容:停课一日;赴海陆空军副司令部请愿;请发北大学生枪支;召开全体学生大会,讨论紧张抗日工作。11月12日,北大学生会召开第三次代表大会,议决事项有四:一是全体参加军事训练;二是扩大宣传;三是每日下午停课;四是电慰黑龙江主席马占山,全体同学誓作后盾。② 11月30日,北大学生会召开全体学生大会,一致通过全体同学南下赴京请愿,"冀以唤醒民众为打破目前中华民族危机之唯一方策"。后因学生会少数学生被收买,否认大会议案并擅电政府,致使南下示威团学生被捕过半。③ 12月1日,北大二百余名学生联名要求召开全体学生大会,讨论抗日救国方案。学生会遂根据请求在三院大礼堂举行全体大会,最后在议及罢课问题时,会场意见分歧,分成赞成和否认两派,双方协商未果,竟演成流血怪剧。④ 1932年2月4日,北大学生会临时委员会致电慰问第十九陆军全体将士在沪奋勇抗日,并于2月26日召开募捐筹备会,拟发起"北大慰劳上海抗日军募捐活动","以期鼓同仇之敌忾,为爱国健儿作后盾"。⑤

北大学生会在"九一八"事变后开展的一系列抗日活动,明显溢出学生会正当活动范围。此外,随着学生权利意识的高涨,这种越界行为甚至扩散到干涉

---

① 艾煌.从世外桃源说到救亡工作:献给未来的清华人[J].清华周刊,1936(向导专号):75-77.
② 王学珍,郭建荣.北京大学史料:第二卷 下 1912—1937[M].北京:北京大学出版社,2000:2460.
③ 王学珍,郭建荣.北京大学史料:第二卷 下 1912—1937[M].北京:北京大学出版社,2000:2463.
④ 王学珍,郭建荣.北京大学史料:第二卷 下 1912—1937[M].北京:北京大学出版社,2000:2459.
⑤ 王学珍,郭建荣.北京大学史料:第二卷 下 1912—1937[M].北京:北京大学出版社,2000:2467-2468.

校务中。学生会这种对外与对内工作的"双管齐下"虽从学生角度出发,但是显然得不到政府与校方的认同。1933年12月4日,北大学生会举行首次代表会议,就学生会简章、近期工作与选举职员等问题进行讨论。其中,讨论的提案议决要案有:(一)恢复学生会经费及各学会津贴;(二)各斋舍开禁;(三)恢复北大周刊;(四)教授之去留须得同学过问;(五)退还一年级制服费;(六)要求学校取消临时考试和期考以及点名制度;(七)学生会参加校务会议等。① 实际上,北大学生会在1930年前后就向蒋梦麟提交建议书,所列事件有十余项,包括:扩充并改良浴室、接收景山问题、免费问题、限制教授在外兼职兼课、从速设立研究院等。② 针对学生会提出的请求,学校本着"无悖于师生合作之精神而确有利学校之进展者"的原则,对合理部分予以采纳,对无理要求则一概否决。如在恢复北大周刊问题上,学校已经有国学、社会科学、自然科学三种季刊,无须再办北大周刊;关于请求取消临时考试与期考及点名,简直全无理由,"学校决不能因一二贪懒畏难者之请求即予考量";对于教授去留应征求学生意见,完全是侮辱师道,荒唐至极;至于允许学生代表参加校务会议,不仅本国法令不允许,世界其他国家的大学也无法实现;关于请求各斋舍开放女禁,因斋舍已设接待室,故无必要在寝室中接见女宾。③

对于校方的"无情"否决,北大学生会以所提议案均属全体学生公意和迫切要求为由,向校方据理力争。蒋梦麟对学生会的要求一一驳斥,回拒的理由主要有三:一是一时难以办到;二是不符合相关规定;三是没有实际价值。校方的强硬态度和高压政策被学生会认为是法西斯化的表现。对此,学生会表示决不退缩,将站在拥护全体学生利益及发展北大的立场上,以全体同学利益为利益,继续力争到底。至于蒋梦麟的训话,作如是观而已。④ 北大学生会的"倔强"还体现在学生会名称的使用上。1933年12月8日,北大学生会执委会召开第二次会议,就发表学生会成立宣言进行讨论。在讨论议案第四条中,会议决定由文书股去函《世界日报》,请更正对本会名称的使用,以后勿用"北大学生自治会"标题,须用"北大学生会"名称。⑤ 这一议案显然违背了《大纲》的精神和要

---

① 王学珍,郭建荣.北京大学史料:第二卷 下 1912—1937[M].北京:北京大学出版社,2000:2472.

② 王学珍,郭建荣.北京大学史料:第二卷 下 1912—1937[M].北京:北京大学出版社,2000:2458.

③ 王学珍,郭建荣.北京大学史料:第二卷 下 1912—1937[M].北京:北京大学出版社,2000:2476.

④ 王学珍,郭建荣.北京大学史料:第二卷 下 1912—1937[M].北京:北京大学出版社,2000:2479.

⑤ 王学珍,郭建荣.北京大学史料:第二卷 下 1912—1937[M].北京:北京大学出版社,2000:2473.

求,体现出北大学生会超越自治范围有意干涉校务的真实意图。此外,为推动抗日民主运动的深入发展,1936年6月1日,经全体学生大会决议,北大学生会改名为北大学生救国会,以彰显学生会抗战救国的政治色彩。

需指出的是,北大学生会内部在某些问题的看法上并非一个态度,有时会因为意见不合发生分裂,上述因罢课问题发生冲突就是一个例子。此外,1936年12月19日,学生会在讨论西安事变的问题上又发生激烈争辩,会场分为反对派和赞成派。虽然课业长范际昌和主席团成员从中调停,但没有控制住混乱的局面,最终以宣告散会结束。大会解散后,竟然有小部分学生提议改组学生会,组织"国立北京大学非常学生会"。① 因派系、价值观、利益等方面的冲突,学生会内部并非铁板一块,同时也可以看出学生在讨论问题时显得不够成熟与理性。

与北大"放任"学生会独立开展抗日活动相比,厦门大学校方对学生抗日组织的建立显得更加主动。1931年9月29日,厦大召开由林文庆主持的第31次行政会议,讨论关于指导学生组织抗日救国委员会的办法以及加紧军事训练等事宜。次日,教职员和学生分别成立"抗日救国会"。② 抗日救国会成立后,在呼吁统一救国、赴京请愿、筹组全国学生抗日救国总会、募集捐款、加强军事训练、抗战研究等方面开展了大量工作,表达了坚决抗日、反对卖国的原则立场。

国民政府的妥协退让助长了日军的侵略野心。日本在华北策划成立傀儡政权激起学生极大愤怒,处于国防前线的平津学生已按捺不住抗日救亡的热情,具有划时代意义的"一·二九"运动爆发了。在此前,燕京大学、清华大学、北平师范大学、东北大学、北平大学等15所大中学校学生自治会就对华北事件联合发出通电,请求政府做到反对"防共自治"、发布对日外交政策、号召全国对日反抗、解放人民言论结社集会自由四项要求。③ "一·二九"运动后,对于学生团体的逾矩之举,国民政府一开始采取更加严格的管控措施,整顿各校学风,规定:"凡不照章受课受考学生,各校概不得给予学绩,凡以任何方式妨害课业之学生,应立即严令离校。查有从事煽动之团体,地方军政机关,即予制裁"④。比如针对北平高校的多次罢课,北平政府于1936年6月15日致函北京大学:"国家处兹严重时期,本署负捍卫地方之责,各校结社集会,应即悬为厉禁,除学联会业奉'行政院'令解散外,所有学生自治会、纠察队、宣传队、十人团救国会、研

---

① 王学珍,郭建荣.北京大学史料:第二卷 下 1912—1937[M].北京:北京大学出版社,2000:2493.

② 厦门大学校史编委会.厦门大学校史[M].厦门:厦门大学出版社,1990:100.

③ 北平学生通电:北平各公私立学校学生会对华北事件联合发出通电云[J].全民月刊,1936,1(1-2):144-145.

④ 朱庆葆,等.中华民国专题史:第十卷[M].南京:南京大学出版社,2015:138.

究会、文艺会、讲演会、励志会等种种组织,无论其标榜如何,应即一律取缔。如有抗不服从或有其他背景,并希随时函知严加惩处,以维治安,实纫公谊。"①除解散学生组织外,政府当局还对各大学的校刊校报进行严格审查。1936年暑假,北平政府致清华大学密函中说:"查清华周刊有宣传主义,鼓吹阶级斗争,介绍违禁书籍等情,应予禁止出版。"最终的妥协结果是,清华周刊社承诺将笔名向学校公开,每三期告知学校各文作者一次。②

为进一步统一思想,国民政府在1936年1月15日召集全国大中学校校长及学生代表"到京聆训"。③召开会议一方面是想达到压制学生爱国运动和"攘外必先安内"的目的,另一方面也表明国民政府希望在政府和青年学生之间建立一种新型对话关系。具有讽刺意味的是,多数国立大学校长听从训令指派学生代表参会,只有燕京大学的校长陆志韦尊重学生的意愿,没有选派代表参加会议。学生拒绝参会的理由很简单,一位燕京学生说道:"为什么我们应当去受骗? 难道我们受骗得还不够吗?"④这也是对当时流行的"谈判的时候已经过去,行动的时候已经到来"话语的实践与佐证。那些"聆训"回来的学生代表,也没有好下场。如北平师范大学学生自治会登报否认他们的代表资格,室友甚至将他们的被褥扔到室外。⑤

教会大学公然违抗政府命令是有底气和势力保护的。一方面,如卢茨认为,与其他群体相比,稀缺的大学生是中国唯一有资本和威信可以挑战政府权威而不受惩罚的群体(事实上不全是如此)。陆志韦也说,面对压迫,"学生是唯一能够尖叫的人"。学生们自己也相信,政府不会用严刑酷法对付他们,因为对一个仍需依靠儒家道德力量来维系的政权来说,这将得不偿失。即使遇到困难,学生通常会得到父辈和师长的救助。在有影响力的师长出面调解下,学生获得释放的例子不是个案。⑥ 如燕京大学的学生发表了不少批评国民党政策的文章,如《中国法西斯运动现状》《中国法西斯与日本》等,正是由于教会大学独特的身份以及教师的支持,他们才能免遭迫害。另一方面,燕京大学强有力的海外关系成为抵制政府干涉或者从政府中获得更多自由的有效武器。虽然国民党有权决定教会大学的课程设置,但是对学校的行政领导和课外活动没有干

---

① 王学珍,郭建荣. 北京大学史料:第二卷 下 1912—1937[M]. 北京:北京大学出版社,2000:2400.

② 高葆琦. 本届学生会的新使命[J]. 清华副刊,1936,45(1):2-3.

③ 厦门大学校史编委会. 厦门大学校史[M]. 厦门:厦门大学出版社,1990:143.

④ 杰西·格·卢茨. 中国教会大学史:1850—1950[M]. 曾钜生,译. 杭州:浙江教育出版社,1987:323.

⑤ 北师大校史编写组. 北京师范大学校史[M]. 北京:北京师范大学出版社,1984:105.

⑥ 杰西·格·卢茨. 中国教会大学史:1850—1950[M]. 曾钜生,译. 杭州:浙江教育出版社,1987:322.

预权。20世纪30年代中期,在很多大学学生自治会(包括北大)显得毫无生气的情况下,燕京大学却有一个生命力旺盛的学生自治会,便是政府无法控制燕京大学学生组织的表现。魏定熙认为,北大在"一二·九"运动中落后于清华与燕京,是因为后者有美国的支持而从国民政府那里获得更多的自由。① 在学生自治会的发展过程中,教会大学始终作为"历史的不自觉的工具"存在着。教会大学不仅是中国教育近代化的推动者,也是学生组织成长的培育者,以"灵活的方式"和"团体的力量"促进学生道德品质与政治素养的发展。教会大学在追求本土化的同时,也引领着中国本土大学的精神塑造,这一精神塑造是学生群体在促进近代高等教育早期现代化的历程中实现的。②

后来因各地学潮相继不迭,国民政府不得不对三民主义教育政策进行调整,将专门负责党义教育的国民党中央训练部,改组为中央民众运动委员会,致力于民众民族意识、民族自信心和国家向心力的培养。自"七七事变"发生后,学生自治会全面进入民族救亡时期,为挽救民族危亡而奋勇斗争。

---

① 魏定熙.权利源自地位:北京大学、知识分子与中国政治文化:1898—1929[M].张蒙,译.南京:江苏人民出版社,2015:260.
② 王红雨.读书之外:近代学生课余生活管理研究[M].北京:中国社会科学出版社,2018:211-212.

第五章　学生自治会的战时化与启蒙救亡品性(1937—1945)

抗日战争的爆发扰乱了国民政府管控学生自治会的正常节奏,也打破了学生自治会以在校内活动为主的发展格局。然而,无论时局如何演变,国民政府对学生自治会强势规训的立场没有改变。在整个抗战时期,随着国家权力向下层社会的延伸和扩张,国民政府加强了对大学的控制①,试图通过民族危机和各种规章制度将学生自治会限制在特定的轨道运行,以巩固党派势力在大学场域中的作用以及基层社会政治秩序的建构②,使学生自治会的发展与国家和政府的需求紧密结合,以期青年思想导入"正轨"。面对空前的国难,学生自治会在抗战初期积极融入民族救亡事业当中,追求自由发展的色彩逐渐淡化,与政府及学校较少发生矛盾和冲突并与其构成抗日统一战线。随着抗战形势的转变,政府逐渐加大对学生自治会的管理力度,以消弭其破坏性,增强其建设性。理性受到挫折就有非理性取代的危险,政府侵蚀学生自治的强制管控并没有奏效,扮演社会良心角色的学生自治会依然活跃在反内战、争民主等爱国运动第一线,表现出关注民族命运、关心国计民生的伟大斗争精神。

---

① 1938年,陈立夫担任教育部长后,采取了一系列大学整顿措施,如统一课程、统一招生、统一教材、划一学校行政组织、统筹分发毕业生、订定学业竞试办法、审查教员资格、推行训导制等。
② 何方昱.战时浙江大学校园中的三民主义青年团[J].史林,2015(3):152-159.

第一节 战时高等教育政策的确立

一、日军对中国高等教育的摧残

在历次的反日活动中,高校师生一直走在最前列,并担负起启蒙广大民众抗日救亡的时代重任,掀起了一次又一次全国人民抗日高潮。正如民国学人认为:"我国历来的反帝抗日运动没有一次不是以青年做前锋的。青年的抗敌运动早已成为民族抗战的一个主流。"[①]日本学者石岛纪之也指出,对民族危机最敏感的学生始终站在抗日运动的最前列,他们在全国各地开展了罢课、游行和抗日宣传。[②] 高校师生坚定的反日立场使得日军对中国大学及其学生自治会的忌恨早已有之。在日军眼中,我国学校均为反日机构,青年均为反动力量。随着战事的扩大,日军逐渐从物质和精神两个层面摧毁中国,开始有组织、有计划、有目的地破坏中国教育文化事业,尤其是摧残培养高级专门人才的高等教育机关。梅贻琦记述了北平沦陷后日本宪兵队在清华大学的搜查过程中,重点"光顾"了学生自治会会所等场所。经过一番搜查,宪兵队封闭了学生自治会所与历史系俄籍教授噶邦福的住宅。[③] 学生自治会封闭的具体原因不得而知,但可以肯定的是,学生自治会之前开展的各种反日活动为日军所不容。

继清华大学、北京大学被侵占后,日军又以"南开是反日机关总部"为由,于天津事变时将第一炮瞄准南开,对南开大学实施毁灭性轰炸。[④] 南开被炸后,蒋介石和教育部长王世杰向张伯苓表示慰问。对此,张伯苓并不惊讶,而是早在意料之中。并说南开被敌人毁坏的是物质层面,南开的精神经此挫折而愈益奋励。正是张伯苓等人开创的南开精神使得日军对南开有所顾忌并实施轰炸,企图打击抗日力量。王世杰记载了日军对大学的摧残情况。自1937年7月7日至10月21日,平津、上海、南昌、广州、苏州及保定等地的大学教育机构,被敌机炸毁损者已有23校。[⑤] 1937年10月15日,上海市社会局调查统计了"八一三"后上海教育文化机关遭受日军破坏情形,结果显示大学之部损害最为严重,

---

[①] 金石鸣.青年的伟大性[J].英大周刊,1940(11):19-20.
[②] 石岛纪之.中国抗日战争史[M].郑玉纯,纪宏,译.长春:吉林教育出版社,1990:6.
[③] 刘述礼,黄延复.梅贻琦教育论著选[M].北京:人民教育出版社,1993:82.
[④] 王文俊,等.南开大学校史资料选[M].天津:南开大学出版社,1989:683-686.
[⑤] 朱庆葆,等.中华民国专题史:第十卷[M].南京:南京大学出版社,2015:212.

达 6623159 元(见表 5-1、表 5-2)。①

表 5-1　上海教育文化机关损害统计表

机　关	损害估计(元)
大学之部	6623159
中学之部	2199954
小学之部	259129
社教之部	1860000
总　计	10942242

表 5-2　上海大学之部分被毁详情

校　名	被毁详细情形	损害估计(元)
同济大学	全部被炸	1846018
暨南大学	局部被炸	
大同大学	局部被炸	10000
沪江大学	校舍被日军占领	1679749
音乐专科	校舍被敌军占领	171632
上海商学院	校舍被敌军占领	201000
上海法学院	全部被毁	210000
正风文学院	局部被炸	150000
同德医学院	大部被炸	500000
持志学院	大部被炸	2200000
复旦大学	大部被炸	406760
商船学院	全部被毁	230000
东南医学院	全部被毁	230000
市立体育专科学院	校舍被日军占领	
总　计	14 校	6623159

另据美国调查委员会在 1940 年调查所得,中国高等教育机关 108 所中被迫停闭者达 25 所之多。在停闭高等教育机关的同时,日本还通过出版华文刊

---

① 中国第二历史档案馆.中华民国史档案资料汇编:第五辑第二编教育一[M].南京:凤凰出版社,2015:363.

物、删改教科书、宣传日本政策、训练中国教员等方式统治民众思想,以促成在华之阴谋。① 华中大学校长韦卓民在1940年发表英文文章,揭露日军违背国际公约、轰炸我国文化教育机关的罪行,他说:"日军对我国教育机构的摧残是不留情面的,学校是他们一有机会就会破坏的对象。"② 石岛纪之毫不讳言地说:"破坏中国大学等文化教育机构是日军有意而为之。"③ 针对日军"实为对于文明之大威胁"的举动,蔡元培及全国教育界同仁联合向世界发表声明,"诚所谓中国三十年建设之不足,而日本一日毁之有余也",如果不制止这种暴行,不啻与侵略者为伍,世界将无和平与进步可言。④

为了保存文化命脉,教育部在1937年9月29日发布的《战事发生前对各级学校之措施总说明》中指出:敌人攻击较多的是我国学校文化中心,如果战事继续扩大,处于相对安全地域的学校要做好收容战区学生的计划,以免战区学生流离失所,延误学业。国民政府虽然在战事发生前后采取了一定的防范措施,但是未能有效阻止日军对中国教育文化事业破坏的步伐。在短短一年内,大专院校、教职员与学生的数量,均因学校暂时结束办学或被迫关闭而骤减⑤,已不能维持原有的规模。面对日军的蓄意破坏,全国数百所专科以上学校选择前往大后方维持办学,未能成功内迁的高校则在沦陷区继续开展文化教育事业,培养抗战建国人才。高等教育机构的内迁虽然是一种灾难,但是对推动内地现代化进程、区域间文化教育的交流以及学生的国情教育具有一定的积极意义。

二、战时高等教育政策的演进——从国难教育到两化方针

(一) 国难教育

战时高等教育政策是战时教育思潮的重要体现和制度化。战时教育思潮在"九一八"事变后就开始显现,其核心是国难教育。国难时期,应有国难时期的教育。所谓国难教育,是指在国难背景下实施的以挽救国运为目的的教育。国难教育不是国难与教育的简单混合,而是一个有机的统一体和完整的意义,是反帝反封建的统一教育。教育肩负起民族解放和复兴的责任,成为能够对付

---

① 中国第二历史档案馆.中华民国史档案资料汇编:第五辑第二编教育一[M].南京:凤凰出版社,2015:378.
② 高新民.韦卓民学术论著选[M].武汉:华中师范大学出版社,1997:425.
③ 石岛纪之.中国抗日战争史[M].郑玉纯,译.长春:吉林教育出版社,1990:61.
④ 高平叔.蔡元培全集:第七卷[M].北京:中华书局,1989:191-192.
⑤ 与1936年度相比,1937学年度的教员由7560人减为5657人;学生由41922人减为31188人;毕业生人数由9154人降至5137人教师与学生的数量都减少了四分之一左右(教育部.第二次中国教育年鉴:第四册[M].上海:商务印书馆,1948:1400)。

国难的有力武器,是国难教育的应有之义。诚如陶行知所认为的"我们要对付国难,就须以教育为手段"①。国难教育的要义在于以教育和团体训练的方法,使学生和民众洞悉国难渊源,认清国难趋势,明白自身的责任并作自卫卫国的准备。② 按照一般理解,国难教育和平时教育是相对的概念。平时状态下的教育是为社会培养所需人才服务的,而国难时期的教育主要是为唤醒民众捍卫国家服务的。不过,时任大夏大学副校长的欧元怀却认为,国难教育与平常教育只有程度上的不同,两者没有根本的差别。国难教育除了训练青年注意学科技能外,应特别看重青年"节操"或"人格"的修养。与国难教育相对的是生产教育。生产教育是教人如何去图谋更有意义的"生存",而国难教育却是教人如何去做有意义的"死"。③

在国难日深、外侮日亟的危急时刻下,教育界人士对国难教育的吁求十分强烈,他们倡导教育要与国难赛跑,要追上国难,而不是等待国难的来临④。教育界的关注与呼吁不可谓不及时积极,但也反映出中国的新教育脱离了战时政治动员的需要。事实上,从鸦片战争开始,国家所倡导的新式教育就是某种意义上的国难教育:

> 按理,中国的新式教育既应国难而产生,中国平时的教育就该是国难教育。惟其是平时的教育失去了挽救国难的作用,所以此时才有从新实施真能挽救国难教育之需要。反过来说,只有真能挽救国难的教育,才是中国平时应有的教育。⑤

从实施国难教育的紧迫性看,近一百年的教育与国难并没有实现有机融合与无缝对接,而是呈现出两种偏颇情形。一是热烈兴奋的时候,教育以抵御外侮为目标,学校作为抵抗外敌和培养战士的工具而存在,军国民教育潮流便是表现之一。二是局势稍有缓和时,教育又变成点缀升平的饰物,在发达国家流行的教育口号都在中国教育中冠冕堂皇地鼓吹起来。批评者认为,这种把所处的国难环境抛开不管,一味引入外国的常态化教育,实在是荒谬绝伦。⑥ 此外,对社会上存在的国难教育就是在正课之外增加一点国耻史、一些防空救护的常识和军事训练的错误观念,批判者也给予了纠正。为了厘清国难教育的本质,指导各级各类学校更好地开展国难教育,不少教育研究者阐释了国难教育的特点和实施法。如陶行知认为,中国所需要的国难教育应该是目标单一的、大众

---

① 华中师范大学教育科学研究所.陶行知全集:第2卷[M].长沙:湖南教育出版社,1985:587.
② 龚子华.从国难教育方案谈到学校公民教育[J].中华季刊,1936,3(2):1-4.
③ 欧元怀.国难教育[J].大夏周报,1936,12(12):264-268.
④ 陶行知.国难教育方案之特质[J].生活教育,1936,3(1):1-2.
⑤⑥ 章益.国难教育的几个基本问题[J].江苏教育,1936,5(1/2):7-12.

化的、联系的、行动的、自动的。① 重立在《认清国难教育的本质》一文中指出,国难教育必须是大众的、反帝反汉奸的、实践的、一贯的。② 生活教育社在 1937 年出版了《国难教育实施法与指导》一书,对各级各类学校和各种群体实施国难教育提供了诸多方案、实施办法和具体工作指导意见。胡立民整理了当时研究国难教育的文章,辅之以国难教育实施办法、国难课程教材与国难教育社等方面的研究,于 1937 年编辑出版了《国难教育面面观》。这些关于国难教育的论著为学校和学生团体有效开展国难教育提供了丰富的材料和切实的指导,为其进入全面抗战后迅速投入战时状况奠定了坚实基础。

官方对实施国难教育也极为重视,当时的教育部在 1936 年 2 月 29 日通令各教厅局和各院校,宣告国难时期的教育宗旨。值得一提的是,教育部的宣告并没有强调国难教育的宗旨是什么,而是告诫一部分学校罢课与破坏纪律的学生,"群纳感情于理智,从实际下工夫,以毅以恒,效命国家,勿为一时之意气所驱使,勿受少数缺乏理智者之煽动"。③ 在官方看来,学校要发挥国难教育的正向激励作用,引导学生重视国难,肩负重任,及时磨炼,而不是以国难为由,群作爱国表示,行动越轨,败坏风纪。与宣告国难教育宗旨同时进行的是,教育部开始着手制定国难教育方案。1936 年 2 月初,教育部为使各学校教育方案切合国难时期需要,设置特种教育委员会,分别函聘委员人选,同时聘请学术专家多人为专委。先期由教育部函请各委及专委,征求他们对于制定国难时期教育方案的意见。意见汇集教育部后再开会讨论,俾早日完成切合国难时期需要的教育方案。④ 对国难教育方案的制定,地方的觉悟与行动要早于中央。1936 年 1 月 6 日,上海文化界救国会通过了由陶行知拟定的国难教育方案。该方案对国难教育的目标、对象、教师、非常课程、组织、文字工具、方法等方面进行了说明。方案呼吁:只有为实现民族解放而采取的实际行动才是救国的教育,只有武力抵抗才有活路,为读书而读书,为教书而教书,都是亡国的教育。⑤ 教师必须和学生与大众站在抵制侵略和争取自由的统一战线上,才算是实行着真正解决国难的教育。⑥ 地方团体对国难教育的积极推动,成为中央制定国难教育方案的动力基础和舆论先导,这样产生的方案也更具有代表性和生命力。正如当代学者认为,中国文化教育界对国难教育的重视与探讨,极大地推动了全国抗日救国文化氛围的形成,使得那些秉承"不抵抗主义"和"攘外必先安内"论者陷入孤

---

① 陶行知.国难教育方案之特质[J].生活教育,1936,3(1):1-2.
② 重立.认清国难教育的本质[J].大众教育,1936,1(1):14-17.
③ 教部宣布国难时教育宗旨[J].中华教育界,1936,23(9):96.
④ 教育部积极计划国难时期特教方案[N].中央日报,1936-02-13(8).
⑤ 陶行知.国难教育方案[J].改造,1936,1(2):78-79.
⑥ 陶行知.儿童节对全国教师谈话[J].生活教育,1936,3(3):87-88.

立无援、无地自容的境地。①

（二）战时化与平时化的交织

"一·二九"运动中，清华救国会在告全国民众书中说："华北之大，已经安放不下一张平静的书桌了。"全面抗战的爆发，更使学生对战区大学的美好憧憬成为泡影。为了降低战事对教育事业的破坏程度，教育部根据国防最高会议常务委员会第18次会议议决案，于1937年拟定了《平津沪战区专科以上学校整理方案》，对战区学校整理和经费支配进行了初步规划。日后曾为抗日战争和民族解放事业作出重要贡献并在中国教育史上写下光辉一页的国立西南联合大学等一批联合大学便在此次学校整理中诞生。在整理学校的同时，国民政府开始整合各界关于实行何种教育体制的论争，着手调整教育政策以适应战时的需要，先后颁布了《总动员时督导教育工作办法纲领》（以下简称《纲领》）、《战时各级教育实施方案纲要》（以下简称《纲要》）等法令，最终确定了抗战时期的教育政策和教育实施方案。前期对国难教育的讨论和方案的制定，已成为抗战教育思潮的直接源头和理论基石②，指导教育的方针也从国难教育转向战时教育。从时间顺序和逻辑关系来看，战时教育是国难教育的深化，比国难教育更为紧迫和重要。而国难教育是战时教育的前奏，为战时教育提供诸多理论借鉴和实践指导。当然，两者都是非常时期的教育形态，亦有诸多相同一面。

为引导教育向战时方向转变，使战时精神渗透于平时教育，并总结战时教育的经验，这一时期出版了多部关于战时教育的专著，如《战时教育论集》（生活教育社，1938）、《中国战时教育》（顾岳中，1940）、《战时儿童教育》（黎明，1938）、《战时教育的回忆》（顾毓琇，1938）、《战时教育的理论与实际》（陈思璧，1938）、《战时教育之改造》（邱友铮，时间不详）等。这些著作研究了战时教育的基本问题、战时教育的实施问题以及战时教育与平时教育的关系等内容，为推进战时教育发挥了积极作用。

国民政府一边鼓励学生抗战的同时，一边加强对学生思想进行控制。这也是"平时要当战时看，战时要当平时看"的应有及引申之意。在抗日教育政策和实施方案中，可以清晰地觉察出国民政府利用抗战时机控制学生思想与限制学生团体发展的动向。比如《纲领》中指出，各级学校以就地维持课务为原则，教学应力求切合国防需要，变更课程须遵照部定范围；中等以上学校学生，在严格遵照部定办法与不妨害学校秩序的前提下，可在本地成立战时后方服务团体。③《纲要》明确了发展教育的9大方针和17个要点，其中教育目的要与政治目的

---

①② 董宝良，等.中国教育通史：中华民国卷 中[M].北京：北京师范大学出版社，2013：371.
③ 中国第二历史档案馆.中华民国史档案资料汇编：第五辑第二编教育一[M].南京：凤凰出版社，2015：1-2.

保持一致,家庭教育与学校教育密切联系,教材符合抗战与建国的需要,订定学校训育标准并施行导师制,中等以上学校一律采军事管理方法等规定,均涉及学生思想控制的内容。① 在救亡压倒一切的特殊时期,国民政府较好地实现了对大学教育的整理与管控,大学教育的所有方面都要以国家需求为中心,服务于抗战的总体要求。大学教育独立性、学术性以及人才培养的价值与评判以是否符合国家需要为标准,是否与民族救亡紧密相连为尺度。广大青年学生也以"宁当爱国鬼,不做亡国奴"的民族担当精神积极融入全民族抗战的时代洪流中。学生自治会亦转变抗战前的工作模式,不以追求团体独立自主发展为目标,而是以组织学生和唤起民众站在民族救亡的最前线为首要任务,随时等待国家的召唤。一位燕京学生会的学生如是说:

> 至于对时局的态度,我们认为中央政府已有其既定的方针,我们若"空喊""盲动"亦无补于实事,但是如果国家真需要我们的时候,我们一定要往最前线上跑,决不能轻易丢失"燕京是站在领导地位的"我们若干年的荣誉。②

学生所指的既定方针就是一方面要把"战时要当平时看",另一方面要力行"教育军事化",以实现抗战救国的真正目的。

第二节　抗战时期大学学生自治会活动的双重取向

民族危机的加剧强化了高等教育服务民族国家建构的功能,学生自治会与政府的关系也进入了新的一页。③ 国民政府提出的"战时要当平时看"的办学方针实际上成为抗战时期学生自治会的活动宗旨和行动指南。此外,教育界人士在舆论导向上也对学生自治会活动双重取向的形成起到了推动作用。如陶行知通过对"学生"内涵的独特解释,认为学生唯一的责任是如何救国。他说所谓学生即是学习人生之道,人生之道即是中华民族的生存之道。国家若是灭亡了,自身也就无法生存。所以学生的使命在于抗日救国。为了实现这一目标,学校的课程必须调整,务与救亡工作相关联。课外学生则要加强宣传,唤醒民众,务使人人都懂得抗日救亡的真义,人人都成为民族解放的战士。④ 在中央政

---

① 中国第二历史档案馆.中华民国史档案资料汇编:第五辑第二编教育一[M].南京:凤凰出版社,2015:13-16.

② 陈亨利.今后的学生会[J].燕京半月刊,1937,1(1):5.

③ 叶文心.民国时期大学校园文化:1919—1937[M].冯夏根,等译.北京:中国人民大学出版社,2012:114.

④ 顾明远,边守正.陶行知选集:第2卷[M].北京:教育科学出版社,2011:344-353.

府与教育界人士的呼吁下,学生自治会遵照政府颁布的教育法令,在谋求学生福利的同时,积极投入抗日救亡工作中,通过多种方式在救亡宣传等方面发挥了重要作用。学生自治会开展的救亡工作,反映出学生生活形态的重要转变,充分体现出广大学生走出象牙塔,主动承担民族救亡和社会责任的良好精神风貌,较好地履行了时代赋予的"读书不忘救国,救国不忘读书"的职责。

一、战时化——开展抗日救亡活动

抗战爆发后,战区多数大学为延续教育文化事业被迫内迁。异地办学虽然带来了诸多不便,但总体上没有影响大学科学研究和人才培养等功能的发挥。学生自治会作为校内学生自治团体,其承担的职责也未发生根本改变。在抗日救亡问题上,学生自治会与校方和政府保持高度一致,三者之间表现出前所未有的通力合作,共同构成抗日救国命运共同体。学生自治会之前与政府和校方经常对峙的局面,在抗战初期较少发生。[①] 在组织学生正常学习生活之外,学生自治会尽其所能服务于抗战大局,成为抗战中的第二条战线。比如,1938年,福建协和大学新一届学生自治会选举完成,新任主席接受学生记者采访时说道:"自治会本学期拟动员全体同学参加救亡工作,而工作方法力求切实,使时不虚废,钱不虚耗。民族危亡已迫近眼前,希本校教师多多指导,全体同学切实合作,完成本学期救亡工作。"[②]不久,自治会召开了第三次干事会,议决加紧制定各项救亡工作大纲,并召集全体同学征求救亡工作案。[③] 国难日亟,动员学生开展救亡工作已成为自治会的头等大事,一切事务都服务于救亡工作。协大学生自治会开展的救亡工作只是众多大学中的一个代表,并与其他大学共同组成抗日救亡中的学生战线。为展现自身的力量,学生自治会主要从成立抗日团体、募集抗战物资、组织抗建剧团、创办抗敌刊物等方面开展抗日救亡活动。

(一)成立抗日团体

"勤勉奋斗,雪耻救国,支援政府,恪守纪律,奉献自己,保护国家,誓做忠勇之国民"[④],这既是集美学校抗日救国会的誓词,又代表了全国高校师生的抗日心声。面对外敌入侵,任何一个人或团体都不是局外人。承担建设国家和复兴民族职责的大学生,更是责无旁贷。抗战时期,每一个热血青年都是民族救亡

---

① 学生抗议活动的减少并不表明国民党学生政策获得了认同,只不过反映出国民党的抗日立场得到了学生的支持(黄坚立.难展的双翼:中国国民党面对学生运动的困境与决策[M].北京:商务印书馆,2010:237)。
② 动员全校学生扩展救亡工作[J].协大周刊,1938,2(1):5.
③ 学生自治会第三次干事会[J].协大周刊,1938,2(6):8.
④ 集美抗日救国会誓词[J].集美周刊,1931,10(6):35.

第五章　学生自治会的战时化与启蒙救亡品性(1937—1945)

的战士,希望贡献出自己的一份力量。如何凝聚广大学生的力量,组织参与抗日救亡活动,成为学生自治会的职责所在。在政府规定的学生自治会组织机构中,并不存在专门为抗战而设立的部门。"夫人之侵略我也,既有组织有计划,则我之抗拒之,亦必有组织有计划。"①为组织学生更好地开展抗日活动,一些学校的学生自治会在战争爆发前后,根据实际需要,提议成立抗日救国组织。1937年9月25日,在浙江大学学生自治会第一次代表大会上,自治会主席便提议组织抗敌后援会。与会人员还就后援会隶属代表会、组织法、组织大纲、职员产生等问题进行讨论并议决通过。根据议决结果,后援会设常务会议,由总务部、宣传部、组织部三部长组成,其中总务部部长为该会和后援会主席,三部门下面又下设若干股。② 可见,自治会根据自身的架构复制组建了新的后援会,专门负责抗敌后援工作,较好地实现了自治会抗日工作与日常工作的有机统一,成为"会中会"。抗敌后援会成立后,便开始履行职责,如办理代收学生救国公债募集案等。③ 自治会对后援会的建设十分重视,对于来函请辞后援会干事的学生,一般予以挽留,以加强组织建设的稳定性和规范性。具有爱国主义传统的厦门大学也在1937年10月11日成立了"国立厦门大学学生救国服务团"。服务团组织学生深入田间地头百姓家,向民众控诉日寇对我国的侵略,号召群众团结一致,支援前线,并通过举办抗敌剧团和抗敌刊物提升宣传效果。服务团的各种宣传活动切实推进了抗日救亡运动,受到了民众的欢迎。④ 同月,同济大学改组学生救国会,成立了学生战时服务团。服务团组织歌咏队、剧团和宣传队,在学校所在地积极宣传抗日主张。⑤

如前文所述,多数学校的学生自治会在"九一八"事变后就组建了"抗日救国联合会"等抗日组织,有的地区还成立了各大学学生抗日救国联合会。这些抗日救国联合会以"头可断,反日工作不可停"为宗旨,在抵制日货服用国货、出版抗日救国刊物、募捐抗战物资、组织军事训练、唤醒民众抗日意识、督促政府积极抵抗、研究对日方案和请求国际支援等方面开展了大量工作,取得了显著成效。例如,1931年10月12日,上海各大学学生抗日救国联合会召开第六届代表会,议决重要案件11起,并由中华留日学生会回国代表到会报告侨日同胞在日受日本人种种侮辱情形。参与会议的有上海20余所大学学生代表以及上海市党部代表,主要议决通过了"通告各校学生一律服用国货""规定各校军事训练至少两时""将发宣言促成国内统一和平""与京学联共同办理全国学联"等

---

① 抗日救国会宣言[J].东大特刊,1931(3):37-39.
② 学生自治会第一次代表大会会议记录[J].国立浙江大学日刊,1937(238):952-953.
③ 学生自治会第二次代表大会记录[J].国立浙江大学日刊,1937(244):975.
④ 厦门大学校史编委会.厦门大学校史[M].厦门:厦门大学出版社,1990:169-176.
⑤ 翁智远,屠听泉.同济大学史:第一卷[M].上海:同济大学出版社,2007:109.

要案。① 抗日救国会的工作模式以及开展的诸多抗日活动,为"七七事变"后学生自治会进一步加强抗日救国团体建设提供了基础和经验。学生自治会组织的抗日救国团体与社会其他组织成立的抗日后援会并肩作战,构成抗日救亡中的统一战线。

(二) 募集抗战物资

募款赠物是学生自治会开展爱国抗日活动的重要形式,也是学生自治会抗日救国团体的主要任务之一。正如1938年上海学生为募集5万件寒衣时所说:"这是任何同学都愿参加的工作,他们无不为前方将士的忠勇牺牲而感奋,他们无不为这些将士的温暖而关心。"②青年学生用自己力所能及的方式表达对前方将士浴血奋战的关心和支持,展现出学生深厚的家国情怀和坚毅的民族精神。抗战伊始,众多大学的学生自治会便根据战争需求,为前方战士提供抗战物资。1937年7月13日,北京大学学生自治会为慰劳抗战将士,备慰劳品数十件,乘两辆汽车分赴各城门及伤兵医院慰劳。③ 1937年10月5日,浙江大学学生自治会主席提交募集股即日发起征募旧衣慰劳受伤将士救济被难同胞案议决通过。④ 同月,浙江大学女生战时服务团亲自监制,为前方战士募集棉背心万件。⑤ 1938年12月,浙江大学学生自治会又发起募集寒衣捐款活动,共募集国币1022元。经干事会决定,提取700元送交宜山县抗敌后援会,后援会再转汇桂林省抗敌会转送前线使用,剩余322元用于慰劳以后来宜山修养的战士。⑥ 战时很多青年学生学费艰窘,来源断绝,有的依靠政府资金和救济金勉强维持学业,有的在外兼差解决生活负担。但是为了支援前方抗战,青年学子皆量力捐纳,采取"日捐一枚"和吃番薯数餐等方式,节资捐献,为国出力。学生爱国好输之精神,于此可见一斑。受学生爱国精神的感召,部分教授虽在他处已捐款,但仍然向自治会认捐。校中工友甚多洞明大义,在有限的薪金中节资献助。⑦

救国从不后人的厦门大学也组织师生参与劝募工作。1937年12月13日和21日,师生上交两批青布鞋支援前线抗敌战士。12月23日,在离厦迁汀前夕,学生认购的救国公债1430元交厦门中国银行,作为厦门劝募救国公债支会的劝募款。⑧ 在募集抗战物资上,自治会附设的抗敌后援会发挥了重要作用。如1941年,湖南大学学生自治会抗敌后援会因为负责人选出过迟,工作时间太

---

① 各大学抗日救国会昨开第六届代表会[N].民国日报,1931-10-13(9).
② 募集寒衣五万件[J].学生生活,1938(23):1.
③ 北大学生进行慰劳工作[N].北平晨报,1937-07-14.
④ 学生自治会第二次代表大会记录[J].国立浙江大学日刊,1937(244):975.
⑤ 本校募集棉背心万件[J].国立浙江大学日刊,1937(261):1033-1035.
⑥⑦ 本校募集寒衣与慰劳捐款[J].国立浙江大学校刊,1938(4):2.
⑧ 厦门大学校史编委会.厦门大学校史[M].厦门:厦门大学出版社,1990:169.

短,所表现出来的成绩比较有限。但在有限的工作中,比较重要而值得一提的是其举办的"青年号献机"募捐活动。后援会经过广泛动员,在校内共募集411元。这固然是广大学生深明大义慷慨捐输的结果,但负责劝募学生奔走呼号为国努力的奉献精神,同样值得敬佩。① 有些大学学生自治会不仅为抗战捐款,还往前线输送将士。1937年,金陵女子文理学院学生自治会除捐款输将外,三四年级学生因未受军事看护训练,自动要求受训,由学生自治会全体大会通过。为满足学生要求,自治会会长和校长商讨训练事宜,并决定由校方聘请教官并支付薪金,其他实习材料由学生购置,训练时间为3个月。学生要求接受军事看护训练的目的是掌握基本救治知识和技能,如缠绕绷带法、急救法、人工呼吸法、伤者搬运法、毒气预防与救护、简易外科手术等。② 通过接受训练,学生不仅获得了自救本领,还可以随时奔赴前线,将自身作为一种特殊的"抗战物资"捐输前线,为国效力。在志愿从军上,西南联合大学自抗战以来,积极响应国家征集知识青年从军的号召,为抗战输送了诸多各类人才,有的学生为此献出了宝贵的生命。据统计,抗战八年中,在西南联大学习的学生有8000人左右,其中从军者832人(长沙时期部分学生参军未统计入内),占到10%。从军者中,充任译员的有400余人,加入青年远征军和空军的有200余人,其中包括梅贻琦的子女。③ 在征兵宣传方面,自治会同样参与其中。如1940年2月,西南联大学生自治会遵照官方准则办事,在国民政府的指示下开展兵役宣传工作。④ 学生自治会所开展的募集活动,既为前线提供了所需物资,其活动中的仪式又是一次广泛有效的社会动员过程,有助于争取社会各界的支持,对推动全民族抗战具有正面意义。

(三) 组织抗建剧团

戏剧在民众宣传和教育上具有特殊的价值。为增强抗战宣传效果和募集更多的社会资金,学生自治会大多组织了抗建剧团。抗建剧团充分利用师生的文艺特长,以排练大众化的抗战名剧为主要任务,深入郊区农村、工厂和部队进行演出,以潜移默化的方式在唤醒民众、组织民众和训练民众上发挥了重要作用。自治会组织的抗建剧团,不仅彰显了戏剧的效能,而且纠正了一般人贱视戏剧、鄙视剧人的错误观念,对戏剧本身的健康发展也起到了促进作用。

福建协和大学学生自治会十分重视抗建剧团的建设,在当时的大学抗建剧团中表现得较为突出,并取得了良好的社会效果。协大学生自治会抗建剧团成

---

① 刘峻德.学生自治会抗敌后援会[J].湖南大学期刊,1941(1):270.
② 学生会消息[J].金陵女子文理学院校刊,1937(59):6.
③ 西南联合大学北京校友会.国立西南联合大学校史[M].北京:北京大学出版社,2006:61-68.
④ 易社强.战争与革命中的西南联大[M].饶佳荣,译.北京:九州出版社,2012:299.

立于1938年。剧团秉持"服务、博爱、牺牲"的校训精神,以服务抗战为宗旨,内部构成有团长、总干事、剧务部、总务部、编辑部、宣传组、设计组、音乐组等。因剧团成绩显著,1940年,协大学生自治会抗建剧团前往闽、浙、赣、皖第三战区进行抗建宣传。在文学院院长林希谦率领下,剧团男女共30人先在上饶公演"凤凰城"和"牛头岭",后转往浙江金华。① 1942年,为推动学校所在地邵武剧团运动的发展,自治会抗建剧团发起邵武中等以上学校话剧公演竞赛,借此观摩戏剧艺术,增进学校之间的文化交流。② 抗建剧团不仅服务于校外群众抗战意识的培养,也满足于学校师生精神文化的需求。如1941年,抗建剧团在迎新大会上公演"我总是这样"二幕剧,甚受好评。1943年,抗建剧团除每两周出版"舞台人"壁报外,并于自治会迎新大会中公演"红心草"及元旦公演"面子问题"三幕剧。同时,为响应邵武各界筹募滑翔机,剧团公演"面子问题"③。鉴于学生变动性较大,为了促进剧团可持续发展,获得学校更多的支持,1944年,原属自治会的抗建剧团改为直属训导处的"协大剧团"。改组后,学生参加剧团的热情高涨,报名甚为踊跃。④

浙江大学学生自治会在西迁过程中,同样注重"以剧为枪",宣传全民抗战的重要性。1938年5月,学生自治会在泰和城内演出了以日军自1931年入侵中国为主题的各种话剧,如《东北之一角》《最后一计》《九一八以后》《七七纪念》《卢沟桥》等。⑤ 学生话剧团体在演出中既增进了经验,更扩大了活动地域,具有唤醒民众的效力。除上述两所大学外,西南联大也在1938年底成立了以闻一多、孙毓棠为导师的联大剧团。联大剧团继承了南开新剧团秉承的爱国主义传统⑥,以抗日救亡为使命,排练了《祖国》《放下你的鞭子》《三江好》《最后一计》《夜光杯》等轰动昆明的话剧。为扩大抗日救国宣传力度,联大剧团与云南省、昆明市等剧团单位联合公演了《全民共动员》和《原野》。两剧的演出,再次震动了春城,有力地促进了云南进步戏剧运动的发展。⑦ 为了进一步唤醒民众的爱国热情,大学在组织剧团上不断探索创新。例如,同济大学学生在1938年组织了儿童剧团,希望通过儿童天真纯洁的呼喊声,激发民众的爱国情感,扩大和巩固抗日统一战线。在学生的指导下,儿童剧团充分展示了儿童的演出才能和宣

---

① 福建协和大学学生自治会抗建剧团[J]. 抗敌戏剧,1940,2(10):28.
② 推动邵武剧运之先声[J]. 协大周刊,1942,17(1):2.
③ 学生自治会工作报告[J]. 协大周刊,1943,19(4):4.
④ 协大剧团组织[J]. 协大周刊,1944,22(3):2-3.
⑤ 李洁非. 浙江大学西迁纪实[C]. 杭州:国立浙江大学,1939:23.
⑥ 南开最早演新剧是在1906年,1914年设立新剧团。校长张伯苓、严氏子弟以及周恩来都参加过演出,被胡适称为当时中国极好的新剧团。较为有名的剧目有《仇大娘》《一元钱》《恩怨缘》《用非所学》《一念差》《新青年》《外侮》等。
⑦ 南开大学校史编写组. 南开大学校史[M]. 天津:南开大学出版社,1989:304.

传效果,给昆明各界留下了深刻的印象。演出的收入,除支付剧场开支外,全部捐往前线,支援抗战。儿童剧团的组建,不仅有助于儿童接受爱国主义教育,还推动了全民抗战的进程。① 除组织儿童剧团外,同济大学话剧团利用迁校的机会,一路上演出话剧,既动员了群众,又筹集到捐款,学生从中也受到了教育,拉近了学生与群众之间的距离和情感,可谓一举多得。②

(四) 创办抗敌刊物

即使在生死存亡的抗战期间,也有民众不了解抗战的意义和进展状况。"闻一般同胞竟有不明抗战意义者和不知战争究在何处,或有人欲知无法知者"。③ 甚至还有民众认为抗日战争的性质只不过是军阀间的内部争斗,对抗日抱消极态度。淞沪会战期间,上海战线的士兵对民众组织的涣散以及民众抗战冷漠十分失望:民众组织的缺乏使得我们在这次战争中饱受艰辛,我们部队到达的时候,应该援助我们的民众都逃走了,剩下的只是汉奸。④ 1938年,川大学生在德阳县不敢下乡宣传抗战的意义,因为民众认为日本是打不得的,宣传打日本的要挨打。⑤

如何将那些文化水平不同、阶级和地区各异的民众聚合起来成为抗日力量,是决定抗战胜败的关键要素。⑥ 为进一步提升宣传效果,学生自治会通过举办抗敌刊物揭露日本帝国主义的侵略罪行,报道抗日救亡的消息,为全民抗战营造舆论氛围。如厦门大学救国服务团设立出版委员会,于1938年3月编辑出版了《唯力》十日刊。"唯力"的意思是唯有集合全国一切人力、财力、物力,才能打破中华民族的历史难关,赢得抗战的最后胜利。该刊基于党派中立的立场,以"民族生存独立"和"国际正义和平"为最高原则,为中华民族的解放和生存奋斗到底,不受任何妥协离间分子所动摇。⑦ 从刊发的文章看,主要分为民众动员和时事述评两类。在民众动员上,刊发了《民族抗战的心理建设》《动员群众的先决问题》《民族斗争的教育哲学》《给长汀青年的一封信》《战时民众训练课程纲要》《下乡宣传杂感》等。在时事述评方面,刊发了《美积极扩军》《张伯伦的演说》《日本海陆空军的实况》《动荡中的远东风云》《急转直下的欧局》《战时的政治机构》《远东的纠纷》《南北战局》《英美在远东的合作问题》《波兰的命运与我们的世界》等。无论是民众动员,还是战事介绍,这些宣扬民族抗战的理

---

① 翁智远,屠听泉.同济大学史:第一卷[M].上海:同济大学出版社,2007:119.
② 翁智远,屠听泉.同济大学史:第一卷[M].上海:同济大学出版社,2007:113.
③ 学生自治会工作报告[J].甬江,1939(1-2):39-40.
④ 石岛纪之.中国抗日战争史[M].郑玉纯,译.长春:吉林教育出版社,1990:65-66.
⑤ 熊复.熊复文集:第1卷[M].北京:红旗出版社,1992:39.
⑥ 张蓉.论中国现代民众教育思潮的演进历程[J].集美大学学报(教育科学版),2003(3):46-52.
⑦ 厦门大学校史编委会.厦门大学校史[M].厦门:厦门大学出版社,1990:172.

论、政策及各项问题的文章,既重视学术的研究,又注重客观的批评,表现方法有力,十分契合当时社会的需求,以至于发行后很快销售一空,供不应求。因需求量较大,留存部分被索光,出版委员会不得不以照价回收甚至是高价回收的方式向读者征购,结果一本也征求不到。①

试以其中一篇《介绍一个宣传的材料——"打倒日本"歌》文章为例,说明该刊的宣传特点。抗战初期,政府在民众动员上缺乏正确的认识和引导,未能将民众动员视为确保抗战胜利的重要保障。正如当时人所评价:"过去的抗战,我们不能不承认是失败的多,胜利的少,这除了武器不如人外,最大原因就是民众动员做得不够。"②在充分认识到人民群众的抗战作用和无穷力量后,政府开始重视建设民众动员会的组织,以从事教育民众、组织民众进而武装民众等工作。除各级政府重视民众动员工作外,知识分子和学生也积极参与其中。正是在这种背景下,厦门大学学生开始利用自身的优势投入民众动员工作中。在宣传动员初期,学生不了解农村和农民的特点,也缺少有系统、有组织的宣传材料,导致民众听起来索然无味,宣传效力微弱。后来,经过不断地总结反思,学生创作了一首"打倒日本"歌,即"打倒日本,打倒日本;除汉奸,除汉奸;大家武装起来,大家武装起来;救中国,救中国。"(用"are you sleeping"调)③这首歌曲通俗易懂,朗朗上口,没有理论的说教,只有实践的指导,在民众当中深受喜爱,并相互传唱。通俗易懂的背后彰显的是学生对民众抗日意识觉醒的期待和抗日行动的开展,以及对民气沉寂、汉奸环生现象的焦虑与改变。学生希望民众学会这首歌后,至少可以知道三件事:一是日本鬼子可恶;二是汉奸该死;三是中国已经处于危险之中,中国人应救中国。在指导民众传唱的同时,学生辅之以对歌曲进行解释,以达到歌曲与情感、吟唱与爱国相结合的目的。

第一句"打倒日本"——痛斥敌人数年来怎样侵略我们,以及在各地的暴行,唤起民众仇恨日本的心理。

第二句"除汉奸"——指责汉奸在过去怎样祸国殃民,唤起民众自动捕获汉奸,同时保证自己不做汉奸的心理。

第三句"大家武装起来"——说明抗战的需要,唤起民众自动购债,不避征兵的心理。

第四句"救中国"——申说如果中国能做到上列三句的内容,则中国一定可救,反之则要灭亡。④

通过编写歌曲动员民众所获得的经验,学生总结了宣传的秘诀:多用俚语

---

① 救国服务团出版股的一群[J].唯力,1938(3):23.
② 动员民众的先决问题[J].唯力,1938(2):6.
③④ 介绍一个宣传的材料:"打倒日本"歌[J].唯力,1938(2):16-17.

和通俗白话,多举实事,重视例证等。救国服务团举办抗敌刊物实际上是延续了学生自治会在 20 世纪 20 年代末就已经发行反日刊物的传统。1929 年,厦大学生自治会鉴于日本进攻中国益形凶猛,于是召开学生全体大会,并组织反日委员会,专做反日工作,并有演讲队反日特刊。① 除厦门大学外,同济大学学生战时服务团也编印出版了《合流》报 3 期。该刊以宣传国共合作与全民抗战为主旨,发表了毛泽东、宋庆龄、冯玉祥等人的重要文章,对推进抗日救国发挥了舆论引导作用。② 西南联大学生自治会在 1944 年出版了《联大半月刊》和《联大通讯》。除报道学生自治会活动情况外,两份期刊重点刊登教授演讲时事的文章,并由学生购买散发到全国各地,对动员民众抗日也贡献了一份力量。

　　学生自治会开展的抗日救亡活动是一种特殊的社会服务工作,对整合民众思想、激发民众抗战意识具有重要意义。对国民政府来说,学生自治会的这种行为有助于弥补政府力量有限带来的民众动员不足的缺陷,承担起本由政府扮演的"民众教化"的角色。对于学生自治会的这种"出位之举",政府并没有严加限制,而是有序引导,特许学生自治会在一定的限制内参与政治活动。这主要是因为政府和政治机关都是按着平常的组织,在这非常时期是不足应付的。③ 并且,国民政府如果对学生自治会的爱国行为一概厉行禁止,会有损其公众形象。在政府看来,学生自治会开展的抗日活动既能统一学生思想,有效避免学潮发生,又能广泛动员民众积极抗战,还能减少政府开支。为此,政府鼓励各地学生自治会参加社会服务工作,为民众作表率。从中央社会部工作报告中,可以明显看出这一倾向:

　　　　查社会服务为本党今后深入民间争取民众信仰之有效路径,兹为加强中等以上学生自治会之工作,及使其体会总理"人生以服务为目的"之遗训起见,特分函各省市党部,设法策动其所属之学生自治会,参加当地社会服务处所举办之各项工作,借作其他民众之表率。④

　　允许学生自治会参与社会服务事业与抗日活动,虽然会带来一些风险,比如难以有效地控制参与的范围和程度,但是参与性策略具有多重使用功能更为国民政府所看重。由菲利普·塞尔兹尼克发展起来的吸收概念认为,政府把吸收新的成分进入组织的决策机构或领导层的过程,作为转移对组织稳定或生存的各种威胁的工具。学生自治会参与社会服务活动的过程,显然是一种政府吸收新的统治力量的过程,有助于缓解政府的危机和增强自身的合法性。事实

---

① 学生会反日工作之努力:组织委员会发行刊物[J]. 厦大周刊,1929(217):5.
② 翁智远,屠听泉. 同济大学史:第一卷[M]. 上海:同济大学出版社,2007:109.
③ 本大学成立六周年纪念会[J]. 川大周刊,1937,6(9):3.
④ 策动各地学生自治会参加社会服务处工作[J]. 中央党务公报,1940,2(41):19.

上,权力的有效性和稳定性取决于基层社会的赞同与参与,政府的控制能力只有通过扩大相关群体对各项活动的参与度才能获得增强,政治控制的参与化与社会化,是一种能够使没有得到开发的资源和能量释放出来的有效路径。通过学生自治会的有限参与,国民政府可以促进对其环境与群体的控制,并利用学生与群众的忠诚以及自治组织减轻国民政府的负担,使个人认同与集体认同有机融合,从而提升政治系统的合法性与感召力。在学生自治会参与社会服务工作上,学生深表认同,与政府达成了"共识":

> 我们深望青年学生除正常功课之外,利用自治会组织,养成自动自律砥砺互助的团体精神。在抗战期中,青年学生在自治会范围以内,最要紧的是增进实事求是的精神,培养服务社会的能力,切莫再作空谈高喊的一套活动。我们为国家培养真才计,颇望青年学生于自治会成立之后,竭诚团结起来,做些社会服务的工作。然此后学生活动,除集会之外,更应转走另一方面。①

当然,学生的认同与政府的真实意图有所区别。学生参与社会服务是为了培养自己的真才实学,养成实事求是的精神,进而服务抗战。而政府倡导社会服务意不在培养学生的能力,而是通过学生参与社会服务转移学生的注意力,使其成为争取民众信仰的有效工具,达到维护自身统治的目的。

二、平时化——推进校内公共事业

学生自治会在积极开展抗日活动的同时,并没有放弃推进校内公共事业的职责。事实上,作为练习学生自治和维护学生利益的重要组织,学生自治会始终以谋求学生福利为宗旨。在抗日战争的特殊形势下,学生自治会将抗日救国与服务学生有机结合起来,实现了"在抗日救国中服务学生,在服务学生中抗日救国"的良性互动。学生自治会在抗战时期的工作状态可以用抗大的校训来诠释:既严肃紧张,又团结活泼。严肃紧张表现于抗战活动中,团结活泼则体现于校内服务活动中。学生自治会"双管齐下""两手都要硬"的工作格局较好地满足了学生读书与救国的需求,适应了学生多样化的发展需要,成为学生利益的忠实代表。学生自治会主要在提请学校解决问题、开展学术文化活动、举办各类体育活动等方面推进校内公共事业的发展。

(一)提请学校解决问题

作为代表学生利益的自治组织,学生自治会不仅要履行上情下达的职责,

---

① 贡.对学生自治会的期望[J].今日评论,1939,1(23):3.

还要承担下情上达的任务,扮演着学校与学生中间人的角色,构成学校与学生之间的缓冲带。正如四川大学学生自治会学生所说:"自治会是全体同学参加的组织,它一方面传达学校对于同学的意旨,同时又负起推动一切有益同学身心活动和自治工作。"①抗战内迁为学生正常学习生活带来诸多不便,学生反映的问题自然较平时多,具有鲜明的时代性。从学生自治会会议记录来看,学生反映较多的是安全、基本福利以及与抗日相关的问题。比如,1937年9月②和10月③,浙江大学干事会两次提请学校坚固地下室,以保护师生安全,会议议决由自治会主席负责向学校交涉。1941年,国立中正大学干事会举行第六次会议中,议决请求学校当局按月发给战区清贫学生贷金,以济急需。④ 1942年,国立中正大学学生自治会举行第三次代表大会。会议议决每月增加膳费8元,并成立消费合作社,通过请求学校增加贷金名额及金额,并按月拨发贷金。⑤ 在同年的第十次干事会议中,议决开会欢送考取留美空军军官同学。⑥

中央大学学生自治会鉴于学校课程不符抗战的需要,不利于学生抗战实践能力的培养,拟定了一份《中央大学学生战时教育草案》,并建议学校当局采纳。在草案中,学生提出学校课程必须与服务抗战紧密相连,以抗日救亡的主题教育为中心,掌握多种与抗战有关的知识和技术。为帮助学校实行草案,在具体的改革方法上,自治会列举了四点建议:① 暂时停开无助于抗战的课程,或压缩其授课时间;② 增设有助于抗战的课程或延长其授课时间;③ 合并类型相同的课程;④ 聘请校内外专家学者,开办抗战训练班。⑦ 与学校强调的常规教育相比,学生的"抗战"意识更为强烈,显示出战时环境对大学课程改革的深刻影响,大学课程设置与抗战实际和政治需求更加紧密地结合在一起。

学生的提议大多为最基本最迫切的衣食住行与积极抗日方面的要求,尤其是膳食管理,属于马斯洛需要层次论中的低阶需要,其合理性和正当性自不待言。学生基于安全和尊重而提出的建议与前一阶段学生积极参与校政的表现构成鲜明对比,这或许是救亡压倒启蒙背景下学生降低对学校办学和自身的要求,从强势参与转变为理性参与的结果。按理说,学校应该采纳并解决学生的提议。然而,由于大多数学校或经费支绌,或支配不当,或内部意见不统一,导致学生提出的建议未能全部实行。无论最终结果如何,学生自治会始终站在学生的立场上,为学生正常学习生活争取基本权益,真正践行为学生谋

---

① 陈荣澜.国立四川大学学生自治会概况[J].国立四川大学校刊,1944,17(2/3):27-30.
② 学生自治会第一次代表大会会议记录[J].国立浙江大学日刊,1937(238):952-953.
③ 学生自治会第二次代表大会会议记录[J].国立浙江大学日刊,1937(244):975.
④ 学生自治会干事会举行第六次会议[J].国立中正大学校刊,1941,1(22):19.
⑤ 本校学生自治会举行第三次代表大会[J].国立中正大学校刊,1942,2(22):9.
⑥ 本校学生自治会举行第十次干事会议[J].国立中正大学校刊,1942,2(21):10.
⑦ 牛力.罗家伦与国立中央大学[M].南京:南京大学出版社,2015:112.

利的服务宗旨。

学生自治会在为学生谋利的同时,也为自身的发展向学校提出请求,比如增加预算、代收会费等。如1937年,在交通大学唐山工程学院学生自治会干事会第二次大会中,各部部长认为学校修改的预算太少,不能推行各部之工作。议决结果为各部仍按照各部之计划进行,用费不足时仍向校方交涉领取。① 在国立中正大学学生自治会干事会首次会议中,由常务干事向学校当局请求补助,并请求学校总务处替自治会代收会员会费。② 从此层面来看,学生自治会与学校之间的关系逐渐从对抗走向合作,再从合作走向亲密。这也意味着,学生自治会作为学校附属机构的身份日益凸显,而作为学校监察机构的角色逐渐淡化,由此导致自治会批判性、独立性、自主性的减弱。

(二) 开展学术文化活动

作为互相砥砺学行与养成学生自治精神与能力的学生组织,学生自治会是学校"第二课堂"的倡导者、组织者和实施者,担负丰富校园文化的工作职责。恰如广东大学学生自治会所言:"学生自治会对学生课外活动之筹办,自治事务之推行,靡不竭力以赴。"③无论是一般性的工作,还是学生自治会干事会各股的工作,都体现出学生自治会在开展学术文化活动方面所付出的努力以及取得的成绩。与抗战前相比,抗战时期学生自治会举办的学术文化活动呈现出与抗战时势相结合的特点,带有明显的"抗日""救国"色彩。这种安排一方面有利于培养学生的思维能力,活跃校园文化,另一方面有助于学生深入了解抗战的意义和自身的使命,引导学生树立正确的抗战观,具有典型的"活动思政"特征。例如,协大学生自治会既举行有关抗战的辩论会,又举办时事座谈会,政治倾向十分明显。比如,在武汉沦陷前的1938年8月,学生自治会研究股举行了一次题目为"大学生应到武汉参加保卫战"的辩论会,正反双方围绕"到武汉去"还是"到课室去"展开辩论。辩论会邀请到林校长和5位教授担任评判员,可见学生自治会和学校对此类课外活动的重视程度。④ 在时事座谈会中,讨论的题目大多与日本有关,如"日俄战争前的两国关系""欧战前的日俄关系""日本对俄之野心""苏联远东之军备""太平洋大战之分析及其发展之可能性"等。为表示重视,林校长和相关教授同样作为列席顾问参与活动。⑤ 座谈会一般由学生主持,先由相关教授围绕主题报告有关内容,继而进行师生座谈,最后由校

---

① 学生自治会干事会第二次大会记录[J]. 唐大学生,1937,1(1):24-25.
② 学生自治会干事会举行首次会议[J]. 国立中正大学校刊,1941,1(14):11.
③ 本校学生自治会开员生联欢会[J]. 省立广东大学校刊,194(47):2-3.
④ 到武汉去? 到课室去? 学生自治会研究股举行辩论会[J]. 协大周刊,1938,1(7):17.
⑤ 时事座谈会第七八次集会已定[J]. 协大周刊,1938,1(7):17.

长作精警结论。

如果说举办座谈会和辩论会起到的是一种间接的教育启蒙作用,那么纪念青年节和特殊日子则以一种更为直接、更为深刻和更为有效的方式影响学生的内心世界,激发他们的爱国意识,使其担负起抗日救国的责任。1940年5月4日,浙江省立英士大学(新中国成立后并入复旦大学和浙江大学)为纪念青年运动,出版了"青年节纪念号"专刊,刊发了《纪念青年节的意义》《五四运动之检讨》《青年与青年运动》《青年运动在中国》《新青年应该有的新修养》《青年的伟大性》《怎样纪念青年节》等专题文章。正如王如海在青年节献辞中说:"纪念青年节,除了向伟大的革命先烈和先进们致最崇高的敬意外,'耻辱的痛史'是需要我们更大的警惕的。我们时代的青年首先要立下更坚决的雪耻复仇的战斗意志。"①可见,举办青年节的目的不仅在于缅怀革命先辈,更在于激励当下青年,使他们在读书学习的同时,不忘"外抗强权""内除国贼"的任务。基于此,在庆祝青年节方面,学生自治会往往是当仁不让,主动作为。比如,1941年,国立中正大学学生自治会通过排演《黑字二十八》四幕名剧等方式庆祝青年节等。②在纪念特殊日子方面,西南联大在1939年12月9日召开了"一二·九"四周年纪念会。自治会主席报告开会意义后,首先由参加"一二·九"运动的学生报告当时的经过情形,接着由文学院院长冯友兰和法学院教授周炳琳相继演讲"一二·九"的历史价值,最后以全场合唱《义勇军进行曲》结束报告。③

除举办"政治性"的学术文化活动外,学生自治会也开展了一些服务于师生的"一般性"文化活动,常见的有员生联欢会、筹备校庆等。抗战期间,师生流动性较大,为联络新旧员生感情,在每年开学之际,学生自治会一般会举行员生联欢会,以示欢迎。1942年3月,广东大学增聘不少知名教授及添收港澳各级学生,同时该校在全省第十五次运动大会连获15项冠军,为增进师生感情以及热烈祝捷,学生自治会合并举行新旧员生联欢暨运动优胜祝捷大会。联欢会由各院系同学承担戏剧表演,并商请该校学生歌咏团担任世界名曲歌唱。④ 1941年,湖南大学学生自治会为欢迎新校长、新教授和新同学,也举行了一次盛大的迎新会⑤,彰显出自治会对良好师生关系的重视,同时也体现了自治会在举办文化活动中的主导地位。

校庆是学校中的重要仪式之一,具有教育、文化、经济等方面的多重功能,是民国大学展现办学历史与成绩、增强学校凝聚力与影响力以及培育大学精神

---

① 王如海.青年节纪念号:青年节献辞[J].英大周刊,1940(11):1-2.
② 学生自治会筹备庆祝青年节[J].国立中正大学校刊,1941,1(18):11.
③ 陶愚.各校动态:西南联大[J].学生生活,1940,1(3):10.
④ 本校学生自治会开员生联欢会[J].省立广东大学校刊,1942(47):2-3.
⑤ 江友三.会团动态:学生自治会干事会[J].湖南大学期刊,1941(1):267-270.

的重要方式。在抗战期间,举办校庆则更有特殊的内涵和意义。抗战时期,虽然办学艰难,但是多数大学依然延续举办校庆的传统,重视校庆在学生成长和学校发展中的重要激励作用。梅贻琦就多次在校庆典礼上发表讲话,对学校的过去及未来作简单回顾与前瞻,给学校同人及校友一个互相慰勉的机会。在民国大学看来,举办校庆不仅是表面上的学校、校友和在校学生之间的联欢,还是在总结过去成绩的基础上对将来进行展望,以发挥其在大学文化与形象再生产中的功能。时人总结出校庆含有三大意义:以学校立场讲,一则以纪念华露褴褛缔创之艰,二则以启"光前裕后"之意;以校友立场讲,得诸母校教诲之恩,想念母校,不是数典忘祖,而是饮水思源;以同学立场讲,忝列门墙,既值收束残沧蓬勃新兴之候,能不手舞足蹈。① 鉴于校庆意义重重,校长通常委托组织能力较强的学生自治会筹备校庆,而学生自治会对此也十分热衷,不遗余力。1944年,四川大学学生自治会在改选之际,奉校长之命筹备学校13周年校庆。自治会以责无旁贷的使命感,聘请校内热心同学组织校庆筹备委员会,从事校庆筹备工作。② 在清华大学复员后的首度校庆中,学生自治会也积极参与其中,在招待校友、举行音乐会、举办校史文献展览、组织营火会、举行各项比赛、放映电影等方面扮演了重要角色。自治会并借校庆之由,向学校争取到50万元的校庆款。③

(三) 举办各类体育活动

开展体育活动在抗战期间也有着特殊的意义,不仅有助于锻炼学生体魄,还可以为抗战积蓄后备力量。在1938年颁布的《战时各级教育实施方案》(以下简称《方案》)中,武力、经济、文化构成建国三要素,三者之间互为因果,相生相成。而体育以达强身卫国之目的,以充实武力为归宿。《方案》认为体育被当时人所误解,于己不能健其体,于国不能卫其国,体育成为点缀品和消费品。学校开展体育活动的目的在于竞赛,培养运动员的目的在于耀名,失去了体育的真义,自卫卫国的效能更无从谈起。④ 为切实发挥体育的功能,激励学生参与体育活动,方案规定,各级学校学生体育不及格者不得升级或毕业。

鉴于世人对体育的曲解导致个人为弱而病其民族焉有不病与弱的困局,并考虑到学生毕业要求,各校学生自治会体育股和卫生股都积极开展了多种多样的体育活动。常见的项目有篮球赛、足球赛、排球赛、越野赛、武术空拳、爬山、

---

① 陆士雄. 此番校庆含有三大意义[J]. 沪江年刊,1947(30):188.
② 陈荣澜. 国立四川大学学生自治会概况[J]. 国立四川大学校刊,1944,17(2/3):27-30.
③ 复员后首度校庆[J]. 清华周刊,1947(9):1.
④ 中国第二历史档案馆. 中华民国史档案资料汇编:第五辑第二编教育一[M]. 南京:凤凰出版社,2015:19.

游泳以及各类操类活动等。如1938年,厦门大学搬到长汀后不久,就在校庆十七周年纪念日举行体育运动大会。因为新校址没有正规跑道和沙坑,田径赛类就以越野赛跑代替。足球既缺少场地,又没有其他学校作为对手,便在户外草坪画线为门,组成"厦队"和"大队"两队进行比赛。① 其他学校学生自治会主办体育赛事的新闻也是频见报端。如1941年4月,国立中正大学学生自治会举行校内越野赛与院级篮球锦标赛,其中学校代表队可以报名参加篮球赛。② 为了救济义民及慰劳前方作战将士,1941年3月,国立中正大学学生自治会特与社会服务处发起篮球赛义卖,将义卖所得之票价,全部充作救济金及慰劳金使用。③ 学生自治会举办的体育活动,不仅活跃了校园生活,达到了强身健体的效果,还为学生顺利毕业提供了帮助,同时又间接促进了学校所在地体育运动的开展。

抗战时期,南京国民政府既期望学生自治会在动员民众抗日中发挥领袖群伦的表率作用,又极为重视加强对学生自治会的思想引领与组织控制。为避免学生自治会在抗日活动中"荒废学业"与"误入歧途",国民政府始终密切关注学生自治会的动向,通过"战时化"与"平时化"的双轮驱动激发活力的同时又将其控制在"合理区间"运行。具有爱国主义传统的学生自治会在抗战初期基本认同了国民政府战时教育方针,以"战时化"与"平时化"作为开展各项活动的依据和旨趣。基于各自立场的不同,在"战时化"与"平时化"的侧重点上,国民政府和学生自治会体现出了一定的差异性。与国民政府更希望"达成教育本来的目的"相比,学生自治会的"战时"倾向尤为强烈。在政府和大学的有效平衡和相互博弈下,学生自治会妥善处理了"战时化"与"平时化"的辩证关系,既为学生参与战时生活提供了平台,又为正常教育的开展创造了条件,契合了多方的需求。

学生自治会在抗战中体现出的"战时化"与"平时化"的双重取向既是对国民政府教育政策的认同,又是对长期形成的"读书不忘救国,救国不忘读书"传统的继承。法国学者夸克指出:"政治合法性是通过它与认同、规范网络和法律这三个概念的关系来定义的。"④正是基于学生自治会的认同以及对"读书-救国"传统的遵循,国民政府在抗战初期对学生自治会的管控才体现出合法性和有效性,才使得学生自治会与校方和政府之间表现出前所未有的短暂的通力合作,共同构成抗日救国命运共同体。为进一步巩固基层社会政治秩序的建构,国民政府对权力的追逐和专制的偏好再次唤醒了学生自治会的权力意识和斗

---

① 厦门大学校史编委会. 厦门大学校史[M]. 厦门:厦门大学出版社,1990:226.
② 本月内本校举行两种运动比赛[J]. 国立中正大学校刊,1941,1(17):10.
③ 发起篮球赛义卖[J]. 国立中正大学校刊,1941,1(15):11.
④ 让-马克·夸克. 合法性与政治[M]. 佟心平,王远飞,译. 北京:中央编译出版社,2002:2.

争精神。合法的立法来自公共协商,法律规范的正当性应当建立在主体的商谈基础上。抗战后期《规则》的制定既没有经过学生自治会的协商讨论,又因束缚太甚不被自治会认同,其合法性与权威性也就无从谈起。

在驾驭学生自治会方面,国民政府始终未能在"自治"与"他治"之间寻求到平衡点和有效方案,学生自治会也经常逾越"合法"的边界,双方更多的时候是将对方作为对立面看待而不是以合作伙伴相处(如政府强制解散学生自治会与学生自治会抗议政府暴行等)。虽然这种视"你-我"为对手的意识潜藏于我们的视界、自然和文化中[①],但是追求大学善治、倡导民主协商与彰显关系性存在或许是解决两者分歧与实现合作共赢的可能路径。事实上,承认学生自治会具有参与政治生活的权利,并不增加可能会引起矛盾冲突的"资源"[②],反而可能是一种良性的互动,因为明智地分享权力并不等于削弱权力,反而可以多出成果。[③] 如果总体上允许学生自治会在"自治"的理念下有序发展,改变"锚定偏见"为"肯定式探寻",那么对利益相关方都有好处。尤其是对学生来说,学生自治是发展他们人格的唯一方法。[④]

第三节 "两化"方针的内在逻辑及其转向

一、"两化"方针的内在逻辑:互为合理化

有研究者认为,抗战时期的中央大学学生生活既有"战时化"的色彩,也有"平时化"的情境。"战时化"与"平时化"相互交织,共同构成中大学生的生活图景,两者既互为一体,其间也存在张力。[⑤] 中大学生的"两化"特征实为当时大学的一个缩影。抗战时期,学生自治会活动中演绎出"战时化"与"平时化"的双重变奏具有某种历史必然性,是大学独立性与追随国家意志以及挽救民族危机之间相互博弈的产物,一定程度上反映出此前的大学教育偏离了国家政治发展与战时社会生活的轨道。完全"战时化"或"平时化"对政府和学生自治会来说,都是不现实和非理性的选择。如果选择"全员皆兵"模式,实为"无深远见识"之举,青年失学以及能力培养缺失带来的影响将于战后显现。如果依然在象牙塔

---

① 肯尼思·格根.关系性存在:超越自我与共同体[M].杨莉萍,译.上海:上海教育出版社,2017:2.
② 伯顿·克拉克.高等教育新论:多学科的研究[M].王承绪,徐辉,译.杭州:浙江教育出版社,2001:63.
③ 约翰·布鲁贝克.高等教育哲学[M].郑继伟,译.杭州:浙江教育出版社,2001:116.
④ 朱调孙.学生自治与人格的发展[J].东方杂志,1920,17(5):91-94.
⑤ 倪蛟.抗战时期国立中央大学的学生生活[M].南京:南京大学出版社,2017:226.

里"自娱自乐",学生自治会将失去多年来形成的爱国主义传统,势必遭到舆论的攻击和社会的指责。因此,只有在"战时化"和"平时化"之间保持合理的张力,并促成两者的和谐共生,学生自治会才能契合时代的要求,所开展的活动才能具有合法性和正当性。这也意味着,"战时化"与"平时化"之间存在着既相互独立又彼此依存的逻辑关系,呈现出"互为合理化"的特殊景象。

一方面,"战时化"是"平时化"的拓展和延伸。如果没有"平时化"的支撑,"战时化"实为"无源之水无本之木",大学也将矮化为"抗战训练所",失去应有的多重功能。"战时化"实际上是"平时化"的战时状态,战时的活动都可以在"平时化"中找到原型和依据,比如学生自治会有文艺部和演出的经验,才能在组建抗建剧团中应付自如;有学术部和办刊的基础,才能在举办抗敌刊物中游刃有余;有服务部和爱国"好输"(募集物资)的传统,才能在募集抗战物资中有所作为。另一方面,"平时化"是"战时化"的目标和归宿。"战时化"是特殊时期的权宜之计,是非常态化的工作模式,对"平时化"起到的是一种补充和保护作用。正是有"战时化"的倾向,"平时化"在战时才彰显出价值感和合理性,才凸显出大学的发展与民族救亡和时代需求紧密衔接在一起。然而,"战时化"最终还是要服务"平时化",以"平时化"和"为国储才"为归宿。无论是"战时化",还是"平时化",国民政府都力求将其控制在有限范围内。在抗战早期,国民政府较为理性地处理了学生自治会"战时化"和"平时化"的相互关系,但到后期,国民政府逐渐偏离"两化"轨道,对学生自治会的专制统治取代了有序引导。

二、《学生自治会规则》的颁发

抗战的爆发,使得学生自治会向国民政府所希望的方向发展,服务学生需求与组织学生抗战成为学生自治会的主要任务。学生自治会在爱国运动中总体表现得较为保守、温和、持重。随着抗战形势的逐渐好转,为强化学生自治会继续为党国服务的意识,减少进而消除对政府统治的冲击,国民政府及时抓住这一有利时机,从多种层面加大对学生自治会的管控力度。其中,教育部在1943年11月颁布的《学生自治会规则》(以下简称《规则》)以及1947年12月的修正稿是从制度层面加强对学生自治会控制的一个标志性事件。[①] 表面上看,《规则》的颁布是为了充分发扬研究学术风气,助长学生自治精神。[②] 然而实际上,《规则》从服务宗旨、活动范围、指导监督、职员成分、工作内容、职责权限等

[①] 除从制度层面加强对学生自治会的管控外,国民政府还从性质界定层面去除学生自治会的政治含义,规定学生自治会不再属于民众组织,应由教育部全权管理(黄坚立.难展的双翼:中国国民党面对学生运动的困境与决策[M].北京:商务印书馆,2010:133)。

[②] 学生自治会规则修正要点[J].协大校刊,1948,30(1):1.

方面都限制了学生自治会的发展空间,其结果将根本失掉了学生自治的本意。①

事实上,国民政府对学生自治会的控制在抗战初期就凭借各种制度得以实施。虽然有些制度并不是直接以限制学生自治会发展为目的,但是通过对学生思想行为的钳制,间接地束缚了学生自治会的发展。其中,训导制的推行是政府划齐学生思想与行动的重要举措。鉴于放任主义和个人主义泛滥全国并严重侵蚀教育制度②,《战时各级教育实施方案》专门对训育提出要求,指出青年训练以实现三民主义为最高原则,必须有一以贯之的系统与方案。规定各级教育要订定学校训育标准,各级学校应实行导师制。对于学生自治组织,各级学校不仅应指导培养其组织能力,还要采取军事管理模式,以养成遵纪守法及共同生活的习惯。在此背景下,《青年训练大纲》《训育纲要》《中等以上学校导师制纲要》《各校实施导师制应注意各点令》《切实推进导师制办法》《专科以上学校导师制纲要》《学生军事训练实施方案》等"部订"规章制度密集出台。政府试图借助这些制度构建专业参与、全员负责、全程跟踪、全方位监控的训导体系,使校长、导师与家长之间编织一张牢不可破、密不透风的网,严格限制学生思想和个性的发展。

在制度规约下,学生自治会开展工作的独立性和创造性受到影响,校长和训导长掌控着学生自治会发展的权限。1942年,燕京大学学生自治会选出干事会成员和复校典礼筹备会代表后,该会主席杨昭智为征求校方意见及指导起见,专门拜访梅校长和训导委员会主席马季明。梅校长说:"自治会的成立更可促进学校与同学间的密切联系,校方将无时无地不为同学福利着想。"马季明希望学生自治会能与校方学生生活辅导委员会合作,校方并拟设建议箱,收集同学对学校的意见。③ 从两位校领导的谈话中,可以看出校方在对学生自治会工作表示支持的同时,也提出了相关要求,希望其在服务学校发展与谋利学生方面有所作为,以实现学校、学生与学生自治会三方的共赢。学生自治会主席拜见校长和训导长或出于礼节,但也不排除是为了获得校方更多支持的迎合之举。按照《中等以上学校导师制纲要》规定,如果学生两次经导师退训,即由学校除名。此外,导师在学生毕业时要出具训导证书,对学生思想、行为和学业各方面详加考核,考核的结果直接关系到学生升学和就业。鉴于学校掌握着学生(主要是升学与就业)和学生自治会(人事与经费两方面)发展的大权,学生自治会不得不考虑校方的指导意见和权力意志,一般不涉足学校规定的敏感区域。比如,1937年10月,浙江大学学生自治会代表孙士宏提请发起杭市中等以上学

---

① 何必防闲学生活动:评教部修正学生自治会规则[N]. 大公报,1947-12-22(2).
② 中国第二历史档案馆. 中华民国史档案资料汇编:第五辑第二编教育一[M]. 南京:凤凰出版社,2015:213.
③ 燕大学生自治会干事会组成,选出复校典礼筹备会代表[J]. 燕京新闻,1942,9(7):1.

校组织案,被学生自治会代表大会否决。① 从多数学校的学生自治会会议记录来看,很少有违背中央法令和学校管理制度的提议。

与1930年颁布的《大纲》相比,政府对学生自治会的干涉与渗透愈加明显。比如,《大纲》规定学生自治会的目的在于以三民主义精神养成学生自治精神,而《规则》则强调学生自治会根据三民主义培养学生法治精神。1947年,国立山西大学训导长薛赠罗在学生自治会会员大会上致辞,就要求学生自治会应本自治会章程,注重培养法治精神。② 可见,在价值优先性上,自治已让位于法治,学生自治会以培养学生法治精神而不是自治精神作为自身存在的合法性依据。将学生言行纳入法治轨道,弱化自治要求,无疑有助于政府和学校对学生的约束;在指导监督上,《大纲》并没有说明校长和训导人员的职责,而《规则》则明确规定校长和主管训育人员需要承担指挥监督的责任;在学生自治会组织成立上,《大纲》尚未界定学校在其中的角色,而《规则》则指出学生自治会应由学校训导处或教导处指定每年级或每院系学生2~3人先成立筹备会,再由筹备会负责自治会成立的相关事宜;在职员成分上,1930年颁布的《学生自治会组织大纲施行细则》规定会员名册须载明"是否国民党党员"事项。在《规则》中,则改为"是否中国国民党党员或三民主义青年团团员";在机构设置上,理事会分设了"风纪部",负责纠正学生出格行为。此外,《规则》增加了对理事、总干事解任与学生自治会解散的条款。种种修改及新增之处充分显示出国民政府企图消解学生自治会的自治精神,将其改造为学校管理机构中的一部分,严格控制自治会的各项活动。

需要提及的是,《规则》只字未提"抗战"一事,可知在政府的观念中,"抗战"已不是学生自治会的重要职责,依法治会、服务学校与听从指挥应成为自治会的核心价值观。1944年7月,国立中央大学学生自治会学艺部为纪念29周年校庆出版了《国立中央大学概况》。在介绍学生自治会近况时,称学生自治会的三大目标为:外争学校荣誉、内谋学生福利、中求学校团结。③ 三大目标表明,"抗战"并非学生自治会分内之事。《规则》的实施,实际上标志着"两化"方针已被"规训化"和"法治化"的"新两化"策略所取代。

教育部以"民主的名义"极力掩饰压制学生自治会发展的真实意图,并没有获得学生、学校及社会的认同,不仅未被实施对象所接受,反而群起而攻之。即使义正词严地为自己辩护,也未能博得理解之"同情"。作为一项不被认同的法令,《规则》并没有使学生自治会就范。在民族危机之际,任何想阻止学生自治

---

① 学生自治会第三次代表会会议记录[J].国立浙江大学日刊,1937(252):1004.
② 学生自治会:薛训导长讲注重培养法治精神[J].山西大学校刊,1947,4(5):13.
③ 国立中央大学卅四届学生自治会学艺部.国立中央大学概况:二十九周年校庆纪念[C].国立中央大学学生自治会,1944:103-104.

会抗日救亡行为的逆行都将失去效力,不攻自破。相反,只有做到两个顺应,即"顺应民意"与"顺应历史",制定的政策和制度才能得到大多数社会成员的认同和拥护,才能具有合法性、生命力与可持续性,否则将会失效与流产。《规则》颁布后,学生自治会大多没有遵照法令行事,《规则》成为一纸空文,形同虚设。比如,1944年,西南联大学生自治会与云大、中法和英专等学校联合举行了护国纪念游行。此次游行是皖南事变后昆明学生首次上街游行,影响深远。1945年五四前夕,自治会以全体学生名义发表"对国是意见的宣言",成为大后方大学生对国是问题发表政见的先声。为扩大民主运动的影响,学生自治会组织开展了五四纪念周活动,安排了诸多带有民主色彩的纪念节目,如青年运动座谈会、五四纪念大会、诗歌朗诵晚会、群众游行等。学校训导处为阻止学生参与纪念活动,竟然用赠送戏票的伎俩分散学生的注意力。自治会识破阴谋后,将戏票收集起来,赠送给附近贫困的百姓和士兵。在之后的"一二·一"运动中,自治会更成为领导学生开展反内战、争民主斗争的核心力量。[①] 正如联大被称为"大后方的民主堡垒",联大学生自治会则是民主堡垒中的中坚力量。除联大外,"一二·一"运动后,中国共产党支部领导了交通大学学生自治会的改选,使自治会更具广泛的群众性和代表性,开展了多种福利性和学术性活动,巩固和加强了与群众的联系。[②] 可见,学生自治会并未将自己局限于校内,而是以国家与民族利益为导向,以追求民主与和平为目标,以斗争与联合为方式,以广泛动员群众为内容,积极开展各项校内外活动。

[①] 南开大学校史编写组.南开大学校史[M].天津:南开大学出版社,1989:307.
[②] 上海交通大学校志编纂委员会.上海交通大学志[M].上海:上海交通大学出版社,1996:785.

第六章 学生自治会的进步化与第二条战线(1946—1949)

缘起于政治运动的学生自治会,对国际国内政治形势的变化极为敏感。任何一个关系国家生存、民族尊严和自身利益的事件,都牵动着学生自治会的神经。学生自治会具有的政治敏锐性,为了解时代动向提供了一个晴雨表与风向标,从中可以反观政治局势和社会心态的演变。抗战还未结束,内战的阴云已密布全国。抗战结束后,国内政治态势更是变幻莫测,白色恐怖充斥校园。学生还沉醉在胜利的欢庆之中,就被反动势力推向"反内战、争民主"的前沿阵地。国民政府的专制统治与强力整合最终使学生自治会走向了抗暴争权道路,他们直接领导了抗暴运动、"五二〇"运动等一系列爱国民主运动,构成反对蒋介石反动政府的第二条战线。在革命高涨的背景下,这一时期学生自治会以推动学运作为重要职责,以学运为主流和中心安排日常工作,积极投身于民族解放斗争。[①] 与此同时,学生自治会在完善自身、服务学生与团结师生等方面也开展了一些卓有成效的创造性活动。

第一节 学生自治会与民主运动

抗战时期,学生自治会在抗日救亡中开展了大量工作,成为反对日本侵略的第二条战线。抗战结束后,全面内战的爆发,促使学生自治会从抗战中的第二条战线转变为解放战争中的第二条战线。同样是第二条战线,其性质、意义和目标完全不同。抗日战争中的第二条战线是学生自治会主动为之,是亡国灭种危机下自治会责无旁贷的使命。而解放战争中的第二条战线是学生自治会

---

① 清华校友总会《清华校友通讯》编辑部. 1946—1948 清华大学学生自治会点睛谱[Z]. 北京:清华园胶印厂,2008:23.

被迫为之,是国民党反动势力逼迫下自治会抗暴争权的结果。时任《大公报》总编辑的王芸生认为:"五四运动是外交失败引起的,那场面是雄壮、可敬的。今天的学潮,在全国悲苦的情况下发生,情景是悲凄、可泣的。"①

清华自治会在《为反饥饿反内战罢课宣言》中高呼:"我们要生存,不能活活饿死。抗战八年,我们忍受了苦难与饥饿,为的是争取胜利后的和平与温暖,没想到胜利后两年,我们不仅没有迎来和平,反而更加陷入了饥饿的困境。"学生是在不得已的情况下,才采取罢课游行的方式争取自身的基本权益。"历年之学潮,其最受牺牲者厥为学生,轻则旷误学业,辜负光阴,重则酿成惨案,丧失生命。这是由于学生受环境的驱逼,借学潮以寻求其物质生活的出路。"②组织学运本身对学生来说并无"好处"(除为争取自身利益而为之),事实上,不仅没有"好处",还会惹来很多"麻烦",是学生最大的牺牲。但是为了物质上和精神上的出路,学生不得不在发动学运上负重前行。正如一代青年有着一代青年的历史使命,不同时代的学生自治会也有着不同的历史担当,他们以非常态的工作模式,冒着被解散甚至牺牲同学的风险,在抗暴争权和民族解放事业等方面谱写了壮丽篇章。解放战争时期,学生自治会领导了一个又一个爱国学生运动,有力地动摇了国民政府的统治,其中1946年12月的"抗暴运动"和1947年5月的"反饥饿、反内战"运动影响较大,具有重要的历史意义。

一、北大沈崇事件与抗暴运动

沉寂十年的北平因一名北大女生被美军侮辱而再次觉醒。1946年12月24日,北大先修班女生沈崇在东单广场被美军强暴,点燃了学生抗议美军在华暴行的怒火。短短十几天内,全国参加游行的学生总计17万余人,几乎每个省会的学生都参与了抗暴运动,其影响力可与"五四""一二·九"相媲美。③诚如清华大学学生自治会负责人所言,抗暴运动实为北平古城沉寂十年后的一声惊雷,是北平各大学复员后参加的首场大战,拉开了学运的序幕。④

沈崇事件传开后持续在北大发酵,北平各大学学生自治会也紧急讨论行动方案,组织同学分头与校领导、教授、报馆及兄弟院校联系,以寻求支援和扩大影响。12月28日,北大因校址分散等原因,派学生代表与清华学生自治会取得联络,希望清华学生率先发动罢课以带动其他学校抗议。据中共北平学生工作委员会书记处书记佘涤清回忆:"清华的进步力量占优势,又有全校统一的学生

---

① 王学珍,郭建荣.北京大学史料:第四卷 1946—1948[M].北京:北京大学出版社,2000:980.
② 天行.学潮与出路[J].东方杂志,1932,29(6):1-3.
③ 抗暴运动如火如荼:全国学生纷起举行爱国游行示威[J].时代文摘,1947,1(4):21-24.
④ 清华校友总会《清华校友通讯》编辑部.1946—1948清华大学学生自治会点睛谱[Z].北京:清华园胶印厂,2008:22.

自治会，应由清华这个公开合法最具权威的组织，多出面串联各校，多做些工作。"①

鉴于沈崇事件是对中国学生界莫大的侮辱，清华学生自治会立即采取行动，通过发表罢课与抗暴宣言、成立罢课委员会等方式广泛动员学生抗议暴行，声援北大。清华学生自治会不仅组织学生罢课，还请求教授会支持学生的正义行动，罢教一天以示抗议。②为进一步动员全国学生抗议美军暴行，北大和清华学生自治会先后发表《告全国同学书》。北大全体同学抗议美军暴行大会并通过致函蒋介石、美国人民、马歇尔特使与司徒雷登大使以及联合国大会，控诉驻华美军侵害中国人民生命安全的种种罪行，以寻求各界支持。在《告全国同学书》中，两校均对美方提出三点要求：一是严惩肇事祸首；二是美军当局公开道歉；三是立即撤出中国。学生在对美方提出抗议的同时，还揭露出美军在中国的横行是因为国民政府的"奴才外交"所导致，披露了暴行背后存在的深层次政治和社会因素。清华学生自治会指出：

> 美军的恣意妄为完全是由于政府无意实行民主政治，企图扩大内战，而陷于人民于水深火热之中。也由于我们的政府没有独立的外交政策，一切唯美是瞻，一切依赖美国，不图自力更生所招致的结果。③

北京大学全体学生同样指出：

> 我们受到的待遇甚至比殖民地还不如。美军无穷尽的兽性暴行，并不是单个的事件，而是一连串的对中国人民的压迫，我们不能认为这是由于个别美军的纪律不良所致，而是一个根本的问题。④

这也是"沈崇事件"从一个法律问题上升到政治事件的关键所在。在当时别有用心的某些人看来，沈崇事件纯属私人行为和法律问题，不应以此为借口，损害中美两国之间的友谊。例如，北平行辕负责人在报纸上发表谈话："酒后失检，各国均所难免。"教育部常务次长田培林认为，此不幸事件发生在校外，属于当地治安问题。重庆蜀都中学董事长周均时高呼："我们需要兴国，美军暴行是件小事，我们不要小题大做。我们要限制学运，如果学生不听劝导而乱动，我们

---

① 中国人民政治协商会议北京市委员会文史资料研究委员会.北平地下党斗争史料[M].北京：北京出版社,1988：274-275.
② 清华大学校史研究室.清华大学史料选编：第四卷[M].北京：清华大学出版社,1994：575.
③ 清华校友总会《清华校友通讯》编辑部.1946—1948清华大学学生自治会点睛谱[Z].北京：清华园胶印厂,2008：26.
④ 王学珍,郭建荣.北京大学史料：第四卷 1946—1948[M].北京：北京大学出版社,2000：951.

就用野蛮的方法制止。"甚至连北大训导长陈雪屏①也冷言冷语地说："沈崇可能不是北大的学生,同学们为何如此激愤?"对这些颠倒是非黑白的言论,北大壁报一一驳斥,毫不留情揭示他们粉饰太平,为美军开脱罪责的丑陋嘴脸,痛骂他们是没良心的东西,没心性的党棍子。②

大学教授们也加入了抗暴队伍,发出正义的呼声,声援学生的爱国行为,要求美方撤回驻军。武汉大学法学教授韩德培对官方的误导进行了批驳:

> 说这个问题是法律问题的,都是"大事化小,小事化了"的无耻看法,说要求美军立即退出中国的口号是共产党先提出来的,我们不能附和,这种看法完全错误。假使共产党说,我们是"人",难道我们还是狗不成。③

在学生自治会内部,也有为美军辩护的"败类"。暴行发生后,既是复旦大学学生自治会主席,又是三青团复旦干事兼书记的苏长庚,连忙组织同学张贴"反对苏军暴行"的抗议书,以分散学生的注意力。并以"学生自治会"的名义,贴出大幅"昭示",把美军暴行看作"纯属法律问题",劝告同学"以国家、学校、学业为重""力求沉着,免生意外"。此事一出,许多复旦同学认为苏长庚之流已经"没有中国人的良心了。"④一些"不知情"的美国人也认为中国学生通过罢课游行抗议暴行是小题大做。他们不能理解为什么一个普通的强奸案会激起如此剧烈的自发的群众运动来反对一个曾经并不算吝啬地帮助中国取得抗日胜利的友邦,而且这个友邦迄今还在援助中国的战后复员和建设。⑤ 美国人的这种"不理解"显然与胡适等人认为此案是一个法律问题有着密切关联。作为案件发生时的北大校长,胡适旁听了审判经过。他认定此案为法律问题,不应当牵涉国际政治问题。学生以罢课游行为手段抗议美军,似属不智。⑥ 胡适对案件性质的判定无疑会影响舆论的导向,误导民众了解事实的真相。然而,胡适忽略此案的政治性与社会性,仅仅显示出他对中国政局和中国道德观念的无知。⑦ 事实上,当学生们在 20 世纪 40 年代后期因政治动荡不安变得越来越激进时,胡适则站在政府当局一边指责他们,虽然他也承认学生的抗议行为是关心国事的表现。⑧爱国学生对胡适的冷血言论予以斥责,指出这是"最狡猾也最糊涂的,

---

① 陈雪屏为国民党反共分子,当时在北大安插了一批特务,学生的一举一动都受到严密监视,寝室中有几个人在一起讲话,都有人偷听(萧超然,等.北京大学校史[M].北京:北京大学出版社,1988:418)。
②③ 抗暴运动如火如荼:全国学生纷起举行爱国游行示威[J].时代文摘,1947,1(4):21-24.
④ 复旦大学校史编写组.复旦大学志:第一卷 1905—1949[M].上海:复旦大学出版社,1985:184.
⑤⑦ 公彦.一个美国人看:中国学生抗暴运动[J].文萃,1947,2(15/16):15-20.
⑥ 萧超然,等.北京大学校史[M].北京:北京大学出版社,1988:421.
⑧ 周明之.胡适与中国现代知识分子的选择[M].雷颐,译.桂林:广西师范大学出版社,2005:154.

是企图以消防员的姿态出来扑灭民族正义之火。"①一位西方观察家指出:"那些曾经留美的学者和政治家,例如胡适,在美国人的心目中,认为是可受尊敬的自由分子,在中国人的心目中,不见得就认为需要,这许多人在国内可能是闻名遐迩,但老百姓对于他们却仍然陌生。"②这种反差显然是由于受过西方训练的知识分子对美国政策的过度辩护以及对暴行的温和批评所致,以至于"有些在美国颇受人敬重的受过美国教育的学者,在中国学生的眼中却看得很低。学生骚动的不时发生,即是一种象征的说明。"③用学生的话来说,胡适的举止言行"像个长着中国人的身子美国人的头的人"④。

与政府官员与大学行政人员相比,普通教授在沈崇事件中更加表现出知识分子维护社会正义与民族尊严的风骨。除上述提到的武汉大学外,北大、清华、重大、复旦、燕京等大学教授,或以个人名义,或以联名方式发表宣言,抗议美军暴行。12月30日,北大周炳琳、沈从文、朱光潜等48位教授联名去信美国驻华大使司徒雷登,强烈谴责美军对中国学生的侮辱。清华的吴晗、朱自清等教授对学生正义的行动也表示支持。1947年元旦,复旦大学方令孺、周予同、周谷城、蔡尚思、马寅初等37位教授发表《正告美国政府的意见书》,指出美国逐渐背离了战时较为正确的友好政策,揭露美国把中国当成殖民地的事实,认为中国学生的抗暴行动,"按之正义与政治上之需要,均甚正确,应予声援"。⑤众多教授的参与,既深入推动了抗暴运动的发展,又在一定程度上保护了学生。虽然学生提出的三点要求最终没有完全实现,但是通过抗暴运动,有力地打击了美军的嚣张气焰,展示了学生及其组织的凝聚力和战斗力,标志着蒋管区人民斗争的新高涨,成为解放战争时期北平学生运动的转折点。此次运动也促进了北大、清华、燕京等学校进步力量的发展,并逐步在学生自治会中占据优势,为后来组建华北学联和全国学联打下了基础。

二、反饥饿反内战与"五二〇"运动

如果说,学生自治会领导的抗暴运动具有一定的偶然性,那么,"反饥饿、反内战"运动则是学生自治会有计划、有准备发动的一场斗争,是生活斗争与政治斗争相互交融到一定程度又汇聚成为全面性的政治斗争。⑥内战爆发,物价飞

---

① 萧超然,等.北京大学校史[M].北京:北京大学出版社,1988:421.
②③ Canning C J.中国的自由主义者能做些什么[J].民意,1948,1(11):3-4.
④ 格里德.胡适与中国的文艺复兴:中国革命中的自由主义 1917—1937[M].鲁奇,译.南京:江苏人民出版社,2005:259.
⑤ 复旦大学校史编写组.复旦大学志:第一卷 1905—1949[M].上海:复旦大学出版社,1985:186.
⑥ 中共上海市委党史资料征集委员会.解放战争时期的中共中央上海局[M].上海:学林出版社,1989:365.

涨,蒋管区陷入严重的经济危机之中。到 1947 年 5 月,物价比战前上涨了 6 万倍。在 1937 年能买两头牛的法币 100 元,到 1947 年只能买到三分之一盒火柴。大众的收入远远落后于物价水平,人民挣扎在饥饿与死亡线上,即使是国家公教人员也沦于匮乏:

> 职等服务学校,薄俸不足维持生活已非一日。而近来国内市场混乱,物价高涨,北平尤甚。处此米珠薪桂之境,职等捉襟见肘,势将沦于匮乏。无衣无食,何以从公? 言念政府曾一再宣示教育为国家百年树人之大计,岂能置公教人员生活于度外。特恳请钧长代呈政府当局迅照现实物价指数,调整公教人员生活待遇,俾能略具薪水之资,勉襄国策,使国家得收养士育才之效。①

这是 1947 年 5 月 11 日清华教职工呈梅校长书中的内容。生活极度贫困的教职工不得不恳求校长转请政府当局调整待遇,以维持正常生活与教育秩序。除签呈校长转请政府调整外,清华教职工向教授会呼吁,请求为其声援。

> 同人等为国家教育前途设想,亦为自身及家属生活计,何能自甘缄默? 惟是调整待遇应随时按现实物价指数办理,否则即失保障生活之义。残喘苟延,前车可鉴;教育停顿,为祸实多。为此同人向贵会呼吁,请以一致要求为其声援。如所请未获圆满解决,则唯有共同采取有效抗议,促其实现。②

清华教职工致函校长与教授会的行为对政府来说既是一种请求,也是向其施压,以催促政府尽快采取措施保障公教人员的正常生活开支。在北平公教人员发起签名运动之前,南京、山东、河南、武汉等地的大学教授已通过罢课方式要求调整待遇。如 5 月 6 日,中央大学教授会通过《要求提高教育经费,改善教员待遇宣言》,提出增加教育经费、公教人员薪俸按物价指数发放、提高教授薪额、不得挪用教育文化经费等五项要求。

有薪俸的公教人员皆处于饥饿的边缘,普通学生生活之艰辛就更可想而知。据清华学生回忆,"五二〇"运动前夕,清华米饭膳团饭费由 4 月份的 7 万元涨到 5 月份的 13 万元。而当时获得全公费资格的学生国家每月才拨款 2.4 万元,并且本月的费用经常拖到下个月才拨付。至于自费生则更是无力承担饭费。"卖尽身边物,暂充腹中饥""内战声高,公费日少,今日丝糕,明日啃草""饥

---

① 清华校友总会《清华校友通讯》编辑部. 1946—1948 清华大学学生自治会点睛谱[Z]. 北京:清华园胶印厂,2008:36.
② 清华校友总会《清华校友通讯》编辑部. 1946—1948 清华大学学生自治会点睛谱[Z]. 北京:清华园胶印厂,2008:37.

饿事大,读书事小""我们要活的自由""反内战,求活命""内战不止,人民饿死"①,反映学生生计窘迫的标语在清华大学饭厅前、壁报上随处可见。北京大学膳团在1947年上半年开学后,先食米饭,后改馒首,再吃丝糕,膳食标准每况愈下。到5月5日起,丝糕、白开水、青菜成为学生的标准餐,完全素食。在领袖群伦的中央大学,学生伙食团于5月10日召开席长会共商对策,会上提出增加副食费、动用尚存膳费、吃光膳费绝食游行三点建议。在"求知"成为一个难题的时候,学生更面临"求生存"的严峻考验。饥饿迫使学生不再沉默,他们通过组织反饥饿反内战罢课等活动,既为自己争权,又为社会立言。

1947年5月12日,为提高公费并声援教授会,中央大学学生自治会议决罢课并举行集体游行。5月14日,清华五分之一以上同学签名,请求召开系级代表会讨论增加公费、改善生活等问题。学生自治会常驻会根据章程规定,于15日晚召开代表会。九十余位出席代表一致认为,内战是经济崩溃的根源,免于饥饿的关键在于停止内战。当局武力统一政策不放弃,饥饿将永远追随着人民。会议议决17日罢课一天,抗议政府武力统一政策,而置各校师生生活于不顾,并授权理事会草拟各项宣言电文,同时组织"反饥饿反内战罢课委员会"负责宣传事宜。②16日,理事会又因全校二分之一以上同学签名要求延长罢课时间,特通告全体同学自17日至19日,罢课三天。③为获得本校教师及外校支持,17日,清华学生自治会在《清华周刊》复刊第13期刊登《为反饥饿反内战罢课宣言》。18日,清华大学反内战反饥饿罢课抗议委员会在罢课特刊第一号公布《告同学书》。在宣告中,学生自治会呼吁政府要解决人民吃饭问题,提高学生公费;依据协定,停止内战;放弃武装统一政策;组建联合政府。清华学生的严正行动得到了清华教授的支持。截至17日下午,已有包括钱伟长在内的81名教职员发起签名愿与学生一起为争取和平民主而努力。清华罢课后,也迅速得到燕京、北大、中法等大学的响应。5月18日,北大学生议决自5月19日起,暂行罢课3天,开展反内战、反饥饿运动,并希望师长同情支持。5月18日,清华、北大、北洋等校学生在向市民宣传过程中,遭到"军服青年"围殴,史称"五一八"血案。当日晚,北大、清华、南开、北洋等校决定成立"华北区各院校声援'五一八'血案后援会",向北平行辕提出抗议并慰问受伤学生,同时就提高学生与公教人员待遇、结束内战与实现民主政治、改善工人生活与减除农民痛苦等提出九项要求。学生不仅基于自身利益与民主政治向政府提出诉求,而且对改善教师待遇与劳苦大众的生活也给予了关注。这表明学生运动与满足其他群体

---

① 中共北京市委党史研究室.北京革命史回忆录:第四辑[M].北京:北京出版社,1992:212-232.
② 反内战,求活命:清华大学罢课一日[J].清华周刊,1947(13):3.
③ 清华校友总会《清华校友通讯》编辑部.1946—1948清华大学学生自治会点睛谱[Z].北京:清华园胶印厂,2008:37.

的实际需求逐渐相结合,注意自下而上地组织群众参与斗争,共同构筑"反内战、反饥饿"统一战线。

5月18日,中央大学系科代表大会通电全国,决定在20日国民参政会开幕之际,请愿游行。5月20日,一场由学生自治会主导并波及京沪苏杭等地大学的"反内战、反饥饿"运动正式拉开帷幕。其中,中央大学学生在游行过程中与军警发生冲突,学生受伤百余人,被捕28人,北洋、清华与北大也有学生在游行时也被打,其中清华学生失踪一人。学生与军警的冲突造成了轰动全国的"五二〇惨案"。也正是在"五二〇"运动后,毛泽东提出了学生运动是反对蒋介石政府的第二条战线的著名论断。

无论是抗暴运动,还是"五二〇"运动,抑或其他示威活动,全国范围内的学生自治会抗议活动的根本动机都是一致的。学生自治会的要求主要集中在三个方面:一是立即停止内战;二是美军撤出中国并结束对国民党的支持;三是调整财政支出结构,把财政支出从以军事为重点转到以民用为重点上来。国民政府不仅拒绝承认学生自治会抗议的合法性和要求的正当性,还把抗议活动当作中共地下党员的一种诡计。由于这种错误判断以及由此产生的镇压,最终只得背上公众对军事冲突的谴责这个更为沉重负担的,正是国民政府而不是共产党。①

学生自治会在这一时期领导的学生运动体现出了不同以往的一些特点,如坚持有理、有利、有节的原则,政治斗争与日常服务工作相结合,争取中间群众与教授的支持,注意利用国民党内部矛盾,自下而上发动群众等。这些特点的形成与中国共产党的地下领导密不可分。抗战胜利后,在中国共产党的指导下,学生中的进步力量逐渐掌握学生自治会的领导权。与国民党员学生把持的学生自治会不屑于为学生服务而专门打击进步舆论与活动不同,进步力量主导的学生自治会不仅注重学生运动的开展,更关心广大同学和普通群众的切身利益,做到了政治功能与服务功能的统一。学生自治会双重功能的定位使其在组织学生运动中能够争取到一切能争取的力量,有效避免了与普通学生和劳苦大众相脱离的弊端,使得各项工作的开展有着坚实的群众基础。这也标志着由学生自治会领导的学生运动步入争取民主的第二阶段——从要求政府实行民主而转入和人民力量结合争取民主的新阶段。②

---

① 费正清,费维恺.剑桥中华民国史:下卷[M].刘敬坤,等译.北京:中国社会科学出版社,2016:743.
② 清华大学校史研究室.清华大学史料选编:第四卷[M].北京:清华大学出版社,1994:629.

第二节　学运背景下的政府治理

历史具有重复性,风起云涌的学生运动再次成为政府管控学生团体的棘手问题,而学生自治会无疑是领导学生运动的核心力量。如何限制学生自治会在组织学生运动中的权力,是国民政府在这一时期控制学生自治会的重点。

一、《学生自治会规则》的修正

抗战结束以后,多次爆发的学生运动意味着 1943 年颁布的《学生自治会规则》形同虚设。为此,教育部不得不对"规则"进行修正以适应政治形势的需要。为增强修正规则的合法性与正当性,教育部一方面指出当时学生自治会存在诸多问题,亟须整改,比如自治会选举时不免铺张,"奔走拉票,日夜宣传,请客动辄钜万,荒废学业,靡费金钱"。另一方面,教育部召集大专训导人员,对学生自治会规程的条文逐条详加研讨。① 对此,有人回应说:

> 近年自治会选举,奔走宣传很够热闹。然而,这毕竟不失为一番好气象,谁愿见学校似死水一般的沉寂?而且拉票宣传毕竟比"奉谕圈定"办法,近于民主的作风。说荒废学业吗?须知大多数学生对于团体活动和团体利益感兴趣,实在是好现象,拿一些时间献给公众,才可维系一个好的团体生活。训令又说,"竞选团体作政争工具","受校外利用"。事诚有之,然而这正说明党派退出学校之万不可缓。②

显然,这种民主式竞选不利于政府当局控制自治会选举的结果,荒废学业、靡费金钱之说只是政府修正规则的借口。修正稿主要调整了四个方面的内容③,表面上是希望学生自治会能在学术研究方面有所成就,培养学生自治精神,但本质上是为了防止中国共产党对自治会的领导与利用。

在学生看来,《规则》的颁布和修正,是对自治精神的践踏和人权的否定,是为实施奴化教育服务的。如果承认《规则》,学生自治会无疑会变成"他治会""官治会",学生自治会也将在政府和学校的严密监控下难以正常开展工作,最终丧失自治精神和存在价值。正如当时的社评所认为,《规则》及其修正在文字

---

① 教部召集大专训导人员讨论培养研究风气[N]. 和平日报,1947-10-06(3).
② 论学生自治会竞选[N]. 大公报(天津),1947-11-16(3).
③ 修正要点有四:一是删除原第七条是否中国国民党党员或三民主义青年团团员一款;二是废除间接选举制,改用直接选举制;三是按照各校人数比例,放宽理事名额;四是理事应选举操行学业成绩优良而有领导能力者充之(中大系科会反对学生自治会规则[N]. 中央日报,1947-12-24(4))。

和精神上都充满了防闲的意味。①

　　束缚太甚的《规则》不仅引起了学生的强烈反对,一些大学校长和新闻媒介也认为不符学校实际而加以调整。北大校长胡适曾向学生公开说明《规则》的不适用,并说将参酌学生意见,重订一套规则。②《大公报》在12月22日发表社评,认为这一整套规则,全文精神所注,显然以防闲学生活动为其中心意旨。从中可以测知当局干涉学生活动乃至统制全盘教育的风向气候。并指出,《规则》不仅违背了学生自治的本意,也因其与学校生活现实相离太远,可能导致《规则》成为具文。即使强迫生效,学校也将弄得如死水,如墟墓,热情而富有活力的青年个个变得暮气充盈,若将就木。为此,建议当局对学生过问政治、抗议现实的表现要采取引导的措施,如大禹治水,宜导而不宜湮,不必防,也不能防。对于自治会章程,也不必由教部作硬性规定,不妨授权于各校当局,博采舆情,斟酌制定,无取乎假此为钳制学生课外活动的工具。③

　　对于《大公报》"似未认真查考"而提出的批评,教育部于12月31日在《中央日报》上撰文进行批驳。文章首先对学生自治会相关法令进行了回顾:1930年中央就颁布了《学生自治会组织大纲》。1935年后,停止实施。考虑到学生自治会可以训练学生学习民主,培养自治能力,教育部在1943年重新颁发《学生自治会规则》。1947年后,因行宪在即,原《规则》有不合时宜之处,如当选理事须呈报其是否为党员或团员,以及代表大会代替会员大会等,均有修正必要才予以修正。其次,教育部对《大公报》若干评论进行反驳,比如《大公报》认为学生自治会"不得参加校外各种团体活动"的规定实际上是将其局限于狭窄的领域里。教育部对此解释为:学生自治会为学生的组织,学生的身份是从学校得来的。离开学校,即非学生,如果准许自治会参加校外团体活动,即与普通民众团体没有区别,应由社会部主管。而其章则,也不应由教育部制定。再如"理事应选举操行学业成绩优良而有领导能力者充之"的规定,实为民主极则。对此,教育部讽刺地说:"素以开明著称的大公报,当不主张学行低劣者当选为任何职员也。"至于《大公报》其他的错误评论,教育部指出大多是因为没有认真查看之前颁发的法令,以意推测,才认为是目前新创之举。④

　　教育部为自己的辩护并没有改变学生自治会对新《规则》的抵制态度。1948年3月20日,清华大学鄙弃了钦定的新《规则》,通过系级推选代表为主、社团为辅,联合推荐候选人,经竞选后普选产生。清华大学在全国学生的支持下,率先完成了新自治会的改选。由于系级工作得到加强,学生参与自治会的投票率也达到历史新高,从60%提高到80%,当选理事的最高票数从438提高

---

①②③ 何必防闲学生活动:评教部修正学生自治会规则[N].大公报,1947-12-22(2).
④ 学生自治会规则教育部再加阐述[N].中央日报,1947-12-31(4).

到1333票。① 显然,学生并未因新规的束缚而降低对自治会的参与度。相反,经过历届自治会和同济事件的教训,学生们认识到,一个健全有凝聚力的自治会不仅可以增进学生的康乐福利,而且将是今后保卫自己、争取民主的行动中必要的组织者和领导者。②

二、进步力量的持续影响与国民政府的无效防范

国民政府不仅从制度上限制进步力量参与学生自治会活动,还采取强制解散的手段剥夺自治会的合法性。1946年3月,西北联大一千余名学生因反对学校当局不准成立学生自治会及非法开除四个学生代表,曾全体罢课。直至3月底,校方仍然坚持必须解散学生自动成立的自治会,除非在校方监督下改选才予承认。校方企图利用改选机会,使校内国民党特务党团把持自治会。自治会学生委曲求全,当即正式举行改选,结果国民党特务党团大败,当选代表仍多为原人。校方恼羞成怒,强压立即解散。刘校长公开恐吓学生:"如不自动解散自治会,并立即复课,则马上停发贷金,然后解散学校。"全校同学对校长的无耻之举极为愤怒,于四月初爆发驱刘运动。刘逃至城固中国银行,电请教育部下令解散联大。教育部竟准许所请,下令"少闹少开除,多闹多开除,全体闹则全体解散"。不久,陕西省国民党当局指派城固保安团一团与青年军一营,对联大实行武装镇压。③ 战后初期,辅仁大学对学生团体发展采取禁缚主义,不许成立社团与学生自治会,校中的学生组织只有负责学生生活问题的生活协进会。④ 此外,震惊全国的"一二·一"惨案也是国民党反动势力针对联大、云大、中法、英专四所大学学生自治会组织的反内战运动而施以的暴行。可见,为了达到控制学生自治会的目的,国民政府可谓不择手段,宁愿牺牲青年学生的学业也在所不惜。

控制不成,便加摧残。由于新规未起到限制学生自治会发展的目的,国民政府对自治会采取了一系列防范打击措施,通过安插密探特务、迫害进步学生、解散自治会等方式扼杀自治会领导的爱国民主运动。在国民政府的决策者看来,只要学生中的极少数"真正的"共产党鼓动分子能被清除,学生运动就能得到控制。于是,学生的领导人,尤其是学生自治会的负责人,是遭到执法人员殴打、逮捕和绑架的主要对象。⑤ 蒋介石在1947年8月1日的日记中就将"肃清各大学之潜匪及职业反动学生"确定为"本月预定大事"之一。事实上,在五四

---

①② 清华大学校史研究室.清华大学史料选编:第四卷[M].北京:清华大学出版社,1994:620.
③ 国民党武装解散西北联大[J].北方文化,1946,2(1):32.
④ 北师大校史编写组.北京师范大学校史[M].北京:北京师范大学出版社,1984:252.
⑤ 费正清,费维恺.剑桥中华民国史:下卷[M].刘敬坤,等译.北京:中国社会科学出版社,2016:743.

前后,就有学生会负责人被政府"暗中关注"。有学生说道:"我们在走路时最担惊的是背后忽然有人叫你一声某某先生,当时北京大学学生会主席就是在景山东街马路上被这样叫了一声,确认身份后被捕的。"①国民政府显然延续了这种对学生自治会出格行为的打压传统。

  1947 年 10 月 29 日,浙大学生自治会主席于子三被非法逮捕后惨死狱中;12 月 22 日,中央大学学生自治会在普选时被捣毁后,校方不许再设。各院系会便成立联合组织,代替自治会为同学服务。1948 年 9 月,校方又认定院系自治联合会为未经许可的非法团体,下令将其解散②;1947 年 9 月,大同大学学生自治会因已为少数业经斥退学生所利用把持,代表人数也不合法,被校方解散③;1948 年 1 月 19 日,同济大学召开临时行政会议,宣布禁止学生自治会开展所有活动,并要求系科代表大会常设委员和自治会理事应自动退职,如不遵循,学校绝不姑息④;1948 年 4 月 7 日晚,北平某警察分局电邀北大秘书长郑天挺谈话,限学校在 8 日中午 12 时前交出鼓动罢课的柯在铄等 12 位同学(这些同学大多数是学生自治会理事和社团负责人),郑天挺拒绝了这一无理要求⑤;1948 年 4 月 9 日凌晨,一群特务闯进北京师范大学,捣毁了学生自治会办公室,并非法逮捕了 8 名同学。⑥

  政府当局迫害自治会成员和解散自治会的原因不外是想阻止其与共产党有任何关联,进而制止学生运动。政府当局也惯用加"红帽子"的方式非法逮捕学生,于子三就被当局以"共匪"和"鼓动学潮"的罪名迫害至死。国民政府企图用迫害和解散的两大"法宝",打击进步力量和摧残自治会,以消除自治会对专制统治的威胁。清华学生曾总结出政府残酷镇压学生的发展道路:

> 从乱捕学生到逮捕学生公选出来的公仆;从打击个别学生到摧毁学生合法的领导组织。这二者又往往是错综交织的。在自治会执行着同学的意志,反抗当局对个别同学迫害的过程中间,政府又解散或摧毁自治会。又在同学保卫自治会的过程中间,开除打击公选出来的同学。至于迫害的手段,更是无所不用其极,从对少数同学的非法逮捕,非法迫害,到对千百同学的拘捕殴杀。⑦

---

① 中国社会科学院近代史研究所.五四运动回忆录:下册[M].北京:中国社会科学出版社,1979:969.
② 南京中大院系联合被解散[J].燕京新闻,1948,15(13):3.
③ 大同学生自治会被校方解散[N].新闻报,1947-09-19(7).
④ 翁智远,屠听泉.同济大学史:第一卷[M].上海:同济大学出版社,2007:168.
⑤ 萧超然,等.北京大学校史[M].北京:北京大学出版社,1988:444.
⑥ 共青团中央青运史工作指导委员会.中国青年运动历史资料:第 17 册[M].北京:中国青年出版社,2002:626-627.
⑦ 清华大学校史研究室.清华大学史料选编:第四卷[M].北京:清华大学出版社,1994:619.

面对残酷的迫害,自治会学生奋起抗争。同济大学学生自治会在被禁止开展活动后,立即召开系科代表大会作出三项决议:无限期罢课;校方收回开除学生的命令;校长辞职。并通过举办控诉晚会、绝食一天和进京请愿的方式与学校进行斗争,希望校方因势利导,幡然醒悟,以使矛盾获得妥善解决。[①] 为防止自治会进京请愿,政府竟出动军警包围学校,打伤并逮捕学生百余人。消息传来,北平学生在北大民主广场举行控诉示威大会。大会揭露了政府摧残自治会和镇压学生运动的阴谋,号召以"八校联防"的形式共同抗议政府的迫害运动,并宣誓:"我们团结一致,共存共在,一个自治会遭受迫害,其他各校一致起来坚决反抗,直到我们神圣的权利恢复为止。"[②]

为掩饰暴行以及使政府迫害行为合法化,国民政府一方面通过封锁新闻歪曲事实,混淆社会大众的视听与判断;另一方面,又频繁颁发法令规章,使自身的行为获得"合法化"依据。然而,法令规章不等于客观实际。国民党一党专政的政治模式,不仅使得教育管理民主化和决策科学化的目标难以实现,也致使很多法令规章或执行不力,或化为空文。[③] 法令虽然失去了权威性,但是依然可以作为惩罚学生自治会逾越合法边界的依据。从某种意义上说,一项不被认同的制度并不意味着生命力的终结,它失去实施对象承认的同时还以一种静态规范而存在。这种规范尽管约束性不强,但是在国家政权的支持下,它的惩罚性功能大于规范性功能,因而时常成为政府打压违反者的有力工具。实际上,在制定一项规定时,其规范性功能和派生的惩罚性功能都是制定者所看重的。这也说明,一项规定尤其是法令,不管效用如何,对制定者来说都是"有用"的。"人们从来都不仅仅为了另一件事之故而做某事,在这个过程中肯定总有一个感兴趣的话题。"[④]国民政府接二连三地颁布法令,不排除有这种考虑的可能性。

随着迫害的深度、广度与密度的增加,学生自治会认识到"团结就是力量"的重要性和真意,也使自治会更加清楚地意识到,一切反迫害行动必须对国家负责和人民负责才能获得最后的胜利。正是在这一层面,合乎人民的"法"与合乎人民的"理"成为学生自治会反迫害的方针和争取的对象。[⑤]

---

① 翁智远,屠听泉.同济大学史:第一卷[M].上海:同济大学出版社,2007:168.
② 贺美英.峥嵘岁月:解放战争时期清华校友足迹[M].北京:清华大学出版社,2008:63.
③ 李华兴.民国教育史[M].上海:上海教育出版社,1997:447.
④ 扬·菲利普·雷姆茨玛.信任与暴力:试论现代一种特殊的局面[M].赵蕾莲,译.北京:商务印书馆,2016:486.
⑤ 清华大学校史研究室.清华大学史料选编:第四卷[M].北京:清华大学出版社,1994:619.

第三节 民主运动下的学生服务创新

服务学生是学生自治会最本质的特征和存在的依据。燕京学生自治会成员说:"经验告诉我们,自治会应是代表同学意志,以同学利益为依归,全力为同学服务的公仆。"①即使将推动学运作为工作的中心,学生自治会也从未遗忘服务学生的宗旨。尤其是在中国共产党的领导下,学生自治会妥善地处理了组织学运与服务学生的关系,使学生自治会成为服务全体学生的忠实公仆。也正是自治会为学生提供多方面周到的服务,才获得广大学生对学生自治会的承认和信任。

在部颁的《学生自治会规则》中,学生自治会设学艺、健康、服务、风纪、事务五部。而实际上,各大学学生自治会根据历史传统和现实需求,对下设的部门进行了一些调整。1948年3月,清华大学学生代表大会通过修正的《学生自治会组织章程》规定:理事会设学艺、康乐、生活福利、总务、联络和不管六部及秘书处。1946年下半年,金陵大学学生自治会修改会章,实行竞选制度,设学艺、康乐、服务、财务、事务、文书、育德等部。② 1947年,金陵女子文理学院为顾及外界人士听闻便利,将学生自治团体"厚生团"更名为学生自治会。自治会设服务、生活、学术及康乐四部分工合作以完成促进同学自治能力发展的宗旨。③ 当然,也有学生自治会严格遵照《规则》设立部门,如1947年上半年,厦门大学学生自治会选出第六届理事,设事务、服务、学艺、风纪、健康五部,完全与部规一致。④

在机构设置上,清华大学康乐部对应健康部,生活福利部对应服务部,总务部对应事务部,至于联络部和不管部则是清华大学的创新。联络部主要是为了联络大中学而设,不管部主要负责工友福利、教职员联系及其他部门未能顾及的工作或各种临时任务。清华大学创设的联络部显然违背了《规则》中"学生自治会不得参加校外各种团体活动或有校与校间联合组织"的规定,所开展的大中学联合活动也自然引起反动势力的格外关注。1948年6月,清华大学校内特务学生李某勾结校外特务深夜撬开自治会联络部办公室门窗,盗劫联络文件,

---

① 同学的公仆:学生自治会[J].燕大三年,1948(9):54-55.
② 学生自治会各部人选推定[J].金陵大学校刊,1947(359):2.
③ 厚生团改名为学生自治会[J].金陵女子文理学院校刊,1947(138):4-6.
④ 学生自治会第六届理事已选出[J].厦大校刊,1947,2(2):13.

经过学生抗议后被校方开除。① 特务学生偷盗联络部文件的原因是显而易见的,他们企图通过盗毁文件以破坏学校间的团结联合,并以此为借口解散自治会。事实上,在此之前颁布的《修正学生自治会规则》就已经规定自治会只能开展学艺、康乐、风纪等校内服务活动。对自治会参加校外团体活动或组建联合组织的越界行为,学校应一律视为"非法",有权予以解散。以此来看,清华大学学生自治会是"明知故犯"。这种"公然挑衅"的设置也从侧面说明政府权力与基层社会之间存在内在张力,即政府权力对基层社会的有限控制与基层社会对政府权力扩张的有意抵制。

学生自治会下设部门所开展的活动和提供的服务基本覆盖到学生学习生活的所有方面。大到组织民主运动,小至分发救济品,协助打防疫针,放映电影,自办膳团,都能见到学生自治会的身影。以清华大学为例,学生自治会各部门分工合理,职责明确,如学艺部出版清华周刊,举办讲座、演讲与讨论会,起草学生运动中的罢课宣言与慰问信等;康乐部领导各文艺社团,筹办文娱体育活动,联系歌舞剧艺社团,定期放映电影等;生活福利部办理疾病公助,负责公费申请与发放,为同学返家购票,监管校内小卖部,管理各膳团,物价飞涨时办理折实储蓄等。总务部则总揽后勤,管钱管账,事务繁多。② 在学运接连不断的背景下,这些部门主要以学运为主流开展各项工作,以保障学生运动顺利进行。比如游行时,生活福利部要准备大量馒头,时间晚了要提供车辆迎接;文艺部要整理资料,起草文件;康乐部要举办各种集会演出;总务部要加班油印材料,提供纸张糨糊等。③ 各部门各司其职,紧张有序,共同服务学生运动开展的需要。

这一时期的学生自治会除为争取学生利益而组织学生运动外,在多个方面开展了不同以往的学生服务活动,具有鲜明的时代性和一定的创造性。清华大学复员后学生自治会章程起草者之一,同时也是《华北学运小史》撰写者的吕乃强便把"学生自治会不仅要有领导学生运动的政治功能,而且要有为同学办实事、谋利益的服务功能"作为起草章程的指导思想之一。在学生自治会开展的活动中,较为典型的有共商学费、折实储蓄、春耕运动、成立"中联部"等。

一、共商学费

内战爆发带来的物价飞涨使得学生家庭、学校、教职工面临着同样的生存危机,如何兼顾各方的利益以维持正常办学是私立学校不得不解决的现实问题。1949 年 8 月 25 日,中华工商专校学生自治会召集沪江商二院、立信会专、

---

① 清华校友总会《清华校友通讯》编辑部.1946—1948 清华大学学生自治会点睛谱[Z].北京:清华园胶印厂,2008:54.

②③ 清华校友总会《清华校友通讯》编辑部.1946—1948 清华大学学生自治会点睛谱[Z].北京:清华园胶印厂,2008:97.

上海工专、上海牙专、光夏商专等私立专科学校讨论学费问题。各代表相互交换意见后,决定在顾及学生家庭负担、教职员生活与校方开支的原则下,议决下学期学费为一百五十至一百八十折实单位。除私立专科学校外,私立大学同样就学费问题邀请学生及家长召开座谈会。例如,光华大学学生自治会为了征求更多同学及家长对下学期学费问题的意见,更民主合理地决定家长负担与校方的收入,定于8月28日在学校图书馆召开座谈会。沪江大学学生自治会为早日求得符合"三大原则"的初步办法,决定在上海女中商讨学费问题,并协助学校统筹办理沪江同学助学金申请事宜。①

在以往的活动中,学生自治会很少涉及学费问题,一是该问题敏感,二是环境使然,三是职责以外。学校之所以指派学生自治会负责召开座谈会,可能是出于学生自治会作为中间组织的考虑。学生自治会既能代表学生利益,又能代表学校立场,是一个相对"独立公正"的中人组织。由学生自治会出面组织协调,更能体现学校民主办学的管理风格,彰显学生主体地位的发展理念,也为学校在协调出现问题后介入其中预留空间。

二、折实储蓄

为学生节省开支似乎成为这一时期学生自治会开展活动的重叠共识和共同追求。除共商学费外,为了保证学生从家里汇来的钱或由学校领取的仅够糊口的公费款不至于因物价飞涨而贬值,很多学校学生自治会生活福利部开办了折实储蓄或折实银行。所谓折实储蓄,是指学生在存款时,自治会向约定的粮商购买面粉,然后在存折上记上面粉量;学生取款时,按当时面粉价折成现金支付给学生。② 这种货币与实物之间的转换有效地避免了通货膨胀对学生利益的损害,受到学生的欢迎。曾任清华大学第五届学生自治会生活福利部理事的张敦礼回忆说:

> 为了使同学和单身教职工减少经济上的损失,我们采取折实面粉的办法帮助他们储蓄暂时不用的钱。食堂里的现金也都尽量买成面粉贮存。后来,同学们把它称作面粉银行。银行每天营业两小时,存取款都按当天面粉行情进行换算。营业后立即结算,并及时与海淀镇上的粮店联系,买入或卖出面粉。③

折实储蓄保证了学校食堂的正常供应,是自治会服务学生的一个有价值的创造。从当时的新闻报道来看,很多银行应该借鉴了学生自治会举办折实储蓄

---

① 私立专校学生自治会举行座谈[N].大公报,1949-08-26(3).
②③ 贺美英.峥嵘岁月:解放战争时期清华校友足迹[M].北京:清华大学出版社,2008:205.

的做法。1949年6月14日,中国银行奉华东财办和区行指示,筹办折实储蓄存款,试行40天后,业务发展迅速,颇受群众认可。从开办日到7月20日,共收储户数250689户。银行通过举办折实储蓄,主要起到了三个方面的作用。一是保障了一部分职工群众短期剩余购买力的实值,使他们安心从事生产与工作,并增进了国家银行与职工群众之间的情感。当时有职工说:"政府办折实储蓄是亏本的,我们有了折储,生活有保障,不受物价波动""过去国民党银行决不会做这样赔本的事情,只有人民的银行才能够把折实储蓄办起来!"二是减少了抢购银元物资的行为,对稳定物价和人心起到了一定的配合作用。人民印制厂职工说:"以前反动政府时代发薪资时,不顾工作时间必须抢购银元及其他物资,结果物价一涨再涨""假定不办折储,物价上涨必定更快,现在可购折储存单,心理上是可以得到安定了。"三是折储余额如能及时适当运用于生产,对生产发展自然会起到促进作用。[①] 实际上,学生自治会举办的折实储蓄大多是在共产党的领导下进行的,将其运用于接管后的银行,也是情理之中的事。随着人民政府在整顿市场和平抑物价上取得了实质性成效,折实储蓄逐渐失去效用,完成了自身的历史使命。

三、春耕运动

民国时期,由于外受帝国主义的经济侵略,内受独裁军阀的摧残专横,加之自然灾害与战乱不断,以致生产锐减,农村破产。"中国农村经济因受帝国主义与封建残余的双重压迫,日趋衰落以至濒于崩溃,尤其是在日本帝国主义野蛮的军事掠夺下,更促进了农村经济的破灭。"[②]为增加粮食生产,充裕军糈民食,国共两党都极为重视春耕运动在发展农村经济中的重要作用。1943年,国民党汉口特别市党部在《春耕运动告农民同胞书》中指出:

> 正值春耕时期,凡我农界同胞,应各就本位,努力农作,勤劳报国。除了一面扩展耕田,增加生产外,更应开垦荒地,改良农作,而尽国民对国家应尽之责任,于此不惟有利于个人,有利于全体同胞,而且更有利于整个国家。[③]

春耕运动的主体是农民,只有广大农民回归农村并扎根农耕,才能复兴农村与促进生产。为了有效推进春耕运动,政府和个人都进行了有益的探索。有学者就春耕问题提出十条建议,如政府应该设立农产调整委员会;流通农村金融,推广农村合作组织;政府应发动各地学校师生、党政人员以及在乡不事生产

---

① 折实储蓄中的几个问题[J]. 中国银行通讯,1949(1):67-71.
② 扩大春耕运动[J]. 抗战大学,1938,1(6):3-4.
③ 春耕运动告农民同胞书[J]. 三民月刊,1943,3(4/5):34.

的人力,下乡帮助农民耕种;鼓励无地农民自由开垦无主有主荒地;政府派出农业技术人员,指导农民改进生产技术。其中发动学校师生春耕的建议在有些学校得到了落实。1948年3月,燕京大学学生自治会看到校内广大松园大半荒芜,甚为可惜,预备发动同学去开垦校内荒地,种植蔬菜五谷。为此,自治会向燕京农场接洽农具,西郊学生救济委员会也答应帮助春耕运动的开展。①

燕大自治会开垦燕园处女地之举有着多重意义。一是有助于改善学生生活。通过校内种植蔬菜粮食,能够缓解物价飞涨带来的生活压力,改善学生的生活质量,减轻学校的经济负担。二是有助于开展劳动教育。春耕不是农民的专属物,广大学生同样有从事农耕的义务和责任,尤其是在农村缺少劳动力的情况下。通过开展劳动教育或者生活教育,对学生树立正确的劳动观、增强学生的体质与客观认识社会都有积极意义。三是有助于发挥表率作用。作为天之骄子的大学生从事农作无疑有助于春耕运动的宣传和推进,学生的加入对农民来说无疑是一种鼓舞和尊重。四是有助于拉近生农之间的距离。虽然学生和农民分属不同的阶层,有着不同的思维方式和行为范式,但他们都是社会发展的主体。学生从事农业活动,对增进学生与农民之间的情感、体验农民生活的艰辛进而构建学农命运共同体都有着促进作用。

四、成立"中联部"

学生自治会在组织大学生开展学运的同时,也注意发动中学生参与其中,以扩大学生运动的范围和影响。学生自治会设立联络部的目的之一也在于联络中学,方便开展学生运动等活动。如清华大学在1947年寒假后,成立了以机械系中共地下党员宁世铨为主要领导的"中联部"(中学联络部)。"中联部"的主要任务是联络北平的中学生,发动他们参加学生运动。事实上,在五四运动中就已经出现中学生的身影,至于当时是否与大学生进行联络以及如何联络,尚需考证。不过,在抗暴运动中,尚未发现中学生的队伍,这也是学生自治会成立"中联部"的原因之一。在"五二〇"运动中,中学生再次参加了大游行,如汇文中学、贝满女中和女一中等。中学生为什么在两次活动中有不同的表现目前难以解释,但是能体现出他们对学生运动的热情和需求没有大学生高,时常处于摇摆不定的状态。学生自治会显然觉察到需要强化中学生对学生运动的认识,激发他们参与政治生活的热情,发挥他们在学生运动中应有的作用,通过合法途径争取自身的权益。

"中联部"成立后,主要开展了以下几项工作:一是为中学生举办补习班,通过安排大学生辅导中学生学习,使大学生和中学生在知识传授中建立了联系;

---

① 春耕运动:燕大自治会发起开垦燕园处女地[J]. 燕京新闻,1948,14(17):1..

二是向中学生宣传学生运动消息,引导中学生有理、有利、有节地参加学生运动,推动学生运动向纵深发展;三是开展文化交流活动,如把反对国民党反动统治和鼓舞斗志的歌曲传唱到中学去,使中学生认清反动力量的本质,进而坚定改造社会的目标;四是组织读书会,通过共同阅读书籍,交流彼此的思想和见解,培养革命意识;五是研究讨论中学里的有关动态,为中学解决实际问题;六是接待到大学来的中学生,为其提供参观服务。① 虽然学生自治会是为了组织中学生参加学运而成立"中联部",但是开展的形式多样的交流活动在提升学生斗争意识的同时,也加强了其他方面的交流。

以上特色活动的开展显示出当时的学生自治会不仅组织学生参加学生运动,还极为关心学生的生活,为学生谋福利,同时致力于加强师生团结工作。值得关注的是,这一时期开始出现对包括学生自治会在内的团体组织的存在、性质、理论等问题进行反思性研究。如1947年,青年军嘉兴夏令营研究组对组织问题进行研究,围绕要不要组织、组织的性质、组织的理论、组织的形成与发展、组织的分子、组织的纪律与着眼、组织的经常业务、组织机构、经费如何自给、奉行的信条与守则、过去组织工作的错误与缺陷等问题开展了测验统计。② 该研究收回有效测验试卷701份。在要不要组织方面,有700人认为组织存在是必要的,1人主张要不要均可;在组织的性质方面,主张革命性的有343人,建设性的有104人,学术性的有65人,政治性的有56人,秘密性的有55人,公开的有51人;在组织的理论方面,主张以三民主义为革命最高理论指导原则的有457人,以国家民族人民利益为理论依归的有380人(统计或有错误,与总数不符);在奉行的信条和守则方面,彻底实行三民主义而奋斗者202人,服从团体纪律和国家法令以及拥护领袖者232人,舍己为人,尽忠国家民族,为人民服务者225人,履践笃实者51人,发扬革命精神,提倡重气节者50人;在过去组织工作的错误与缺陷方面,认为组织不健全,缺乏纵横联络者325人,重形式无内容,不深入无指导者212人,经费不敷应用者60人,忽视舆论同情者52人,忽视发展与进取者50人。青年军嘉兴夏令营研究组开展此项测验的具体原因暂不知晓,但是可以判定与组织的发展不能满足现实需求以及希望组织科学发展不无相关。虽然尚未查到有关学生自治会问题的调查统计,但是从此项测验结果中可以推测出大体情况。这一现象的出现也从侧面反映出学生团体经过多年的发展开始越来越关注组织性质、指导思想和自身定位等关系团体内涵发展方面的问题,学生组建团体的内驱力、科学性、创造性、服务性、反思性有所提升。

---

① 贺美英.峥嵘岁月:解放战争时期清华校友足迹[M].北京:清华大学出版社,2008:290-292.
② 组织问题测验统计[J].曙光,1947,1(7):27-28.

第四节　中国共产党领导下的学生自治会

国民政府对学生自治会采取的防范措施无疑是一党专政的表现,是笃信"一个党、一个主义、一个领袖",是反对民主进步事业的倒退反动行为。历史证明,中国共产党领导下的学生自治会所开展的各项活动,是经得起历史检验的正义之举,是顺应时代潮流和学生需求的正确选择,是站在学生立场并代表学生利益和民族利益的重要体现。学生自治会与中国共产党的结合,也是自治会开展爱国民主运动的必然结果,两者共同致力于反帝反封建革命,在建设新中国的征程中携手共进,充分彰显出学生自治会与中国共产党及人民群众同呼吸、共命运的自觉性和先进性。

一、中国共产党对学生自治会领导权的掌握

吕芳上的研究认为,政党乐于吸引学生,竞相争取这一股新兴的社会势力和政治资源。对国共两党而言,获得学生尤其是大学生的政治认同和信仰崇拜,对巩固政权和增强组织能量都大有裨益。因而,争夺学生自治会的领导权一直是政党竞争的一个重要方面。事实上,在中国共产党成立初期,就已显示出对青年工作的重视,"学生气"充溢其中。[①] 在后来的多次抗日活动中,中国共产党积极调动学生自治会参与其中。如"一二·九"运动后,中国共产党领导北平师范大学学生自治会及时把学生组织起来,在士兵中及家乡开展抗日宣传。[②] 然而,直到1944年前,由于国民党控制着全国多数大学的主办权,学生自治会的领导权基本掌握在国民党员或三青团员学生手中。如西南联大学生自治会成立之初,就在三青团的控制下,根据三民主义管理学生思想,遵循官方规章制度开展各项工作。尤其是皖南事变后,自治会更是成为了三青团领导下的日常事务执行机构。[③] 这一点,也可以从复员后清华大学第三届自治会理事潘梁(清华大学地下党南北系合并前联系人)的回忆中得到印证。

潘于1944年考入西南联大先修班,他目睹了当时的学生自治会由国民党员学生所把持。由于这些"党棍"不仅不屑于做服务同学的事,还有意打击进步学生和阻碍进步活动,自治会留给学生的印象是"毫无作为"。据潘回忆,1944年后,自治会中国民党员学生的威信明显下降,这主要体现在自治会改选中他

---

① 王奇生.党员、党权与党争:1924—1949年中国国民党的组织形态[M].北京:华文出版社,2010:29.
② 北师大校史编写组.北京师范大学校史[M].北京:北京师范大学出版社,1984:106.
③ 易社强.战争与革命中的西南联大[M].饶佳荣,译.北京:九州出版社,2012:299.

们的选票大为减少。在一次投票中,他们感觉情况不妙,就在投票进行时突然抢走票箱,企图干扰投票结果,后来被同学们夺回。此后,进步同学通过选举当选,掌握了自治会的领导权,并认真为同学们谋福利,支持言论自由,加强了自治会与学生之间的联系。为防止反动学生"东山再起",自治会总结了以往的教训,完善了选举规则,提出了由系级、社团推荐提名候选代表并公开在群众监督下再进入普选投票的做法,摒弃了笼统发票直接要求选若干人组成自治会的方式。①

学生自治会成员背景的变化与国民党专制腐败不无关联。抗战胜利后,国民党的独裁统治使得公教人员、知识分子、工商界人士普遍失去对政府的好感。国民党的专断行为与知识分子的忍无可忍,有限薪酬与公教人员的悲愤万分,腐败刁难与工商界人士的深恶痛绝,物价飞涨与市民的怨声载道,种种迹象显示出国民党的腐败无能导致了其统治的衰退。与这一现象保持同步的是,学生自治会中的国民党势力也逐渐失去了权威和学生的信任,进步力量在自治会中占据了绝对优势。政治评论刊物《观察》的创始人及主编储安平解释了这种现象产生的缘由。他认为,政府的独裁与暴行使得本来对政治无成见的纯洁青年大失所望,加上政府花样百出,乱扣"帽子",以致造成青年对政府的厌恶至极。②储安平的观点也得到了费正清的认同。他指出,在当时最有名的高等学府中,最有影响力的学生领袖对政府及其反动政策都持批评态度。对于学生自治会中进步力量的增强,费正清认为并不是学生逃身到共产党阵营的结果,因为加入共产党的学生在比例上相对较少。真正的原因是国民党疯狂压制抗议活动所引起的民心涣散。③

史料显示,内战时期很多蒋管区学生自治会都在中国共产党的领导下开展活动。1946年上半年,同济大学在迁校中任命三青团分子组建了学生自治会第一届理事会。自治会不仅不为同学们谋福利,还阻碍学生运动的开展,成为学生正义活动的绊脚石。1947年2月,根据广大同学的意愿,改选了学生自治会,杨前坤等11人当选为第二届理事,黄仁端等5人当选为监事。通过改选,一批受到群众拥护的进步同学取代了三青团学生掌握了学生自治会的实权。此后,学生自治会在共产党的领导下,充分发挥进步力量的骨干作用,积极争取中坚力量,采取群众性的合法斗争方式抗暴争权。由进步力量主导的学生自治会不再扮演政府的御用工具,它以学生利益为工作导向,开展多种福利性活动,如开

---

① 清华校友总会《清华校友通讯》编辑部.1946—1948清华大学学生自治会点睛谱[Z].北京:清华园胶印厂,2008:13-14.
② 储安平.中国的政局[J].观察,1947,2(2):2-7.
③ 费正清,费维恺.剑桥中华民国史:下卷[M].刘敬坤,等译.北京:中国社会科学出版社,2016:743.

办经济食堂、申请困难补助等。① 党组织除了掌握学生自治会的领导权外,还在学生中先后建立了前坤社、一二·九同学会、《同济人》报、社会联合会、"G"5个外围组织,对发展壮大进步力量、培养输送干部发挥了重要作用。② 新中国成立前夕,不仅同济大学学生自治会由进步力量主导,在上海大多数高校的学生会中,进步力量都占据了优势地位,党的外围组织上海学联成为各校学生会的指挥中心。③

辅仁大学在战后初期因为学校的严格管控未能成立学生自治会,为了保障学生权益,辅仁中共地下党支部在1947年春季开学提议成立学生自治会。对此,校方、国民党和三青团一开始极力阻挠,后因阻拦无效转为抢夺学生自治会的领导权。经过激烈竞争,三青团负责人当选理事会主任,进步同学孙玉珊、孙云需分别当选常设会议议长和秘书长。虽然理事会主任由三青团把持,但是进步同学在学生自治会常设会议中占多数。由于理事会是执行部门,所以学生自治会实际上是在进步学生的领导下开展工作。④

抗战暴发后,厦门大学学生自治会被迫中断工作,学生团体主要有学生救国服务团和生活促进委员会。教育部在1943年11月公布《学生自治会规则》后,厦门大学训导处于1944年6月主持召开了各系级学生代表大会,选举产生了厦门大学学生自治会首届理事会。从首届成立到1947年春季,学生自治会共产生了5届理事会,每次改选都是在少数人操纵下完成,未能体现自治会发扬民主的特征。为了改变这种少数人控制自治会的状况,使自治会能够真正成为学生体验民主生活的场所,进步同学在共产党的领导下,提出了将理事会间接选举制改为直接选举制的要求,并得到广大同学的认同。1947年暑假,临时理事会修订了自治会章程,决定采用组织竞选团竞选的方式,由全体会员直接投票选举产生理事会。10月中旬,学校成立了"宴致端竞选团"⑤和"陈俊柄竞选团"⑥。两个竞选团各自打出旗号,竞争十分激烈。如"宴团"提出"民主自由和福利并重"的竞选口号,"陈团"则提出"福利第一,众意至上"的竞选宣言。两个竞选团都将学生福利摆放在首要位置,以赢得学生的认同。投票前,竞选委员会邀请两位同学用竞选演说的方式为自己拉票。宴氏在演说中强调自由民

---

① 翁智远,屠听泉.同济大学史:第一卷[M].上海:同济大学出版社,2007:165.
② 翁智远,屠听泉.同济大学史:第一卷[M].上海:同济大学出版社,2007:162-163.
③ 中共北京市委党史研究室.解放战争时期第二条战线·学生运动卷:下册[M].北京:中共党史出版社,1997:482.
④ 北师大校史编写组.北京师范大学校史[M].北京:北京师范大学出版社,1984:255.
⑤ 宴致端,江西临川人,法律系四年级学生,为人朴实、果决、勇敢、沉毅,曾任学生自治会常务理事,1947年6月担任第八届临时理事会理事,助学运动中又当选为助学委员会副主任,活动面广,威信较高。
⑥ 陈俊柄,浙江鄞县人,航空系三年级学生,为人尚实干,忌空言,曾任第八届临时理事会,助学委员会劝募委员,组团理念采取"人才主义",不高谈民主。

主是福利的保证,言辞情真意切,感人至深;陈氏则表态,"你们让我怎样做,我就怎样做",话语言简意赅,爽直动人。最终,"宴团"以超过"陈团"123票赢得竞选。"宴团"的取胜,结束了反动分子把持学生自治会的历史,为学校爱国民主运动的深入开展,提供了一个牢固的阵地。① 学生自治会竞选被学生视为要事,场面之大连学校教授都感到吃惊。1948年12月30日,在武汉大学任教的吴宓上午八点赶到教室后,发现空无一人。之后才知道是学生自治会选举,学生"总请假"。②

复员后的清华大学共产生五届学生自治会,每一届自治会也都是在共产党(学委)领导下开展各项活动。有关学运筹划、人员选派、组织宣传、经验总结、干部的爱护、培养、营救、转移都经过党的细密研究,通过自治会中的党员、盟员贯彻执行。③ 在共产党的领导下,自治会改变了联大时期名存实亡的旧面貌,在紧密联系群众、实现学生正当权益的服务中,获得同学们的认同和拥护。中国共产党在抗战胜利后能够在大学中迅速发展组织,与国民党召开的"六大"不无关系。"六大"通过决议撤销学校党部,从此国民党基层组织淡出学校场域,这一举措加速了两党在青年学生中的影响力迅速逆转。

二、护校斗争

中国共产党领导下的学生自治会除了在组织学运、服务学生中取得了显著成绩,还在护校工作中贡献了力量。随着解放的临近,学生自治会的工作重点逐渐从领导爱国民主运动转向护校斗争。1949年5月,国民党福建政府电令厦大提前结束学期,以将厦大作为省府逃厦的驻所。学校当局无力抵抗,被迫在5月9日召开紧急校务会议讨论学期结束问题。会议最终决定,学校提前于5月15日结束所有教学活动,16日开始期考。为了防止省政府侵占校园,地下党组织联合学生自治会理事会,于9日晚召开临时会员大会商讨护校方案。经过协商,最终达成了"学业成绩提前结束,学期不提前结束"的应对策略,并向校方交涉。5月10日,学生自治会以全体同学名义,发布《告师长书》,提出两项建议:

> 一是学校尽量在三天内给出各科学期成绩,以方便家乡受战事影响的同学,能够尽快返家;以期中测试成绩代替每门课程成绩,未举行期中考试者,则以交笔记、讲义、习题或其他最便捷的方式评定。二是不提前结束学期,以使暂时无法回家或希望留校的同学可以正常学习生活。学校对外办

---

① 厦门大学校史编委会.厦门大学校史[M].厦门:厦门大学出版社,1990:277-283.
② 吴宓.吴宓日记:第10册 1946—1948[M].北京:生活·读书·新知三联书店,1999:493.
③ 清华校友总会《清华校友通讯》编辑部.1946—1948清华大学学生自治会点睛谱[Z].北京:清华园胶印厂,2008:2-3.

理交涉也有名义,师生员工的安全更有保障。①

在护校斗争的同时,陈嘉庚于5月应毛泽东邀请回国参政。他在5月17日途经香港时,以南洋闽侨总会主席名义向全闽人士发出一份快邮代电,呼吁"值此黎明前夜,宜当奋发有为,各就本位努力,从速策进和平。"受创办人陈嘉庚的鼓舞,厦大留校党团员和进步师生员工为进一步做好护校工作,于6月成立应变委员会。委员会由校长、教授会代表、讲师代表、学生自治会代表、职员会代表、助教会代表、校友总会代表、学生代表、工友代表及教务长、训导长和新生院院长组成,"以在目前时局艰危时期保存学校文物,策划员工及学生的生活与安全为宗旨。"委员会下设生活、安全、保管三组,各组设正副主任一人,主任由教职员担任,副主任由学生代表担任,具体工作由学生及工友负责。② 从应变委员会的组成及分工可以看出,学生自治会已成为护校队伍中的主力,在保障师生生活与安全及学校财产中发挥了重要作用。

同济大学也于1949年4月,在学生自治会的联络组织下,成立了全校性的应变委员会。同济大学学生自治会在1948年"一二·九"事件中受到重创。1948年12月,党组织决定重建同济大学学生自治会,使其在学校应变自救工作中承担相应的责任。1949年3月14日,同济大学第四届学生自治会选举产生,夏正行、宋锡恒担任正副理事长。与此同时,教授会、讲师助教会、职员会和工友会也相继恢复建立(1948年1月31日,教育部下令解散同济大学)。各类师生团体的建立为应变委员会的成立打下了基础。4月5日,学校行政会议举行临时会议,讨论改善待遇、挽救教育危机等问题,并首次邀请学生自治会学生参与。4月8日,在学生应变委员会的推动下,由众多团体构成的全校性应变委员会正式成立,校长夏坚白、学生自治会理事长夏正行分别担任正、副主任委员,开展各项护校应变工作。7月29日,上海解放后两个月,同济大学重新调整校务委员会人员。与之前不同的是,9名常委中除行政人员和教师代表外,设有学生代表1名(夏正行),6名委员中也有1名学生代表(曾昭耆,医学院学生)。③ 这种将学生纳入学校最高决策机构中的革新,充分展现了校方对学生自治会工作成绩的肯定和对学生参与学校治理权利的承认,凸显出大学治理结构的体制创新与民主协商特征,标志着学生自治会与校方的互动进入一个新的历史发展阶段。

校方对学生自治会的重视也从侧面说明自治会在新中国成立前夕的护校工作中成为了骨干力量。相对于教职员工,学生对国民政府的依赖性较低,受

---

① 厦门大学校史编委会.厦门大学校史[M].厦门:厦门大学出版社,1990:306-307.
② 厦门大学校史编委会.厦门大学校史[M].厦门:厦门大学出版社,1990:310.
③ 翁智远,屠听泉.同济大学史:第一卷[M].上海:同济大学出版社,2007:162-163.

迫害程度较深,因而斗争精神更加彻底,更能够在护校工作中发挥主导作用和引领效应。尤其是在阻止学校南迁过程中,学生自治会发挥了重要作用。1948年11月底,教育部发密电,命令南开大学南迁广州(北大等著名高校也在国民党企图劫走的范围),即所谓的"抢救大陆学人计划"。学生自治会得知消息后,在中共的领导下,立即采取个别谈话、散发传单、组织小型座谈会等方式,向师生宣传党的政策,消除他们的思想顾虑和焦虑情绪,破坏国民党的"抢救计划"。11月28日,学生自治会召开紧急会议,通过"学校当局不得临时溜走"的决议。12月8日,党组织委派曾在学生自治会工作过的张法文向学校领导传达党的有关政策。张在学习党的城市政策、知识分子政策和高教政策等有关文件后,通过机械系助教顾福兴的协助,约访了南开部分领导与教授。在传达党组织对南大教职员工慰问的同时,张代表组织希望他们留校参加护校活动,迎接新中国的诞生,为人民教育事业尽心尽力。① 不仅南开如此,其他高校也一般由学生自治会承担"应变委员会"的职责,在"应变"的名义下团结师生员工,争取校方支持,保护校产。

在正常教育秩序遭到破坏的非常态化时期,学生自治会超越了以自治事务为中心的工作格局,它们在校园秩序安定、正常教学开展、教师队伍稳定、师生生活保障、师生思想引领、校产资源保护、组织学生运动等方面发挥了越来越重要的作用。学生自治会工作重心的位移显然与国家政治形势密不可分。从历史角度来看,学生自治会的"不务正业"虽然影响到本职工作的开展和学生福利的获取,但是也正是这种"越界行为"让广大师生员工获得了更大的利益,真正享受了人民当家作主的权利。无论是坚守本职工作,还是"不务正业",都是学生自治会"理性自觉"的表现,都受到进步师长的正确引领和有力支持。

经验表明,学生的品质在很大程度上是由正义的教师在日常生活中的行为示范和精神激励而潜移默化生成的,是一种在学生面前展示理想自我并默示其实现路径的无意识过程。② 1947年3月,浙江大学学生自治会就释放两年前被捕的费巩教授发表保障人权宣言并举行怀念会。费巩教授倡导政治民主,却被政府以"企图组党"的罪名逮捕,生死不明。③ 浙大学生自治会为费巩教授举行怀念会,足见教师的人格对学生品质和行为的影响。④ 学生自治会对教师的支持也是希望教师能够关爱学生自治会的成长。正如学者所认为,在精英统治的

---

① 南开大学校史编写组.南开大学校史[M].天津:南开大学出版社,1989:373.
② 郭秉文.中国教育制度沿革史[M].北京:商务印书馆,2014:65.
③ 国立浙江大学学生自治会.为呼吁释放费巩教授,要求保障人权宣言[J].求是周报,1947(创刊号).
④ 费巩于1940年8月担任浙大训导长一职,作为非国民党员,他十分关心青年学生的成长,称自己为学生的顾问和保姆,以全体学生幸福为己任,后因反对国民党腐败统治被杀害(田正平.世态与心态:晚晴、民国士人日记阅读札记[M].上海:上海教育出版社,2017:276)。

大学中,学生的声音有时是微弱的,即使是合理的集体性诉求,如果得不到学术精英们的认同与支持,也只能是一种"呐喊"。① 尤其是当"学生运动"和"运动学生"成为政治社会中的经常现象发生时,大学教师如果远离政治社会,似乎又是在放弃对社会良心的坚守和社会公正的诉求。② 1948年10月,南开大学教师为了争取合理待遇而停课。为此,学生自治会发表宣言,表示全力支援,并重申:"在探求真理与争取生存和工作的神圣权利前,我们永远是师长的追随者。"③事实上,南开师生之间的支持是相互的。"五二〇惨案"发生后,南开教授会代表肖采瑜、张致远、刘晋年、庞景仁四位教授分头慰问受伤同学,并对全体同学表达教授会决与同学采取一致行动。④ 在进步师长与中国共产党的指导下,学生自治会妥善处理了工作与斗争、服务与维权、学业与事业、现实与理想、主义与信仰之间的关系,在服务青年成长、推动教育变革和引领社会发展等方面贡献了应有的力量。

---

① 阎光才.识读大学:组织文化的视角[M].北京:教育科学出版社,2002:155.
② 胡金平.学术与政治之间的角色困顿:大学教师的社会学研究[M].南京:南京师范大学出版社,2005:155.
③ 王文俊,等.南开大学校史资料选[M].天津:南开大学出版社,1989:694.
④ 王文俊,等.南开大学校史资料选[M].天津:南开大学出版社,1989:691.

第七章　中国近代大学学生自治会的历史演进特征

相比于短暂的几十年,中国近代大学学生自治会所开展的活动和产生的历史影响远远超越了时间维度。对中国近代大学学生自治会的认识与评价,不能以单向度的时间坐标为依据,而是应将其置于历史、教育、社会、政治的多维结构中进行考量。在30年的时间里,根据政府方针与活动特征,学生自治会大致经历了自由化、制度化、战时化和进步化四个发展阶段。从学生自治会的历史演进过程来看,对其影响较大的因素主要有时代环境、政党牵引、理论思潮、规章制度和学生需求等。受这些因素影响,学生自治会的历史演进呈现出教育性与政治性的双重变奏、自治与他治的相互博弈、民主性与民族性的相互交织、反思与革新的协同并进等特征。挖掘学生自治会的历史演进特征,不仅有助于深度考察学生自治会的宏观变迁图景与微观改革路径,而且对整体勾勒学生自治会与外在环境之间存在的多维关系以及总结学生自治会发展的历史经验和当代启示也有参考价值。

第一节　教育性与政治性的双重变奏

1948年,前交大校长唐文治应学生邀请,为学生自治会致训辞。他在训辞中说道:"今自治会同学新接任事,惟望日新又新,新吾心以自治,新吾心以为学,新吾心以善民救民,新吾心以善国救国。尚书曰'作新民',非吾同学之责任而谁归。異日救民而新国者,皆吾同学之选。"①唐文治从"自治""为学""救民""新国"四个层面对学生自治会提出希望,表达出他对其承担的教育与政治使命的热切期待。这种期待并不是唐文治的客套之言或个人偏好,而是代表了一个

---

① 前校长唐蔚芝先生对学生自治会训辞[J]. 交大周刊,1948(42):1.

时代对其角色扮演的评价与认同。从历史发展角度来看,学生自治会确如唐文治所言,在近代中国呈现出教育性与政治性的双重变奏。这种双重变奏是对西方启蒙与国家权力作为近代中国现代化转型中的时代主题的有力证明与深刻反映。

一、学生自治会的教育性

学生自治会是依附于大学的学生自治组织,大学的教育性、学术性和服务性决定了学生自治会在本质上是一个以学生发展为中心的教育与服务机构,以实现大学的功用和理想为旨归。就起因而言,学生自治会受到政治运动的影响,带有"先天"的政治色彩,但是从发展史以及大学与政府的关系角度来说,维系学生自治会生命力和价值感的是其教育属性。正是在教育导向的引领下,学生自治会才能获得内外环境的认同,才能获取生存所需的空间和资源。学生自治会的教育性主要体现在其宗旨、活动和仪式等层面。

(一)以练习自治为宗旨

综观中国近代各式各类大学学生自治会的宗旨,它们无不将教育导向作为坚守的原则和方向,以增强自身的教育功能与合法性。这种教育导向主要体现在学生自治能力的培养和公民品格的养成等层面。试以三种不同类型的大学为例,探析学生自治会宗旨中的教育意蕴。私立大学方面,1926年,《大夏大学学生会章程》规定,"本会以发展自治与互助之能力、匡辅学校进行、实行国民运动为宗旨"。[①] 1928年,《南开大学学生会总章》规定,"本会以增进同学利益、启发合作精神、养成建设能力、服务国家社会为宗旨"[②];教会大学方面,1932年,《私立燕京大学学生会会章》规定,"本会以增进全体会员之利益、养成团结自治之精神及民主之健全公民品格为宗旨"[③]。1932年,《福建协和大学学生自治会章程》对宗旨的规定与《大纲》完全吻合,未作修改[④];国立大学方面,1927年,《北京大学学生会章程》规定,"本会以发扬文化、改进社会、协助学校、谋利会员为宗旨"[⑤]。1920年,《南京高等师范学校学生自治会简章》规定,"本会以实行学生自治、养成健全人格、发展互动精神为宗旨。"[⑥]从三种不同类型的大学来看,学生自治会都将练习学生自治和养成健全人格作为办会主要宗旨,并且学

---

① 大夏大学学生会章程[J]. 大夏周刊,1928(55):18-20.
② 天津南开大学学生会总章[J]. 南开大学周刊,1928(67):41-44.
③ 私立燕京大学学生会会章[J]. 燕大周刊,1932(1):14-15.
④ 学生自治会:简史、章程、职员[J]. 协大消息,1932,1(6/7):22-23.
⑤ 北京大学学生会章程[J]. 北京大学日刊,1927(2022):3-4.
⑥ 南京高等师范学校学生自治会简章[J]. 南京高等师范日刊,1920(405):2.

生自治会的教育性取向在不同类型大学之间并没有显著区别。不仅校际间区分度小,而且在《大纲》颁布前后的差别也不明显。这一现象显示,秉承教育性是学生自治会的内在属性,它并不因外界的变动而发生根本变化,是学生自治会和大学在规划学生自治会发展图景中形成的共识。

政府也极为重视学生自治会宗旨的教育性培育,《大纲》的颁布便是这种重视态度的集中体现。《大纲》将"作成自治生活"与"促进四育发展"确定为学生自治会的宗旨,显然是想把学生自治会限定在教育与服务的轨道上发展。然而,在宗旨的教育性导向上,政府、大学和学生自治会达成的"共识"并不必然具有亲缘性和内在一致性。在政府规定的宗旨中,遵守三民主义是无条件的,一切宗旨都要接受三民主义的检验,一切宗旨也都要贯彻三民主义精神。践行三民主义可谓是学生自治会的宗旨。将学生自治会宗旨的教育性置于三民主义之下,这种习惯既凸显了学生自治会的教育性,又透露出浓厚的意识形态色彩。正是在这一点上,官方所倡导的教育性与学生自治会所秉持的理念发生了分歧。由国民党或三青团学生所控制的学生自治会不得人心,便是例证。

(二) 开展教育性活动

学生自治会活动的教育性在内涵上既有"开展教育性活动"之义,也有"活动中含有教育价值"之意蕴。以范围为划分依据,学生自治会的活动可分为校外活动与校内活动。粗略而言,校外活动属于"活动中含有教育价值"层面,校内活动属于"开展教育性活动"类别。学生自治会开展的校外活动主要有爱国运动、社会教育、校际联合以及其他社会活动等。学生自治会开展的校外活动,并不以教育学生为直接目的,而是通过这些活动展现学生自治会教育性的一面。比如,在组织爱国运动过程中,学生自治会的动员、宣传以及游行示威对激发学生和民众的爱国热情都具有教育意义。尤其是在动员民众中,由于不识字的国民占大多数,因而促进平民教育是其中重要的一环。在开展社会教育层面,更是体现出学生自治会以教育为手段实现社会改造和民族救亡的教育品性。有民国学人指出,学生会是宣传文化的使者,使全国大多数国民接受教育是他们的使命。学生会要从社会问题的各方面尽教育群众之责,如贫民生计问题、发展工商业问题、教育问题等。[①] 在教育资源短缺的情况下,学生自治会承担了国民教育和文化建国的历史使命。

北大学生会在 1919 年成立时,康白情就说平民精神和积极精神是北京大学的真精神,而学校的校役夜班、平民讲演都是发展这两种精神的方法,由于范

---

① 敬云.学生会的任务及其组织[J].中国青年周刊,1923,1(2):12-15.

围较小,此后应"急办平民学校以扩大之"。① 在北大学生会成员看来,举办平民学校不仅是学生自治会的职责所在,更是体现大学精神的重要举措。北大的这种平民精神无非是通过教育的文化运动,使国民人人能成为共和国的健全分子,以实行真正的平民政治。1931 年,清华大学《消夏周刊》出版了一期迎新专号,其中有一篇文章介绍了清华学生会的沿革与现状。在谈到现状时,作者指出学生会内部有两个机关值得注意:一是消费合作社,二是民众学校。民众学校的对象主要是清华园附近不识字的民众,学校每月拨款 80 元作为办学经费,但随着学生人数的增多,经费已经不敷支配了。② 作者将民众学校作为学生会重要机关之一向新生介绍的目的有两个方面。一方面是想展现学生会在民众教育上取得的成绩,另一方面是希望新生今后能在民众教育上延续光荣的历史,以增强学生会的校外教育与指导功能,担负起一部分社会教育救济和民众团体意识培养的责任。从章程角度看,不少大学学生自治会都设立了专门负责民众教育的机构,如清华大学学生自治会设立民众教育科③,大夏大学学生自治会教育股掌理平民教育事宜④,燕京大学学生自治会服务委员会设平教部和救济部⑤,交通大学上海学生会执行委员会下设平教委员会等⑥。对民众教育的重视,既是学生自治会发扬教育救国理念的体现,又形塑着学生自治会社会教育倡导者的形象,对提升民众智识与思想水平以及学生的社会责任感与政治觉悟具有重要意义。

学生自治会在校内开展的活动,大致分为教育与服务两类。⑦ 从会议记录中,可以看出学生自治会活动的这一双重取向。《燕大周刊》1930 年第 17 期刊登了学生自治会执委会议记录,议决案件如下:

> ① 三月十二日为总理逝世纪念日,议决下半旗以志哀悼;② 关于下月包饭饭费问题,议决以减至八元为原则,如万难办到,则可改为每桌七人,另加一菜。或照旧六人,膳费八元五角。由膳务部长酌情全权办理,遇必要时,可以书面征求全体意见;③ 体育部提议三月十五日为本校春季运动会,请求学校放假半日,议决由体育部负责向学校交涉;④ 议决三月十八日举行纪念大会,由交际庶务两部负责筹备;⑤ 关于交通部工友夫车行,议决由交通部调查真相,酌量办理;⑥ 议决聘任卓宜来诸君为膳务特别委员会

---

① 本校学生会评议部开成立会纪事[J]. 北京大学日刊,1919(472):1-2.
② 清华学生会的沿革和现状[J]. 消夏周刊,1931(7):207-209.
③ 国立清华大学学生会章程[J]. 消夏周刊,1930(6):34-41.
④ 大夏大学学生会章程[J]. 大夏周刊,1928(55):18-20.
⑤ 私立燕京大学学生会会章(续)[J]. 燕大周刊,1932(2):16-17.
⑥ 交通大会上海学生会组织系统表[J]. 交大月刊,1930,2(1):1.
⑦ 教育性的活动与服务性的活动有时难以分开,即教育中含有服务意蕴,服务中含有教育目的,两者呈现出"以教育求服务""以服务促教育"的辩证关系。

委员。①

议决案件中,第一条和第四条属于教育性活动,其他四条属于服务性活动。燕大学生自治会会议记录中体现出的这种双重取向可以作为当时学生自治会活动倾向的一个典型案例,即融教育性与服务性于一体,凸显出学生自治会的双重功能。这种双重功能既缺一不可,又不能有所偏向。如果偏向服务性活动,学生自治会将会异化为学生办事机构,失去自治的真义。1920 年,沪江大学学生张仕章认为学校自治会成立两年来,不过替学校办理庶务,代学生管管饭堂罢了,对学生自治组织上、精神上并没有什么大的表示和贡献。针对这种无成法、无实际、无生气的学生自治会,全校学生都觉悟起来要对其进行彻底的改造。② 由此可见,事务型的学生自治会并不受学生待见,学生理想中的自治会既要有完备的组织,又要有真正的自治精神。如果只是开展教育性活动,学生将失去与学校及外界沟通的重要平台,学生自治会容易演变为意识形态灌输机构和单调的教育培训场所,学生生活也将回到"无组织"的传统时代,其诉求无法通过团体的方式得以表达与实现。对于学生自治会具有的教育性与服务性特征,也是潘光旦所极力倡导的理想类型。潘光旦认为,学生自治会可以分为三种类型:一是在学生个人与团体生活方面做些修齐功夫的;二是替学生大众办事或当差的;三是被校外势力所支配和驱策的。第一种是真正的学生自治会,第二种谈不到一个"治"字,不妨叫作学生自活会,第三种谈不到一个"自"字,应当叫作学生被治会。③ 在潘光旦看来,真正的学生自治会应该是为个人和团体生活的修养服务的,教育性和服务性是学生自治会的本质属性。顾毓琇也是这种观点的支持者,他认为学生自治会的宗旨是"发展自治精神和增进国民智识"。为了实现这一宗旨,学生自治会要在关心校务、促进自治、注重公益、提倡课外作业(包括出版事业、研究学术、服务社会与注重体育)、增进公民智识、筹备公众娱乐等方面承担职责。④ 在学生自治会应该做的事情中,都可以纳入教育与服务两大主题。学界对学生自治会教育性的认识在部颁《大纲》中得以制度化和规范化。《大纲》规定干事会下设事务与学术二部,事务部下设各股的主要任务是维持学生自治会的正常运转,而学术部下设各股的主要职责在于开展多种多样的教育与服务性活动。在《大纲》的统摄下,学生自治会的教育特征得到进一步巩固和强化。

---

① 王荣第. 学生自治会执委会议记录[J]. 燕大周刊,1930(17):2.
② 张仕章. 对于新学生自治会的希望[J]. 沪江大学月刊,1920,9(4):10-12.
③ 潘光旦. 学生自治与学生自治会[J]. 今日评论,1939,1(7):7-9.
④ 顾毓琇. 学生会管见[J]. 清华周刊,1922(268):10-23.

(三) 仪式的教育意蕴

很多学者认为,仪式的功能主要体现在政治或宗教层面。实际上,仪式政治作用的发挥是建立在心灵教化和情感认同的教育逻辑之上。如果仪式缺失教育性,其政治功能也会受到限制。尤其是在学校的场域中,仪式的教育性比政治性更加凸显。1927年6月14日,东大学生会召开第四次大会。会议程序为:一、全体肃立;二、向党旗国旗及总理遗像行三鞠躬礼;三、恭读总理遗嘱;四、由主席报告第三次大会后对内对外工作情形及经济现状;五、讨论增选及补选执行委员与促政府发表校长命令等事宜。① 1933年10月24日,浙江大学学生自治会筹备会在校长公舍召开第一次会议,郭任远校长列席,会议分为四个部分:一、行礼如仪;二、主席报告;三、农院代表报告;四、讨论事项。② 1948年4月1日,浙江大学举行校庆典礼。仪式开始,先由诸葛秘书宣读各地校友贺电。宣读完毕,学生自治会代表陈业荣(中共地下党员)向学校教授会及讲师助教会献旗,分别由竺可桢校长、教授会代表苏步青及讲师助教会代表汤翔先生接受献旗。校长在授旗后开始致训词,阐述大学教育与民主的关系。继由教授代表郑奠致辞,叙述浙大成立时的情形。旋由毕业同学会代表陈泽凤致辞,勉励同学力求安定。最后由学生自治会代表陈业荣致辞。③

无论是平时会议还是重要节庆,仪式都是其中的重要组成部分。缺少了仪式,是不可想象的。仪式在增强学生认同感的同时,也对学生的心灵起到净化效果。尤其是在大学这一场域中,仪式的教育性更加凸显。仪式作为一种强化现代民族国家政治秩序建构的有效工具,既是现代社会中政治整体的一部分④,又是开展社会教化、形成集体思维定式的重要手段。借由仪式,个人的主体经验和社会力量产生互动,并受到社会力量的形塑。⑤ 作为一种非语言交际行为,仪式所具有的强大的整合与教育功能被统治者所看重。他们一直努力通过设计和使用仪式,激发民众的情感以支持他们的权威,唤起大众的热情以支持他们的政策。⑥ 1926年6月,国民党政治部就对各类集会仪式做出"必先向总理遗像行礼,并恭读总理遗嘱"的规定。⑦ 1929年12月,国民党中央规定恭读总理遗嘱范围,将民众团体一切正式集会纳入其中。学生自治会作为重要学生团体,自然要严格遵照。学生自治会在集会中对仪式的反复宣教,有助于将政治

---

① 东大学生会第四次大会[N].民国日报,1927-06-18(14).
② 浙大学生自治会筹备会第一次会议记录[J].国立浙江大学校刊,1933(149):1537-1538.
③ 校庆典礼隆重举行,学生自治会向教授会讲师助教会献旗[J].国立浙江大学校刊,1948(179):1.
④ 陈蕴茜.崇拜与记忆:孙中山符号的建构与传播[M].南京:南京大学出版社,2009:147.
⑤ 大卫·科泽.仪式、政治与权力[M].王海洲,译.南京:江苏人民出版社,2014:13.
⑥ 大卫·科泽.仪式、政治与权力[M].王海洲,译.南京:江苏人民出版社,2014:18.
⑦ 影戏院开演时须先影总理遗像遗嘱[N].广州民国日报,1926-06-18.

符号融入学生的思想与学习生活,强化学生对孙中山符号与党化意识形态的认同,形成深刻而持久的记忆,起到潜移默化的教育效果。

二、学生自治会的政治性

在外侮日亟与内政纷扰的动荡时代,学生自治会在坚守教育性的同时,不得不走出象牙塔卷入政治的漩涡,彰显出政治性的一面。阿普尔认为,教育中涉及的诸多问题,并不是单纯的技术性问题,它们在本质上属于政治性问题。[①] 在教育举办者看来,学生自治会是社会关系再生产中的重要一环,承担着分配意识形态价值的责任。学生自治会的政治性可从产生背景、组织方式与开展学运等方面予以解释。

(一) 缘起于政治运动

如前文所述,五四运动是学生自治会产生过程中的重要因素。诞生于政治运动中的学生自治会强烈感受到外侵的耻辱与政府的腐败,也切身体验到学生群体潜在的社会动员和政治号召力量。学生自治会尝试到政治运动的"甜头"后,过问政治便成为日常生活中的"常态"和"惯习"。在学生的思维中,学生自治会不仅是一个培养自治能力的机构,也是一个学生政治机关。1929年10月发布的《北京大学学生会章程》规定:"本会以拥护三民主义,努力国民革命,发扬文化,改进社会,协助学校谋利会员为宗旨。"[②] 1930年,清华大学地学系学生许桂馨认为,学生会的重要性和价值与国家政治机关是均等的,它本身就是一个训练学生政治能力的场所。学生会对内不仅要培养学生的办事能力,对外还要过问政治,否则不利于民治主义的发扬和推行。在她看来,大学学生会与国家政治的清明或腐污有直接的关联,这种密切关系主要通过所培养的学生得以体现,而不是直接干预政治。她以县治为例,认为大学生是充任县长的最适当人选,假如一个丝毫未受过政治训练的人,临时委以重任,只能以失败告终。[③] 学生有意识地将学生自治会纳入政治机关范畴,既是学生主体地位的凸显和权力意识的觉醒,又希望通过这一转换赋予学生参与政治生活的合法性。民国时期,不少人都有这样一种认识,即认为学生自治会是培养未来领袖的场所。他们将大学看成是人格养成所,而人格的养成与学生自治会密不可分。学生自治会除了不干涉校务外,掌理一切校内"行政院"管不到的事情,因而能够为学生

[①] 迈克尔·阿普尔. 意识形态与课程[M]. 黄忠敬, 译. 上海: 华东师范大学出版社, 2001: 序言 2.
[②] 王学珍, 郭建荣. 北京大学史料: 第二卷 下 1912—1937[M]. 北京: 北京大学出版社, 2000: 2393.
[③] 许桂馨. 学生会是个学生政治机关[J]. 清华周刊, 1930, 34(7): 1-4.

提供一个训练做领袖人物的机会。①

从学生自治与民主政治的关系中,也可以透视出学生自治会的政治属性。此方面值得一提的是,政府在1930年颁布《大纲》后,《同泽半月刊》杂志敏锐地觉察到学生自治风向发生变化,专门刊发了学生自治与民主政治的系列文章,其用意或许在于为学生自治辩护,以使学生自治获得政治合法性和存在的依据,推动其规范化发展。其中一篇文章认为,学生自治不仅是地方自治和公民自治的始基,也是民主政治的必然要求和应有之义,将来的民主政治如何,从现在的学生自治中就能够检验出来。② 另一篇文章也指出,学生自治是一校中的小团体,民主政治是一国的大团体。学生自治愈发达,则民主政治愈巩固。学生自治是养成好公民的基础,民主政治立于好公民的基础上,未有不得良善的结果。学生自治本为根本上之滋养,民主政治为已绽之鲜花,欲求民智民德,必须于自治做起。③ 两篇文章无不认同学生自治在民主政治建设中的作用和价值,视学生自治为民主政治之必需,从而巧妙地使学生自治具有政治性的同时也获得了合法性和正当性。学生自治会作为练习学生自治的合法机关,学生自治获得政治认同的同时也使得学生自治会成为政治服务机构。

(二)组织方式的政治拟构性

《大纲》颁布前,学生自治会的组织方式主要有两种:一种是以清华大学为代表的三权分立制;另一种是以北京大学为代表的委员会制。《大纲》颁布后,统一采用委员制。1943年,《规则》公布后又改为会员大会下的理事会制。无论是三权分立制还是委员会制抑或理事会制,学生自治会的组织方式都是对现实政治制度的模拟并根据现实政治的需要而设计。事实上,学生自治会组织方式的选择与确定,不可能超越政府意志和现实政治模式,而必须是对政府意志和政治制度的反映与适应。这种制度设计的出发点虽然是促进学生自治,但其根本目的在于实现学校的政治化和政治的校内化,使学校成为国家和政治所需人才的训练所。从组织方式的演变来看,每一次改组都意味着官方权力对学生自治会管控力度的加大,学生自治的内涵与空间在官方权力的挤压下越来越狭窄。此外,前文提到的学校市制度,也是体现学生自治会政治性的佐证之一。正如张仕章认为,自治组织的名称虽有学校国、学校联邦、学校州、学校市的区别,但是它们的内容都不外乎立法、行政和司法的三种机关。④ 学校市制度对于学生练习自治与熟悉政府机构运作不无裨益,有助于学生将来走入社会后更好

---

① 胡寄.谈谈理想教育[J].现代评论,1925,1(13):6-8.
② 黄葆荷.学生自治与民主政治[J].同泽半月刊,1930,3(6):69-72.
③ 锦芗.学生自治与民主政治[J].同泽半月刊,1930,3(6):73-77.
④ 张仕章.对于新学生自治会的希望[J].沪江大学月刊,1920,9(4):10-12.

地融入并参与政治生活。

组织方式中的政治性还体现在学生自治会的选举制度上。作为民主理论和实践的核心架构,选举制度在规范意义上成为现代政治生活的一种合法性规则。① 选举是民主政治的表现形式和内在要求,是学生自治会主要机构成员产生的基本方式。以清华大学为例,学生自治会产生初期分评议、干事两部。评议部由各级评议员组成,议员选举以级为单位,每级 7 人。50 人以下之级,每 10 人选评议员 1 人。② 改委员制后,学生会的最高权力机关是全体大会。全体大会闭会时期,代表大会为最高机关。代表大会的代表由各级选出,每级同学 15 人选代表 1 人,过 10 人加选一人。③ 进入西南联大时期,学生自治会章程将选举单列为一条,规定代表大会代表、评议会评议员、监察会监察员、干事会干事的选举,均于每学年正式上课后两周内办理,具体选举办法在每个机构中进行了说明。④ 西南联大成立初期的学生自治会大体由三个团体组织"联合政府":三青团、群社、联大基督团契。自治会干事会及评议会均为三个团体成员组成,他们分任了正副主席及评议会主席,但三青团员多任正主席,群社社员多任评议会召集人。1944 年前,因主要课外活动均由学生自组团体所领导以及学生的认同度不高,学生自治会实际上未能有效开展工作。"一二·一"运动后,不少学生对自治会理事产生的办法表示不满⑤,于是提出了由各系、社团推荐候选人并在群众的监督下再经全体同学投票的普选办法。⑥ 学生自治会对选举制度的利用与改造反映出学生对多数裁定原则和民治精神的认同与追求,是练习政权和治权运用的有效途径⑦,对培养学生公民精神和民主观念具有积极意义。

(三) 学生运动与政治改造

学生自治与学生运动是学生自治会的两种效能,是学生养成优良风范的一种表现。⑧ 与组织方式的政治性相比,学生自治会组织的学生运动所产生的政治影响力既深且巨。一般认为,外侵与内乱是引发学生自治会开展学生运动的主要原因,或者说青年政治运动是国家政治纷扰的表征。青年学生因对社会现

---

① 王海洲. 合法性的争夺:政治记忆的多重刻写[M]. 南京:江苏人民出版社,2008:9.
② 清华大学校史研究室. 清华大学史料选编:第一卷[M]. 北京:清华大学出版社,1991:207.
③ 国立清华大学学生会章程[J]. 消夏周刊,1930(6):34-41.
④ 清华大学校史研究室. 清华大学史料选编:第三卷 下 [M]. 北京:清华大学出版社,1994:439-442.
⑤ 章程规定,理事会由代表会就全体会员中选出 17 人组织,然而选举时代表未能及时征求学生意见,且代表要在所认识的同学当中选出 17 位有能力肯负责的同学并非易事。
⑥ 国立西南联合大学史料编纂委员会. 国立西南联合大学史料五:学生卷 下[M]. 昆明:云南教育出版社,1998:641-642.
⑦ 郑若谷. 十九年度河南教育年鉴[Z]. 开封:河南教育厅编辑处,1931:752.
⑧ 茆玉麟. 论学生自治与学生运动[J]. 学生之友,1942,5(1-2):4-6.

状不满而干政的事例自古有之,如宋太学生上书论政、明东林学子批议朝政以及清末学界参加革命等,都是青年学子直接参政的史实和明证。这种"心忧天下"的传统赋予学生们一种坚定的自信和不竭的能量,以致任何统治者对知识青年的抗议行为均不能淡然置之。① 如果说清代以前的学生参政是由于对国内政治的不满而产生的,那么到民国以后,学生运动的高涨则是在外强侵扰与内政变迁的双重压力下出现的。正如民国政治学者王赣愚所认为,从五四运动起,青年学生虽受到外侮的刺激,然而却无时无刻不觉得自身的重任在于改革内政。在外强与军阀的双重压迫下,青年运动实具有革命的性质。②

学生自治会不仅是学生运动的组织者和支持者,也是民众运动的倡导者和推动者。每遇紧迫形势,学生自治会都会对时局发表宣言,唤醒民众用自己的力量解决一切对内对外的问题。例如,北京大学学生会在1925年12月9日发表宣言,认为民众应该树立推倒帝国主义统治下的军阀官僚的卖国政府以及建设为民众谋利益的国民政府的目标。学生会的任务在于唤醒民众、组织民众,开展轰轰烈烈的革命工作,使这些目标实现。③

当代学者丁守和在总结中国近代社会思潮特征时指出:"中国近代社会思潮复杂多变,但就其主流倾向来说,都是为了爱国、救国、治国。"④如果这些主流倾向不能转化为实际行动,其价值便会大打折扣,如同自由主义在近代中国的命运。而学生自治会正是这种转化的重要推动者和实践者。五四运动后,学生虽然受到多种社会思潮的浸润,但是其组成的学生自治会都是为了爱国、救国与治国而展开活动的,承载着学生爱国、教育救国和民主治国的多种角色期待。此外,民主政治是以民众运动为基点的,或者说民主政治是民众运动下的政治形式⑤,因此学生自治会领导的学生运动是指向民主政治的,是起于爱国、意在救国、终为治国的。学生自治会能成为爱国、救国与治国的主体之一,是因为军阀、外侵与民智不开这三座大山阻挠着中国向光明之路前进。三座大山的存在使得学生深受求学不安与职业恐慌的困扰,两者都是中国混乱现象在学校的体现。这也是中国学生与资本主义国家学生在组织学生运动上表现出不同一面的主因。与西方国家安心求学的学生相比,中国学生参与社会改造与成为一种特殊势力的意愿更加强烈,这是因为在军阀与帝国主义的压迫之下,中国的学生与他们所代表的阶级同为被压迫者。于是,代表学生利益的学生自治会应改

---

① 黄坚立.难展的双翼:中国国民党面对学生运动的困境与决策[M].北京:商务印书馆,2010:7.
② 王赣愚.智识青年与统一[J].东方杂志,1938,35(18):41-47.
③ 王学珍,郭建荣.北京大学史料:第二卷 下 1912—1937[M].北京:北京大学出版社,2000:2422.
④ 丁守和.中国近代思潮论[M].广州:广东人民出版社,2003:58.
⑤ 真之.学生运动的尖锐化与民主政治[J].民众三日刊,1931,1(14):4-6.

造社会的需要而生；群众不明中国政治经济的状况与其乱源，学生会有唤醒他的任务，军阀与帝国主义相勾结为恶的罪状，学生会有揭破及攻击的任务。①

民国期间，不少学潮与学运最终以政府的妥协和让步而平息落幕，如五四运动、北京大学反对大学区制等。这一事实说明，政府并不总是能够控制学运的发展态势，在正义压倒强权或强权带来更大的麻烦之时，政府很难以学生的行为越轨为由施加惩处，学生自治会在协商中也会获得妥协盈余。事实上，在整个民国时期，虽然政府认为学生自治会既不守规矩，又危险难缠，但是他们仍然需要借助学生自治会作为实施间接统治的工具。对于学生自治会展现出来的政治性，有的学校管理者毫不避讳，甚至是公开倡导。陶希圣认为，一个学生会若没有政见不同的派别，那个学生会一定没意思。司徒雷登也说："真正的民主，必一定分着派别，因为那样可以使在朝的不敢稍为懈怠，不然，偶一不慎，就容易被人指摘弹劾，所以在朝的必得时时刻刻想着为大多数谋福利，要听从大多数的意见，要得大多数的同情。"②在他们看来，学生自治会的政治性不是为了政治而政治，而是为了更好地开展工作与服务学生，并且这种政治性也是一种民主的表现。

教育性与政治性的双重变奏构成学生自治会历史演进中最为鲜明的一条主线，反映出学生群体、校方与政党对学生团体性质的不同认识和偏好。这种双重变奏不仅由学生自治会自身主导，还受到政党的牵引。例如，与国民党遏制学生自治会参与政治活动不同，中国共产党善于引导学生自治会基于"有理、有利、有节"的原则参加爱国民主运动。学生自治会的教育性与政治性互为一体，共生共荣。一方面，学生自治会的政治性建立在教育性基础之上，政治性是教育性的拓展和延伸。如果学生自治会不是教育性的团体，其政治性将难以为继。另一方面，教育性在政治性中彰显价值感。学生自治会正是有政治性品格，其教育性在特殊环境中才彰显出价值感和合理性，才凸显出自身的发展与民族救亡和时代需求紧密融合在一起。如果学生自治会的存在就是为了强化和发展自己，与外界环境相脱离，那么这种强烈的自我寻求结构可能会导致其与外部世界相对立。③尤其是在内外交困的特殊时期，"独善其身"未必能获得"理解之同情"。对学生自治会而言，跨越边界的关系或者与政治保持合理的距离对维持组织生命力是至关重要的。当然，强调政治性并不是要淡化教育性，学生自治会的政治性最终还是要服务教育性，以"教育强国"和"为国储才"为归宿。

---

① 敬云.学生会的任务及其组织[J].中国青年周刊,1923,1(2):12-15.
② 陈亨利.今后的学生会[J].燕京半月刊,1937,1(1):5.
③ 肯尼思·格根.关系性存在：超越自我与共同体[M].杨莉萍,译.上海：上海教育出版社,2017：352.

学生自治会的教育性与政治性贯穿于学生自治会发展始终,在不同的历史时期有不同的侧重点。大体而言,五四时期的政治性强于教育性;从南京国民政府成立到抗战前,教育性强于政治性;抗战时期,教育性与政治性平分秋色;抗战后到新中国成立前,政治性又强于教育性。这种波动起伏主要是由于学生自治会所处的外在环境决定的。正如叶文心认为,学生生活的特征与其说是学校规划的结果,不如说是由它周围事物的发生、发展所决定的。① 蔡元培指出,中国的学潮与中华民族争取自由的运动紧密相连。如果学生以一个公民的身份,抱着虔诚的态度并以爱国主义为立场进行活动的话,就不能全部责怪他们。但是,学生运动的发展,也同样有可能使学生本身及他们已获得的进步受到损害。② 时代造就了作为教育共同体的学生自治会带有鲜明的政治色彩,这种政治色彩对学生自治会来说又是一把双刃剑。

第二节 自治与他治的相互博弈

学生自治既是学生自治会存在的理论前提和追求目标,又是学生自治会正常运转的制度保障。培养学生自治能力是学生自治会的首要功能,也是区别于其他学生团体的主要特征。政府既然承认学生自治会的合法性,也就等同于承认学生自治的有效性,双方应在各自的权限范围内行使职权,互不干涉。一方面,学生自治会不能侵及学校行政或过问政治,应专注于为学生谋福利;另一方面,政府和学校也不能对学生自治会横加干涉,践踏合理的学生自治权,应为学生自治创设良好的氛围和提供有效的指导。然而,如同学生对学生自治常有"误解"和"逾越",政府对学生自治也经常"误读"和"干预"。从学生角度来说,他们误以为学生自治是对付校长及教职员的一种行政手段。学校里的一切举动,事无论其大小,理无论其是非,学生必参与而甘心,否则即扬言为束缚学生自由或结同党宣告学生独立。③ 从各级政府角度来说,它们担心学生自治影响到大学治理结构的调整以及官方权力对基层社会的渗透与控制。如同马尔库塞所认为,如果学生为反对一种生活方式而斗争,这种生活方式将瓦解统治的基础。④ "现实的逼迫"和"想象的恐慌"使其想方设法限制学生自治的权力与范

---

① 叶文心.民国时期大学校园文化:1919—1937[M].冯夏根,等译.北京:中国人民大学出版社,2012:109.
② 高平叔.蔡元培教育论著选[M].北京:人民教育出版社,2011:520-526.
③ 易君左.学生自治之真谛[J].白虹,1924(2):1-2.
④ 赫伯特·马尔库塞.单向度的人:发达工业社会意识形态研究[M].刘继,译.上海:上海译文出版社,2008:45.

围,以使学生自治成为"他治前提下的自治"或"无限管控下的有限自治"。

一、学生自治的引入

学生自治属于西方话语,它与大学一样有着悠久的历史,都是西方学术文化内在逻辑发展到一定阶段的结果。中世纪欧洲的博洛尼亚大学既是最典型的学生型大学,又是学生自治的先驱。在西方,学生自治大致经历了产生、衰落、复兴与重构的历史过程。经过长时间的历史考验,学生自治已成为西方大学服务学生、确立学生在学校事务中话语权的重要理论依据。[①] 近代中国在形式上引进西方大学的同时,也有意无意地将学生自治思想纳入教育制度规划中[②],并经过改造后对大学的现代化转向起到促进作用。正如学者所言:"西方大学的理念、模式、课程与社会服务思想在近代中国的传入及本土化实践历程中,对中国大学产生了至深且远的影响。中国大学教育的现代化与西方教育理论的传入和影响密不可分。"[③]

民国时期,社会各界对学生自治的引入、宣传和研究极为活跃。有研究者统计,从1914年到1925年,仅民国大学校刊刊登的学生自治相关文章(相当部分的作者为学生)就有50多篇(实际上应该多于统计数据)。这些文章主要刊登在《清华周刊》《北京大学日刊》《北京高师周刊》《北京女子高等师范周刊》《南大周刊》等大学校刊上。《清华周刊》在这些校刊中对学生自治文章的刊发尤为活跃,比如刊发了《学生自治与学生法庭》(1921年)、《学生自治团》(1919年)、《学生自治若能充分的发展》(1922年)、《驳秋君的论学生自治与斋务处》(1923年)、《学生自治之真意义》(1925年)等报道和文章。综观各大学校刊,这些文章的主旋律是提倡学生自治,但也存在不同的声音。李迪俊在《驳秋君的论学生自治与斋务处》文章中指出:"我虽是极端地主张自治,可是非常乐意听反对的论调。我以为学生自治是相对的,不是绝对的东西,学生自治决不能充分的发展。"他认为学生自治不能充分发展的原因有两点,一是从学校方面看,学生自治有的地方还是不能不受学校的管辖;二是从学生方面说,全把斋务处的职务接过来,时间上和精力上实在办不到。[④] 可见,在学生群体内部,对学生自治的

---

① 马超.西方大学学生自治的嬗变及启示[J].比较教育研究,2006(8):20-24.
② 教育自治是学生自治的前提,教育没有自治权,学生自治则为无源之水无本之木。民国教育部在1914年12月公布的《整理教育方案草案》中便倡导要变通从前官治的教育,注重自治的教育;1922年公布的《壬戌学制》正式以七项标准代替民初的教育宗旨,其中"谋个性之发展"在客观上为学生自治创造了空间和提供了依据,教育对象的地位受到了前所未有的重视;1931年公布的《训政时期约法之国民教育专章》第三章《高等教育》中规定,由学生自治生活适切之指导,以养成有组织、有规律的习惯。可见,官方对学生自治的重视经历了一个由隐匿到彰显、由宏观到微观、由认同到规约的发展过程。
③ 周谷平,等.中国近代大学的现代转型:移植、调适与发展[M].杭州:浙江大学出版社,2012:10.
④ 李迪俊.驳秋君的论学生自治与斋务处[J].清华周刊,1923(266):11-13.

态度并非一个论调,而是呈现出理想与现实、情感与理性、激进与保守、个性与多元之间相互交织与彼此纠缠的态势,反映出学生对"学生自治"既认同又谨慎的复杂心态、理性判断和辩证思维。

至于民国学者尤其是大学学人,对学生自治的研究则更是成果丰硕,涵盖了学生自治的缘由、概念、范围、内容、方法、意义以及问题等多个层面。其中,陶行知对学生自治的研究在民国时期具有一定的代表性和影响力。他在《学生自治问题之研究》一文中,全面阐述了学生自治的定义、背景、意义、问题、范围、学生自治与学校的关系以及学生自治注意的要点。① 客观地说,陶行知的研究有力地推进了当时教育学人学生自治思想的启蒙,对于学生自治实践的开展具有重要的指导价值。与陶行知在《新教育》同一期刊发学生自治文章的还有杜威和蒋梦麟,两篇文章都是他们在北京高等师范学校成立纪念日上发表的演讲稿。杜威在演讲中主要解释了学生自治的意义:"学生自治的性质,不但是扩充自己的权利,并且是加重自己的责任。自治最重要的条件,就是把自己的思想责任加重。学校里的自治,实在是养成将来国家自治的预备。"为了帮助学生更好地利用自治的权利,杜威提出了两点建议:一是要承担思想上的责任;二是自治并不是无治。② 蒋梦麟在报告中主要谈了三个问题:一是学生自治的精神,精神就是全体一致到处都是公共意志;二是学生自治的责任,主要有提高学术程度的责任、承担公共服务的责任、产生文化的责任和改良社会的责任;三是学生自治的问题,主要有学生个人和教职员个人或团体的问题、学生团体和教职员个人的问题、学生自治团体和教职员团体的问题。蒋梦麟在报告开始时谦虚地说:"学生自治问题,杜威先生和蔡孑民先生已经在我的先讲过了,我不知道能否在两位先生讲的以外,加添些新意思。"③杜威的学生自治思想上文已简要介绍,除此之外,还有《教育上的自动》《学生自动之真义》《学生自治之真义》《学生自治的组织》等,详情见表7-1 所列。

作为民主主义教育家,杜威对民国时期学生自治思潮的兴盛和教育实践的开展以及正确认识学生自治的内涵具有重要的推动作用。④ 杜威对学生自治教育理念的宣传,一方面是由于自己是教育哲学家,对民主主义与教育研究颇有心得,学生自治是民主主义教育应有之义;另一方面可能与应邀人认为当时社会迫切需要学生自治理论与实践的指导有关。研究者认为,杜威的演讲既与新文化运动和五四运动相吻合,也迎合了"三民主义"内在要求,同时又满足了教

---

① 陶行知. 学生自治问题之研究[J]. 新教育,1919,2(2):94-102.
② 杜威. 学生自治[J]. 新教育,1919,2(2):64-67.
③ 蒋梦麟. 学生自治[J]. 新教育,1919,2(2):19-22.
④ 舒新城认为,杜威来华后,民主主义教育思想盛极一时,谈论民主主义教育不能出杜威学说范围以外(舒新城. 近代中国留学史 近代中国教育思想史[M]. 北京:商务印书馆,2014:380)。

育救国理论和实践的需求①,可谓应时与应需之举。除杜威和蒋梦麟外,蔡元培也参加了北京高等师范学校成立十一周年纪念日活动并发表演讲,这一天也是北高师学生自治会的成立日。蔡元培在演讲中主要讲述了学生自治的原因和益处。他认为,学监的存在是导致学生自治能力不足的主要原因。由于人人能管理自己,同学能相互管理,因此学生自治会的成立可以把治者和被治者分别去掉,不要别人来管理。学生自治的益处体现在纵横两个方面:纵的方面是学生在校实行自治,将来毕业进学校后则会提倡和应用自治;横的方面是学生自治是国民自治的先导,能够培养国民自治的精神。② 蔡元培在北京高等师范学校演讲后不久,应邀到北京女子高等师范学校继续讲解学生自治问题。在报告中,蔡元培还是重在强调"他治"的弊端和"自治"的益处,认为学生自治会可以试验学生办事的能力和独立精神。报告还介绍了北京大学学生会的工作模式和主要特色,即成立一个由3名教员和4名学生构成的自治委员会与学生会接洽,避免教员和学生之间不接头带来的弊病。③

表7-1 杜威来华期间关于学生自治演讲情况统计表

演讲时间	演讲题目	邀请机构或讲演地点
1919年5月18—26日	真正之爱国:共和国之精神等	南京高等师范学校
1919年10月11日	教育上的自动	山西国民师范学校
1919年11月14日	学生自治	北京高等师范学校
1920年5月18日	学生自动之真义	镇江劝学所
1920年5月20日	自动的真义	扬州大舞台
1920年5月26日	学生自治之真义	常州
1920年5月27日	青年道德之修养	常州青年社
1920年6月13—15日	学生自治的组织	杭州
1920年6月22—25日	学生自治	无锡
1920年10月27日	学生自治	长沙第一师范学校
1921年4月14日	自动的研究	福州基督教青年会
1921年4月20—22日	自动与自治(3讲)	福建第一中学
1921年4月29日	自动道德之重要原因	广州国立高等师范学校

资料来源:单中惠,王凤玉.杜威在华教育讲演.上海:华东师范大学出版社,2016.

---

① 向华.民国前期学生自治研究[D].武汉:华中师范大学,2014:46-47.
② 高平叔.蔡元培教育论著选[M].北京:人民教育出版社,2011:299-301.
③ 蔡元培.蔡子民先生演讲"学生自治"[J].北京女子高等师范文艺会刊,1919(2):43-44.

回到历史现场可以发现,学生自治的导入是一回事,对其解读则是另外一回事。基于各自的立场和目的,不同的人对学生自治有着不同的解读和言说,甚至同一个人在不同阶段对学生自治也有着不同的认识和评价。对学生自治的界说不仅受到主体的阶层立场、情感态度和价值观等因素的影响,其本身也随着时代的变迁而呈现出动态变化的特征。随着晚清到民国期间教育宗旨的变迁,学生自治的内涵也在发生变化,成为特定历史背景下国家意志和政府诉求的集中体现。就教育服务于政治的角度而言,学生自治中人之形象大致经历了一个从"臣民"到"国民",再从"国民"到"党民"的变迁历程。[①] 与西方不同的是,近代中国的学生自治在按照自身逻辑演进的同时,更多地受到外界的侵扰和规约,造成了学生"自治"始终与"他治"处于纠缠与抗争状态,"自治"在"他治"中受到监督和形塑,两者之间你中有我,我中有你,共同构成中国近代高校学生管理的基本格局。学生"自治"与"他治"的共存,实则是"国家事业合官治自治二者之成"[②]观念的延伸和拓展,被政府视为必需。

二、学生自治的弊端

在陶行知发表《学生自治问题之研究》一文后不久,北大学生缪金源就在《北京大学学生周刊》上撰文发表不同意见。他反驳陶行知的观点主要是:学生自治不应接受教职员的指导和学校的认可,学生自治就是实行自治,不是学习自治。学生自治如果按照陶行知说的那样去做,就是半身不遂的自治和根本推翻了自治,并把学生自治的定义改为"是学生结起团体来,大家自己管理自己",而不是陶行知所定义的"是学生结起团体来,大家学习自己管自己的手续"[③]。这一论争表明,站在不同的立场,不同的主体对学生自治有不同的解读。作为教师身份的陶行知,他把学生自治当作一个学问来研究,自治是一种人生的美术。如果没有教员的指导,则会发生弊端,如流于形式、争名夺利、干涉校政等。而作为学生的缪金源,他的出发点是为了争取学生最大的权利,追求纯粹的自治,而不顾这种自治是否有效。在他看来,学生自治一旦与教师参与和学校认可挂钩,则会发生畸变,自治将会变成他治,用他的话来说:"我们一面自治,一面还要教职员的指导,我们简直都成了被玩弄的傀儡了。"[④]缪金源对陶行知学生自治观的批驳实际上是当时学界关于学生自治论争的一个代表。在学校管理者看来,学生自治后的学生犹如"无勒之马横肆而无所忌惮,几同洪水猛兽"。而在学生眼中,学生自治则是不受他人约束之谓。[⑤] 公允地说,学生自治"实一

[①] 王红雨. 读书之外:近代学生课余生活管理研究[M]. 北京:中国社会科学出版社,2018:34.
[②] 教育部整理教育方案草案[J]. 江苏教育行政月报,1914(16):1-15.
[③④] 缪金源. 读陶知行先生的"学生自治问题之研究"[J]. 北京大学学生周刊,1920(6):4-6.
[⑤] 进之. 学生自治的真义[N]. 时报,1919-12-22(15).

佳事",意非不善也,既是学生练习共同生活的绝好机会,又是实施公民训练的良法善制。之所以出现上述两种错误的学生自治观,是因为"误用之而弊亦随之"。① 姜琦认为,相对于"威权主义"和"压迫主义"之教育,以"主权在生徒"为特征的"德谟克拉西"教育的弊端更有甚于前者。如果"徒羡'德谟克拉西'之虚名,而失其真相,偶尔误用,必贻大患。"②

学生自治对传统管理体制下的学生意味着什么?学生从学生自治中能获得哪些益处?从清华学校的两则案例中可以发现,学生自治并非完美无缺,缺乏正确认识和自治能力的学生常借"自治"的名义行"非自治"之事。

一个夜间,满天昏黑中,A号寝室里隐隐的射出一线的烛光。这是已经是十二点钟,要是从前,斋务员又要来敲门了!可现在校中既已宣布学生自治,这烛光也因而得以安安稳稳的延长下去。在这房间里睡着一位学生,可是并未睡觉,手中捧了一本小说,紧就那烛光在那看。"毕竟自治不错!不然,如何能把这本看完?看这样有趣的事,不看完岂不急煞人吗?"他看完这本,独自一个人说,合起书,吹熄烛,睡觉了。

次日下午,他的一位朋友,手拿了一张戏报,跑过来指与他看道:"你看,今晚又有他的戏了!可惜今天是礼拜六,我们不能出去听。""你又糊涂了!现在学校不是不管我们了吗?出校门怕什么?"他说,带着得意的颜色。"哦,是的!是的!那么我们就……"这天晚上,某戏院来了两位少年。一个说:"怎样,自治确实好!昨晚我能够看完那本小说,今天我们又得出来看戏,我想这都是自治所赐的机会。""可不是的。还有那一班不开通的人,动不动就反对学生自治,真是毫无道理。看我们现在得了自治,多自由呀!"那一个回答。③

为了帮助学生树立正确的自治观,20世纪20年代清华学生李迪俊写了一篇《敬告自治后的清华学生》的文章。文章指出,一般同学把自治的意义看错了,结果变成无治。于是嫖呀、赌呀、烟呀、酒呀、私自出校呀、任意逃课呀,都乘隙而生。学生在享受自治带来的自由自在的同时,学校也放松了对学生的管理,采取不闻不问的态度。对于自治后风纪的败坏,他告诫学生,学生自治是可能的,关键在于诚心去干。④ 由此可见,学生把自治作为自我放松与自我放纵的合法依据,与学生自治的真义相去甚远。学生自治不仅对不同的学生有不同的内涵,对不同的主体也有着不同的面相。对学生来说,学生自治既是解放自身

---

① 陈兆熊. 学生自治之真义[J]. 中华职业学校职业市月刊,1925(1):6-7.
② 姜琦. 教育上"德谟克拉西"之研究[J]. 新教育,1919,1(4):59-73.
③ 胡竟铭. 自治[J]. 清华周刊,1920(185):31-32.
④ 李迪俊. 敬告自治后的清华学生[J]. 清华周刊,1921(223):8-9.

与获取权利的重要依凭,又是抵抗学校强制干涉的有效屏障。对政府来说,学生自治可谓利弊共生,它既是培养未来良善公民的有效途径,又对政府的单向度治理和基层社会政治秩序的建构构成或明或暗的威胁。尤其是在内外矛盾尖锐化的时期,学生自治有可能会加速社会的动乱,影响政治稳定。不仅不同的主体对学生自治有不同的评价,学生自治本身也有利弊的两面性。在有利方面,学生自治能够解决监察者不足的问题,尤其是在学生自治会成立的条件下,监察亲切犯规者鲜;其次,学生自治有助于练习服务,增进学识,用为异日应世之前导;再次,学生自治有助于学生精神团结,意志为公,将来自能以美利利天下。① 然而利弊相因,自治的益处显而易见,但其弊端也不容忽视。"若夫学生执一事权,每易骄矜,卑视同学,强迫众意,此其弊在专制。若碍于友情,蹈法而不惩,弃权而不施,互相容忍,同流合污,众皆放浪,亦不知禁,此其弊在徇私。"② 事实上,专制与徇私只是学生自治的校内弊端,对政府真正构成困扰的是学生自治的校外弊端,如学生运动、过问政治等。也正是在这一层面,政府在提倡学生自治的同时③,又以"他治"来平衡与约束"自治",以发挥自治的建设性,消除破坏性。对自治与他治相互博弈的考察是探究学生自治会内外权力结构互动的关键维度之一,有助于解释学生自治会政策变迁的动力基础。

学界与学生对于学生自治所表现出来的弊端亦有清醒认识与改革愿望,认为真正的自治精神并非"无法无天"的、"随随便便"的、"尔管尔,我管我"的,而是一种有互助精神的自治。真的自治是自敬、自信、自助、自制、自觉与自动,假的自治是自满、自专、自利、自争、自欺、自纵。④ 并从范围、方法和目标维度,对学生自治重新界定,即学生接受师长的指导,练习权能,自行立法守法,治理群体以内事务,不侵及学校行政;彼此分工合作,共营社会生活,具法治之雏形,树民治之基础;以养成国家公民、世界公民之资格者。⑤ 这一界定可能参考了陶行知的学生自治观,但是比陶行知的要全面具体,更具指导性和条理性。

三、官方权力的渗透

大学不只是一个为学生服务的机构⑥,对学生自治会具有的学生服务功能也不是官方所唯一关注的层面。至于学生自治会所表现出来的种种流弊,官方则更是难以容忍,采取了一系列政策与措施予以纠正与革除。其中最有效的方

---

①② 逈仁. 论学生自治之利弊[J]. 同泽半月刊,1930,3(6):97-98.

③ 对政府而言,学生自治的意义是教育的,而非政治的,是训育中的一部分和训练学生的方法之一(学生团体组织大纲[J]. 暨南周刊,1928,2(9):75-81)。

④ 张仕章. 对于新学生自治会的希望[J]. 沪江大学月刊,1920,9(4):10-12.

⑤ 黄建中. 学生自治之真谛[J]. 曙光,1947,1(2):41.

⑥ 奥尔托加·加塞特. 大学的使命[M]. 徐小洲,陈军,译. 杭州:浙江教育出版社,2001:101.

式为官方权力对学生自治会的渗透,主要包括制定教育法规与安插反动学生,这两者也构成国民政府改造政治化学生自治会的双翼策略。

(一)制定教育法规

从五四后学生自治会的产生到《大纲》的颁发,学生自治会基本处于制度监管缺失的状态,指导自治会发展的最高纲领大多为各校学生自己制定的学生自治会章程。尽管任何形式的自我教育和自我管理要远胜过那些自称有很多目标实际上对心智培育毫无帮助的管理制度①,但是学生自治会集立法者、执行者和监督者三种角色于一体的做法,同样会带来权力的膨胀等弊端。因此,就官方而言,对学生自治会的治理首先要从掌握领导权开始,而制定学生团体组织规则便是第一步。

在《原则》和《大纲》颁布之前,1928年4月24日,南京大学院大学委员会就通过了《学生团体组织大纲》。该大纲实际上就是一部关于学生自治会如何组织的教育法规,对学生自治会的宗旨目的、指导机关、产生办法、组织机构、治权试验、章程核备、会费收取、职责权限等方面进行了规定。比如组织学生自治会的目的在于实现学生自动自律的训育方针,使其扶助学校设施的推行,并养成学生公共生活的习惯与组织能力;学生自治会的指导机关为学生自治指导委员会,由校长、训育主任及由校长推定各重要教职员组织之;在产生办法上,学生自治会应由学生全体选举执行委员若干人,组织执行委员会,并由执行委员会推定常务委员三人至九人处理日常会务,不得用会长名目;在承担职责上,学生自治会应作施行五种治权之试验;在职责权限上,学生自治会不得干涉学校行政和国家政治,如不得以学校或学生团体名义参加含有斗争性的政治运动和社会运动。②

该大纲与1930年颁布的《大纲》在结构与内容上存在诸多相似之处,从时间和逻辑上看,后者应该借鉴了前者。《学生团体组织大纲》由于大学院的取消最终未能实施,但是对《原则》和《大纲》的出台创设了舆论氛围,提供了制度依据,奠定了实施基础。察其内容,1928年版《大纲》已经基本确定了学生自治会的发展图景和大致轮廓,其核心诉求在于规范管理与限制权力,将学生自治会纳入学校整体规划,使其在法治化轨道运行。《学生团体组织大纲》的拟定,预示了学生自我立法时代行将结束,意味着官方权力对学生团体的合法渗透与管控,学生自治的独角戏将在他治的约束下走向自治与他治的博弈对垒。《大公报》敏锐地感受到《学生团体组织大纲》所具有的历史影响,称其为今后教育上

---

① 约翰·亨利·纽曼.大学的理念[M].高师宁,等译.北京:北京大学出版社,2016:129.
② 宁大学院所拟学生团体组织大纲[N].大公报,1928-05-03(2).

一个重要事件。①

1930年,《原则》和《大纲》的颁布,将《学生团体组织大纲》所描绘的愿景转化为现实,学生自治会在法律层面获得合法性的同时,却在自治层面失去了一部分的独立性。官方明确规定了学生自治会的活动范围、组织目的、组织名称、组建方式和行使职权,学生自治会只能在限定范围内开展有限自治。官方权力的介入,有力地改变了学生自治会的发展轨迹和生存样态,导致学生自治意味逐渐淡化,他治色彩日渐浓厚。尤其是在三民主义教育宗旨的统摄下,学生自治会的意识形态特征渐趋凸显。到1943年《规则》的颁布以及1947年修正稿的出台,官方对学生自治会的管控渗透到各个领域,这不仅引起学生的强烈反对,学校当局和舆论界也认为不符合实际,统制防闲倾向过于明显(第五章第二节已有详细论述,此处不再赘述)。在学校拥有诸多特权尤其是基于"违反校规"的理由随时解散学生自治会的情况下,学生自治已经完全处于他治或官治的管制之下。这也意味着传统社会中对学生群体的暴力统治已经被一种隐形的、全面监视的理性统治所取代。②

(二)安插反动学生

政府权力渗透学生自治会表现出两面性:一方面,制定教育法规是管控学生自治会的显性手段与合法途径;另一方面,安插反动学生是控制学生自治会领导权的隐形方式与惯用伎俩。事实上,政党与学生群体的相互牵引在20世纪20年代初期就已经显现。1923年,有人指出清华学生生活派别中有一种小政客的生活,他们以捣乱作为天赋的才能,以破坏作为拿手的本领。③ 据《从学生运动到运动学生》记载,1924年后,中国共产党、中国国民党和中国青年党等政治势力兴起,它们乐于吸收青年学生为党员,学生也希望寻求"盟友"干预政治,于是"学生参与政治"与"学生入党"成为流行话语。苏云峰认为,北伐以前,国共两党都以在野之身发展学运,终于推翻了北洋政府。北伐以后,国民党执政,根据蔡元培的提议,禁止学运。④ 如果说这一时期政党与学生之间维持一种合作共赢关系,有共同的理想和政治目标,那么南京国民政府成立后,国民党与青年学生之间则呈现出控制与被控制的关系,青年学生成为政党改造的对象和加强意识形态建设的工具。正如叶文心认为,秉承爱国主义、认同国家权力、服

---

① 宁大学院所拟学生团体组织大纲[N].大公报,1928-05-03(2).
② 王晓升.商谈道德与商议民主:哈贝马斯政治伦理思想研究[M].北京:社会科学文献出版社,2009:7.
③ 清华周刊社.清华生活:清华十二周年纪念号[Z].北京:清华周刊社,1923:101.
④ 苏云峰.从清华学堂到清华大学:1928—1937[M].北京:生活·读书·新知三联书店,2001:171.

从党的纪律,是政府对学校在意识形态灌输方面的要求。①

学生自治会作为学校合法的学生组织,对其领导权的掌控既是国民党在学校强化意识形态工作的重要举措,又是排挤其他党派进入学生自治会的有效手段。由于学生自治会是学生自治组织,由学生自我管理与运作,学校对其没有行政管理权。为了控制学生自治会的领导权,政府当局通常在学生自治会中培养"职业学生"来实现这一目标。"职业学生"的培养也是国民政府吸收学生加入国民党各种基层组织的重要途径,以此将党与国家的力量渗透到学生生活之中。② 试以中央大学、西南联大为例,分析政府在学生自治会中安插反动学生企图争夺学生自治会管理权所开展的私密活动。

1934年中央大学学生写道:"小子是埋首读书的人,对于这些活动的分子,素来就没有好印象,说起来简直讨厌。他们一般总是想在自治会出出风头,利用机会吊吊膀子,离开教育的目的太远了。"③学生称这些活动分子为"干事老爷",也就是所谓的"职业学生",他们不以求学为目的,而是以求活动和求权力为旨归。中央大学校长罗家伦对活跃在学生自治会中的职业学生同样十分反感,他认为"倘若活动去求些权力,或是买空卖空,乃是等而下之,卑不足道"④,告诫这些学生应将精力关注于学问和体格上。此外,罗家伦在致蒋介石的密函中对有组织的学生争夺学生会也表达了自己的立场,他认为"此风一开,校内固不安,他校学生亦将籍口效尤。设有学潮,党部威信失于同志之手,恐更无法控制。"⑤既然学生自治会是有组织的学生争夺校内权力的舞台,那么学生的政治派别肯定不止一个。罗家伦所说的"无法控制"其实暗示国民党在学生自治会中安插的反动学生已经失去了领导权和号召力,为了不让其他政党运动学生,必须压制校内具有政治色彩的学生团体的发展。因此,在1935年到1937年间,中央大学未能成立全校性的学生自治组织。对此,当时有人认为这是中央大学学生团体生活显著之缺点,"于全体之团结,尚虞不足"⑥。直到1937年底,才在学生的强烈要求下,重新成立了学生自治会。抗战期间,中国共产党注重在大学发展组织和培养后备力量,与很多高校的学生自治会建立了联系并逐渐掌握了其领导权。中央大学学生自治会干事会领导权便由秘密学联掌握,共产党员熊德邵任主席,黄大明为学术部长。⑦

---

①② 叶文心.民国时期大学校园文化:1919—1937[M].冯夏根,等译.北京:中国人民大学出版社,2012:120.

③ 德良.1933年的中央大学[J].大学生言论,1934(2):51-53.

④ 罗家伦先生文存编辑委员会.罗家伦先生文存:第5册[M].台北:台北国史馆,1989:466-467.

⑤ 中国国民党中央委员会党史委员会.罗家伦先生文存补编[M].台北:台北近代中国出版社,1999:197.

⑥ 束荣松.中大学生生活的一瞥[J].江苏教育,1936,5(8):83-86.

⑦ 华彬清,钱树柏.南京大学共产党人[M].南京:南京大学出版社,2002:28.

西南联大学生自治会在皖南事变前,是联大左右两派斗争的主要竞技场。1939年第一届学生自治会成员产生后,左派势力并不占优势,自治会领导权由国民党员学生把持;第二届改选时,代表大会主席和干事会主席分别由左右两派学生担任,双方势力不分上下,共同掌握自治会的领导权;到第三届时,代表大会主席和干事会主席均为左派学生,进步力量占据绝对优势。皖南事变后,一方面,联大进步力量遭受挫折,三青团垄断了自治会的职位。另一方面,当时国民党特务盛行"红旗"政策,派遣特务学生打入进步圈子。① 自治会成为了三青团的附属机构,执行三青团的决策,失去了为学生谋福利的功能。② 三青团把持下的学生自治会虽然也组织了"倒孔运动"等正义活动,但在本质上,它是中央政权渗透大学场域的有效工具,是贯彻国民党意识形态和排除异己的辅助机构。"倒孔运动"后,三青团的学生领袖准备组织更大的运动,蒋介石及时派部下唐泽前往昆明严厉训斥,予以阻止,并取消了向三青团提供教室和油印机的福利。迫于政府压力,联大三青团不再鼓动学生舆论和干扰教学秩序,而是重新充任学生的监管人。③ 三青团掌权后,由于能轻而易举保住职位,他们对于学生事务并不热心,学生自治会与学生之间基本处于分离状况,工作毫无作为。到1944年秋,由于三校拥有的民主传统,联大出现了新一轮的争夺学生自治会领导权的斗争,两派拉拢的主要对象是不明情势的大一新生,结果17名当选的理事都是"进步和中间同学,其中有中共地下党员"④。

除上述两所学校外,"一二·九"运动时期,北平师范大学教授杨立奎及反动学生利用假期进步学生返乡、校内革命力量薄弱的时机,捏造"言行越轨""干涉校政"的罪名,阴谋解散学生自治会。西安事变后,赞成共产党和张学良、杨虎城的学生受到反动学生的排挤与挑衅,不少共产党员和进步学生被学校开除。⑤ 显然,国民政府希望通过培植亲国民党的学生活跃分子,来实现学生团体"去政治化"的目的。这些活跃分子在学校中的作用体现在三个方面:一是灌输国民党价值观;二是揭发学校中反国民党的进步势力所开展的活动;三是与进步力量领导的团体相斗争。⑥ 上述的三青团就是国民党企图控制学生团体而组建的新型组织。

对学生来说,异己的他治无疑是对自治的阻碍和破坏,是对自治精神的践

---

① 西南联大北京校友会,校史编辑委员会.笳吹弦诵在春城:回忆西南联大[M].昆明:云南人民出版社,1986:442.
② 易社强.战争与革命中的西南联大[M].饶佳荣,译.北京:九州出版社,2012:299.
③ 易社强.战争与革命中的西南联大[M].饶佳荣,译.北京:九州出版社,2012:251-252.
④ 西南联大北京校友会,校史编辑委员会.笳吹弦诵在春城:回忆西南联大[M].昆明:云南人民出版社,1986:446-447.
⑤ 北师大校史编写组.北京师范大学校史[M].北京:北京师范大学出版社,1984:107.
⑥ 黄坚立.难展的双翼:中国国民党面对学生运动的困境与决策[M].北京:商务印书馆,2010:107.

踏与否定,不利于公民品格的培养和共和政体的构建。尤其是那些名义上鼓吹自治而实际上又不完全认同学生自治的人,简直是把学生当成被玩弄的傀儡。①自治是民主社会的特征,他治是专制社会的象征,自治与否及其程度与政治制度密切相关。承认他治也就等同于认同专制统治,而这对经五四启蒙后的学生来说是难以接受的。学生视他治为自治的对立面,不愿自治就得被治,自治和他治中间没有第三条道路可走。为了维护学生自治权,就必须抵制他治的侵扰。然而,学生的理想追求和现实需求并不等于事实。

与西方颇为不同的是,近代中国的学生自治在按照自身逻辑演进的同时,不得不受到外界的规约与束缚,导致学生"自治"与"他治"一直处于相互纠缠与抗争的状态。"自治"在"他治"中受到监督和形塑,"他治"在"自治"中受到批判与重建,两者之间你中有我,我中有你,互为合理化与正当化,共同构成中国近代高校学生管理的基本格局。一方面,如果没有"他治"的管束,"自治"有可能走向极端,导致"自我立法而形成的共同体"的破产;另一方面,如果完全禁止学生自治,则违背时代发展潮流,必然导致教育的倒退与学生的反对。对"自治"与"他治"相互博弈过程的探讨,不仅是一个历史问题,还是一个现实问题,其中涉及究竟什么样的学生管理模式才能为现代大学治理提供正当性?或许,从哈贝马斯所提出的商谈道德与商议民主中能够找到可能的路径。②无论是自治还是他治,都不具有约束人的行为的内在优势,只有在学生对其认同的基础上它们才能发挥调节作用。学生的认同不是建立在强制的基础上,而是依赖于主体之间的商谈。正是在为道德规范赋予正当性的层面上,哈贝马斯提出了商谈伦理学。

第三节 民主性与民族性的相互交织

从一定意义上说,学生自治会是学生追求教育民主与民族独立的产物,民主性与民族性是其演变过程中所体现出来的基本属性。相比较而言,民主性是学生自治会内在的稳定特性,民族性是学生自治会在特殊的环境中为挽救民族危亡而激发出来的特征。综观中国近代大学,在不同的历史时期,学生自治会都彰显出鲜明的民主性和民族性,并将其作为自身活动的指导原则与追求目标。民主性与民族性的相互交织成为考察学生自治会活动图景及其动力机制的重要视角。

---

① 缪金源.读陶知行先生的"学生自治问题之研究"[J].北京大学学生周刊,1920(6):4-6.
② 王晓升.商谈道德与商议民主:哈贝马斯政治伦理思想研究[M].北京:社会科学文献出版社,2009:序言7.

一、学生自治会的民主性

政治制度的民主化是中国近代志士仁人追求的主要目标之一,也是政府获得合法性和实现有效治理的根本所在。学生自治会作为学生练习自治能力、养成健全人格的重要组织,本身就是一个小的民主集团①,具有体现民主精神和培养民主品质的功能。正是这种内在的民主品性(自治是民主的表现和内在要求),学生自治会常被人们作为民主政治的训练所看待。1936年,建立在各校学生自治会基础上的北平市学生救国联合会发表宣言:"今后我们的一切工作,要充分发挥民主精神;一切工作只有建筑在民主的基础上,才是真正代表多数人的意志和要求。"②这一宣言也是对学生自治会工作的真实写照。在中国共产党领导下的华北联合大学学生会也将自身的主要任务确定为"通过自身的民主组织,参加制定并保证学校教育计划的完成。一切都要从自觉与自动的原则上进行自治的活动"③。学生自治会的民主性是一个真正的"共同体"必然是民主自治的内在要求④,学生自治会只有秉承民主精神才能名副其实,才能获得学生、学校以及外界的认同。学生自治会的民主性主要体现在产生的过程、具体的运作等层面。

(一)作为"民主突破"的景观

如前文所述,五四运动是学生自治会普遍成立的关键事件。此前成立的学生自治会,主要是借鉴西方学生自治制度的结果,是将西方大学民主管理理念移植到本土的尝试。在此过程中,留学归国人员的倡导和西方学者的传播发挥了重要作用。蔡元培、蒋梦麟、郭秉文、陶行知等都是学生自治的积极倡导者,是学生自治会在中国落地生根的导引者、推动者和践行者。五四运动后,学生自治会的出现主要是学生自下而上推动的结果,虽然校方和政府对此颇有微词,但并未将之扼杀于摇篮。在学生自治会的成立问题上,学生与政校之间的互动博弈体现出教育的民主性和政治的民主性。从各校成立情况看,校方和政府允许学生自治会的存在虽然是迫于压力,但是其中也含有包容和妥协的因素。无论是包容还是妥协,其过程对民主都是特殊的支持。没有包容和妥协,就没有民主,包容和妥协是民主程序的核心。⑤ 因此,五四前后成立的学生自治会都体现出教育民主色彩和"民主突破"景观。产生这一现象的原因一方面可能是民初知识分子对民主和宪政的提倡,并将之落实到学校管理制度当中。另

---

① 张泽净.学生自治会[J].希声,1947(1):187.
② 梁实秋.学生组织与民主精神[J].学生与国家,1936,1(2):13-14.
③ 明光.华北联合大学的学生会[J].北方文化,1946,2(6):54-57.
④ 艾米·古特曼.民主教育[M].杨伟清,译.南京:译林出版社,2010:206.
⑤ 科恩.论民主[M].聂崇信,朱秀贤,译.北京:商务印书馆,2007:182-186.

一方面,文化思想界"自由假期"的出现也为学校管理的民主化提供了契机。在学生自治思潮的引入、政治民主化的寻求、学生权力意识的觉醒以及中央政府的有限管控等因素的作用下,学生自治会以一种捍卫民主与发扬民主的姿态登上历史舞台。

(二) 以民主为运行规则

学生自治会的民主性不仅体现在产生过程中,其具体运作还彰显出民主品性。从组织架构到职员选举、从服务学生到辅助学校、从练习自治到组织运动,无不是在民主的理念下考量与开展。在组织架构层面,早期的三权分立制是一种典型的民主制度设计,评议会、干事会、监察会既各自独立行使职能,又相互制约平衡。在委员会制中,会员大会是学生自治会的最高权力机关,每个学生都有参与决策的权利和机会,拥有"四权"。代表会的代表由各系级学生按人数比例选出,干事会由代表会代表互选产生。事务部和学术部向干事会负责,干事会向代表会负责,代表会向会员大会负责,这种层级负责制能有效避免学生自治会异化为专制机构或者沦为少数人把持的组织。此外,这种组织架构与运作模式将间接民主与直接民主有机融合起来,有助于培养学生的民主意识,使学生在日常生活和习惯中体验政治生活。学生自治会的议事规则也体现出民主特征。1930年,清华学生会为驱逐罗家伦召开了多次会议,这在当时并不多见。之所以第一次会议没有通过议案,是因为学生并没有被情绪所掌控,而是根据议事规则充分表达见解。①

学生自治会的民主运作使学生认识到民主不仅是一种政治制度,更是人类生活的一种方式,是人类做人的一种道理。② 对于学校侵扰学生自治会民主化的行为,学生也表示明确反对。1936年,北平师范大学生活指导委员会为使学生自治会职员能代表"全体同学"起见,规定了严密的选举方法(每个学生只能选一人),并"圈定"选举法,即学校在学生所选代表中圈定四分之一作为正式代表。③ 这种做法不仅违背了《大纲》规定,也不符合民主精神。对此,北平师范大学五百多名学生联名请求修改。鉴于此类不民主现象的发生,在学生自治会的组织与改选上,梁实秋对学校提出了忠告:

> 但学校指导学生会之组织与改选,亦应极度谨慎,应绝对立于众旁协助的地位,不要令学生猜测学校为别有用心。所有选举手续,应纯依民主原则,务使学生代表真能代表多数之同学。学校可以执行选举之事务,务

---

① 廖名春,刘巍.老清华的故事[M].南京:江苏文艺出版社,1998:298.
② 冯兆基.寻求中国民主[M].刘悦斌,译.南京:江苏人民出版社,2011:239.
③ 师大同学争取民主化的学生会[J].燕大周刊,1936,7(12):2-3.

求公正,以免少数操纵多数之弊,但绝不宜任何方式左右学生代表之当选。诚能如此,则学校指导下所产生的学生会方能成为真正之学生会,方能得大多数的信任与支持,方能称为健全。①

梁实秋不仅对学校在学生自治会民主化中的角色提出要求,对学生自治会成为民主化的组织也给出了建议:一是要实行公正合理的选举;二是学生要踊跃投票;三是要有一个评议机关;四是集会时要严格遵守议会法;五是对于少数人的意见要包容。②梁实秋之所以重视学生组织的民主化,是因为他认为民主的精神寄托在民主的组织里。如果组织本身是非民主的,则一切工作都不能充分发挥民主精神。

二、学生自治会的民族性

如果说学生自治会的民主性体现的是其启蒙品性,那么民族性则彰显的是其救亡使命。在救亡压倒启蒙的时代,学生自治会的民族性愈加凸显,"负国家复兴之重任,肩民族独立之栋梁"。③国外学者指出,学生运动的动力始终是民族主义,而不是民主。在抗战期间,民族存亡是首要问题,民主和宪政问题退居舞台的边缘。④无论这种对民主主义与民族主义孰重孰轻的判断是否正确,其对学生自治会民族性倾向的认识是肯定的。余英时认为,民族主义是百年来中国社会发展的最大动力。⑤罗志田也将民族主义作为近代各类思潮背后的一条潜流看待。学生自治会同样在此动力和潜流的推动下表现出理性与激情共生的一面。学生自治会与民族主义的结合是其获得合法性与走向成功的关键要素。可以说,民族性是学生自治会开展各项活动遵循的重要原则和基本诉求。学生自治会的民族性主要体现在作为民族性的产物与开展民族性的活动两个层面。

(一)作为民族性的产物

舒新城等学者认为,学生自治会是五四运动后的特殊产物。从这一论断中可以得出,学生自治会是民族性的结晶,是学生在维护民族尊严和争取民族独立过程中出现的爱国组织。关于这一点,前文论述的清华学校、北京高师、同济大学、上海交通大学等学校学生自治会成立的过程即是例证。一定意义上说,学生自治会是一个以自治性为核心、以民族性为纽带将学生凝聚在一起的新式

---

① 师大同学争取民主化的学生会[J].燕大周刊,1936,7(12):2-3.
② 梁实秋.学生组织与民主精神[J].学生与国家,1936,1(2):13-14.
③ 心戈.学生会之重要性及其组织:负国家复兴之重任,肩民族独立之栋梁[J].中国青年,1938,1(4):21.
④ 冯兆基.寻求中国民主[M].刘悦斌,译.南京:江苏人民出版社,2011:引言7.
⑤ 余英时.钱穆与中国文化[M].上海:上海远东出版社,1994:203.

团体,它不仅是一个"想象的共同体",还是一个现实与实践的共同体。正如民族主义发明了原本并不存在的民族①,民族性也激发了学生联合结团的意愿,在民族性的召唤下,五四运动后成立学生自治会以捍卫民族尊严成为历史的必然。作为民族性的产物,学生自治会肩负着爱国救国的使命,这种使命又引领其走上治国的道路,即参与社会服务与政治改造。基于此,民族性是学生自治会最基本又更为深层的属性,是自近代以来学生爱国情感的汇聚与表达。这一属性又影响学生自治会其他角色的形塑,从而使得不同主体对学生自治会有不同的评价。总体而言,与民族性团体相比,政府更希望学生自治会成为自治性的团体,因为认同其民族性会间接动摇统治根基与否定政府的合法性,正是由于政府的软弱无力才导致民族处于危机之中。事实证明,是民族性而不是其他属性使得学生自治会最终走向国民政府的对立面。校方对学生自治会民族性的态度要比政府稍显宽容,不然也就不会出现学生运动此起彼伏的现象。在校方看来,民族性是学生自治会对"读书不忘救国"传统的坚守与发扬,是开展爱国主义教育以及公民道德教育的有效资源,也是学校作为教育机构的应有之义。但是,在政府的严格管控下,校方也不得不限制学生自治会民族性的膨胀,将其控制在合理区间。对其他政党来说,学生自治会的民族性则是一种可以利用的重要力量,它既能用来挽救民族危亡,又能作为一种共同话语和信仰实现相互认同,进而达到联合战线的目的。

(二)以救国建国为己任

学生自治会既然是民族性的产物,其开展的活动自然具有民族性的特点。大体而言,在抗战胜利前,学生自治会的民族性主要体现在反抗日本的侵略。抗战胜利后,学生自治会的民族性则表现在抗议美国干涉中国内政与和平统一。虽然政府对学生自治会开展的民族性活动有所顾忌,但是为了贯彻实施三民主义,最终还是予以承认。《大纲》颁发后,拥护三民主义成为所有学生自治会的宗旨,这便间接认同学生自治会在争取民族独立和解放中的作用。现实中,很多大学践行了这一理念,如大夏大学在1933年改学生自治会为学生会,以兼顾学生自治与抗日救国两重工作。② 1936年6月,经全体学生大会决议,北大学生会改名为北大学生救国会,以彰显学生会抗战救国使命。进入全面抗战后,政府更是希望学生自治会在抗战救国中发挥示范引领作用。这一时期,不少学生自治会将拥护国家抗战到底作为宗旨之一,视其与联络感情、培养自

---

① 本尼迪克特·安德森.想象的共同体:民族主义的起源与散布[M].吴叡人,译.上海:上海人民出版社,2016:6.

② 大夏大学学生会[J].上海各大学学生联合会会刊,1933(9):74-75.

治力、互相切磋学问处于同等地位。① 以范围为划分依据,学生自治会开展的民族性活动可以分为校内与校外,校内主要通过演讲、辩论、壁报、刊物等形式激发学生爱国情感,校外主要通过学生运动、民众教育、应征入伍等形式唤醒民众救亡意识。学生自治会民族性活动的对象主要为学生群体与普通民众,方式或直接或间接。将民族性的活动与日常活动结合开展,凸显活动政治性与教育性的融合,是学生自治会在举办民族性活动中总结出来的有效经验。

民主性与民族性是学生自治会两种不同的属性,但两者之间也存在内在关联。具体表现为:一方面,民主性是民族性产生的前提条件,民族性是民主性的一种表现,如果学生自治会不是一种民主性的存在,那么其民族性的色彩就会淡化;另一方面,民族性又推动学生自治会增强自身的民主性,学生自治会要想在民族解放中发挥领袖群伦的作用,就必须加强自身的民主化建设,成为民主的堡垒和象征。如果学生自治会丧失了民族性,即使是民主的典范也将失去意义。

第四节 反思与革新的协同并进

经济学家阿罗认为,避免创新与保持稳定是组织的内在机制。② 阿罗是从创新的代价和利益重新分配的视角来定义组织稳定性的价值。然而,当外界环境发生剧烈变化时,因循守旧与拒绝创新便会潜伏着更大的危机。1927 年克伯屈在清华大学演讲中说道:"一个生长的制度(Growing System)应该有各种各色的变异。"③学生自治会便是一个不断生长的组织。在外侵日亟和党派斗争相互交织、学校管控与学生冷漠长相伴随的复杂环境中,学生自治会能够获得生存的空间和发展的动力,与其具有的反思与革新的品质密不可分。学生自治会可以说是一个与时俱进、不断革新的学生自治组织,在不同的时代和环境中能调整自己的工作重心,以适应时代的发展和环境的变迁。在发展过程中,学生自治会始终坚持以民族性、正义性和人民性为自己的工作导向,服务学生成长与民族解放事业,积累了丰富的学生服务与参与政治改造的经验,正确处理了激情与理性、自由与规范、反思与革新之间的关系,沿着反思自治而又不断地推进自治的方案来解决遇到的危机。

一、内外困境与主体自觉

从史料来看,关于学生自治会的材料大致分为两类:一类是关于学生自治

---

① 心戈. 学生会之重要性及其组织:负国家复兴之重任,肩民族独立之栋梁[J]. 中国青年,1938,1(4):21.
② 周雪光. 组织社会学十讲[M]. 北京:社会科学文献出版社,2019:335.
③ 邹振甫,王政. 克伯屈在清华演讲:中国目前之教育问题[J]. 清华周刊,1927,27(14):777-782.

会的章程建设与所开展的活动,另一类是关于学生自治会工作的回顾、总结与展望。这种史料分布情况既说明了近代中国各界人士对学生自治会可持续发展较为关注,又体现出学生自治会自身具有反思与革新的特质。关于学生自治会工作的回顾、总结与展望的文章一般由学生自治会人员撰写,他们撰写这类文章的目的一方面是想介绍自己任内所开展的工作,展示履职尽责情况,另一方面是想通过对学生自治会问题的剖析,推动今后各项工作更加完善,以高质量完成自身的使命。如四师学生自治会成员刘达德从计划大纲、工作概观、过去检阅和今后期望等方面介绍了半年来学生自治会的工作情况。其中过去检阅和今后期望两个部分就是对自治会工作不足的分析与未来展望。在过去检阅方面,刘达德主要对自治会存在的问题进行归纳:一是不能完全依据计划和议决案去实行,犯了"议而不决,决而不行"的毛病;二是受到时间和功课方面的限制,不能去多办些事情;三是学生自治会与各班会不能切实取得联络,做起事来未免有些隔膜。针对存在的这些问题,刘达德提出了四点期望:一是确定更加完善的计划,二是切实完成未竟的工作,三是加强与班会的联络,四是巩固互助团结的精神。[1] 北平师范大学学生自治会在 1936 年也总结了过去工作的不足:一是工作的群众性不强,二是忽略了联合战线的重要性,三是不够重视非常时期的学生生活。[2] 如同此类的文章在民国时期还有很多,撰写者一般在介绍学生自治会的概况后,都会重点就存在的问题及今后的发展道路展开分析,如《清华学生会的过去、现在和将来》[3]《浙大工学院学生会之过去、现在与将来》[4]《南洋大学过去的学生会和将来所希望的学生会》[5]《中央大学学生会组织的意义、应负的使命、过去的历史与今后的希望》[6]。对学生自治会而言,展现自身的历史是为了增强事实性和合法性,而对未来的谋划则是为了提升有效性和适应性。

就总体而言,当时各界对学生自治会的不满主要体现在两个层面,内在层面是服务学生的意识与能力不足,时常干涉校务。外在层面是组织学生运动的积极性过高,投入社会服务的精力不足。为了使学生自治会能真正发挥价值,走出"低迷"与"躁动"的困境,有学生就"为什么组织学生自治会"[7]"学生自治会

---

[1] 刘达德.半年来学生自治会的工作概观[J].四师学生,1934(创刊号):14-18.
[2] 北师大校史编写组.北京师范大学校史[M].北京:北京师范大学出版社,1984:105.
[3] 锋.清华学生会的过去、现在和将来[J].消夏周刊,1930(6):31-33.
[4] 同素.浙大工学院学生会之过去、现在与将来[J].浙大周刊,1928(创刊号):17-20.
[5] 费振东.过去的学生会和将来所希望的学生会[J].南洋周刊,1926,8(10):27-33.
[6] 学生会大事记[J].国立中央大学学生会刊,1930(1):1-3.
[7] 徐陬.为什么我们组织学生自治会[J].江苏学生,1934,4(2):139-140.

的先决问题"①"学生自治会益害问题的商榷"②"学生会的性质"③等议题进行商讨与论证,体现出强烈的危机意识与自我关怀倾向。显然,民国时期学界(主要为学生)对学生自治会的关注已经深入反思与元研究层面,学生自治会的自我批判与自我重建意识凸显,主体自觉能力较强。在各界的呼吁和催促下,学生自治会从章程到组织、从宗旨到活动、从校内到校外、从服务到引领等层面都进行了全方位、深层次的改革,努力使自身满足外界的需求,以获得可持续发展的资源与动力。

二、革新的理念与行动维度

有理论没有行动是空虚的,有行动没有理论是盲目的;理论是实行的指导原则,实行是理论的成功要素。④ 对学生自治会来说,理念与行动既缺一不可,又需要不断革新才能发挥作用。理念与行动的革新不仅是保持和激发学生自治会活力的核心要素,还是学生自治会走出困境的必然选择。在理念层面,学生自治会始终以学生自治为旗帜,围绕学生自治的目标在不同的时期选择不同的理论范式。例如,在组织方式上,学生自治会大致经历了从三权分立制(包括学校市)到委员会制再到代表大会下的理事会制的变革过程。每一次组织方式的调整,不仅是被动地适应教育法规和政治制度的过程,还是主动地完善组织架构与创新工作理念的过程,以更好地完成自身的使命。一定意义上说,理念层面最突出的创新表现在对"自治"内涵的解读上。五四后的学生总体上并没有将学生自治理解为"大家学习自己管理自己的手续",而是扩大学生自治的外延,参与一切有关自身利益的事务,将其作为展示自身力量及获取更多利益的平台。南京国民政府成立后,随着官方对学生自治会管控力度的加大,自治会对学生自治的认识进入到了新的层面,即学生自治并不完全是政府治理的对立面,它与校方的追求是一致的,即养成国家社会所需的优秀人才。⑤ 抗战期间,学生自治会将学生自治与民族救亡紧密结合起来,学生自治的目的不仅在于练习自治与服务学生,更在于为抗战贡献力量。进入解放战争后,学生自治又被赋予了民族解放的时代内涵,承担起抗暴争权与护校斗争的历史使命。可以认为,爱国、救国、治国,既是学生自治会历史演进的一条主线,又是指导学生自治会开展各项工作的主要依据。

理念创新是行动创新的先导,行动创新是理念创新的结果。理念创新只有落实到行动层面才能发挥效用,行动也只有在创新理念的指导下才能取得实

---

① 学生会的先决问题[J]. 北京大学日刊,1922(1105):4.
② 周馥痒. 学生会益害问题的商榷[J]. 学籁,1930(夏季号):7-8.
③ 钊. 略论学生会的性质和任务[J]. 胶东大众,1946(42):34.
④⑤ 学生会大事记:今后的希望[J]. 国立中央大学学生会刊,1930(1):3.

效。理念创新为行动创新提供了良好氛围。在此背景下,学生自治会的行动创新主要体现在所开展的活动上。在自由无序时期,学生自治会的主要精力用于自治以外的事务,过度参与校务与政治活动,除了对学校市制度的引入与实践外,几无创新可言;在规训管控时期,学生自治会的工作重心从校外转向校内,从校务移向自治。创新之处主要体现在内部组织更加完善、学生服务更加精细、校外活动更加谨慎等层面;在抗战时期,学生自治会的工作模式发生明显转向,即以"战时化"和"平时化"为工作导向,实现了"战时化"与"平时化"的有机衔接与相生相成;在解放战争时期,学生自治会与中国共产党深度融合,并在中国共产党的领导下,既努力为学生谋取福利,又通过领导学生运动参与民族解放事业。这一时期的创新主要体现在领导学运[①]和服务学生[②]两个方面。学生自治会在每个阶段的创新之举都与时代的变迁与政治的需求紧密相关,通过不断的变革与创新保持了自身的活力与先进性。学生自治会能在校内派系矛盾与外界政局变动异常复杂的中国近代大学立足,与其创新品质不无关系。

三、革新的正义性与人民性

学生自治会的革新是为了解决发展中存在的问题,这种革新并不是迫于政治压力的产物,也不是迎合政治需要的结果,而是基于正义性和人民性的主动选择,即增强自身的正义性和人民性是学生自治会革新的主要目标。王东杰在研究四川大学国立化进程中发现,成大和高师的学生会积极参与其中,并扮演了重要角色。两校学生对关系到自身利益的事件,多从比较"正大"的立场予以考量,善于利用"政治正确"的言论获得当局的同情与认可。[③] 这一事例反映出,学生自治会确以正义性和人民性为自身的行动逻辑和追求目标。正义不仅是社会制度的首要价值[④],也是所有良善组织的追求目标。一个组织只有接受正义观的管理,才能实现合法性和正当性。学生自治会作为学生练习自治与培养公民素养的自治组织,对正义的追求贯穿于发展始终。1923年,清华学校学生会干事部主席施滉指出,学生会制度与以前相比,体现出三点不同:一是评议部方面,每级10人选出评议员1人,与以前每级选出7人不同。二是干事部方面,设有总务、文书、课外作业、会计、体育五科。设干事部主席一人,取消副主

[①] 清华大学1945届学生王汉斌总结了学生自治会领导学生运动的九点经验,如加强级会、系会工作,团结中间群众,做好统战工作,利用敌人内部矛盾等(贺美英. 峥嵘岁月:解放战争时期清华校友足迹[M]. 北京:清华大学出版社,2008:17-26)。

[②] 学生服务的创新体现在共商学费、折实储蓄、春耕运动、成立中联部等,第五章第三节已有论述。

[③] 王东杰. 国家与学术的地方互动:四川大学国立化进程 1925—1939[M]. 北京:生活·读书·新知三联书店,2005:45.

[④] 约翰·罗尔斯. 正义论[M]. 何怀宏,等译. 北京:中国社会科学出版社,1988:3.

席。主席由评议部选出,兼任总务科科长且有对外代表学生会的职权,与以前由各科科长互选仅能代表干事部有所不同。三是学生法庭方面,改陪审制为审判制。审判官和检察官各由3人增为6人。[①] 清华学生会制度的改革与学生的提议及批评有密切关联。1921年,曾任清华学生会交际科主任的蔡公椿撰文批评学生会组织法上存在两个错误:一是干事部组织法上的根本错误。鉴于交际科与新闻科权能有限,"无所事事",建议取消这两科(1923年时已经取消)。此外,干事部应当组织清华出版部,性质独立,不受干事部指挥。二是评议部组织法上的不完善,表现在评议部的记录书记由干事部派人承担以及评议员担任责任记录书记,建议评议部应附设书记股以及评议员与记录书记分离。[②] 此外,清华学生对于学生法庭的不同意见,从其产生之日起就不绝于耳。1924年,在前期批判的基础上,清华学生张汇文[③]和蔡方荫[④]先后撰文,揭示学生法庭存在的根本问题,并建议取消学生法庭。他们认为学生法庭根本妨害学生自治,自身绝无法律为根据,也不能辅助校章的实施,徒有形式,而无其实。对于这两篇意在取消学生法庭的文章,《清华周刊》毫不避讳地予以发表,也能说明学生法庭的确存在问题。除此之外,学生还围绕男女学生自治会合组、新旧生学生自治会合组、校院两级学生自治会管理、学生自治会与班会关系处理等问题提出诸多改革建议。学生提出的改革建议以及学生自治会自我革新并不是为了一己之利,也不是为了某种政治目的,而是基于正义性、人民性、正当性和科学性的要求来提升学生自治会品质与效能。这些改革旨在如何最大限度地发挥正义的功能,使得学生自治会各项工作和决策在公平正义高效的名义下进行,避免学生自治会成为"非正义""低效能""官僚化"的机构。

学生自治会革新的人民性集中体现在所开展的反帝反封建运动中。无论是组织学生运动还是举办民众教育,学生自治会都是为了唤醒群众的主体性和参与性,使其摆脱传统威权与政治冷漠的束缚,解决孤立的个体如何达到社会整合的问题。尤其是在解放战争时期,学生自治会站在正义与人民的一边,走向了国民政府的对立面。正如清华大学学生所言:"我们生长在这个时代,受教育于这个时代,必然我们要忠于这个时代。这个时代就是人民的时代。"[⑤]学生自治会忠于人民,依靠人民,为了人民,在与人民力量相结合的道路上走向自我成长与民族解放。

[①] 施滉.学生会消息[J].清华周刊,1923(285):20-22.
[②] 蔡公椿.学生会组织法上的批评[J].清华周刊,1921(增刊7):80-83.
[③] 张汇文.取消学生法庭议[J].清华周刊,1924(325):1-4.
[④] 蔡方荫.学生法庭之根本问题[J].清华周刊,1924(332):10-14.
[⑤] 清华大学校史研究室.清华大学史料选编:第四卷[M].北京:清华大学出版社,1994:631.

第八章　结语:作为大学合作者的学生自治会

　　中国近代大学学生自治会对学生生活的变迁、大学治理结构的调整与中国政治现代性的成长扮演着何种角色,这种角色在学生自治会的演变中起到什么样的作用,学生自治会的内在领域与外在领域是如何建构起来的,学生自治会是如何消解内外困境从而成为一种集教育性、政治性与社会性于一体的存在,这些是本书解决的主要问题及关注的重点。

　　《大学之理念》开宗明义就说:"大学是一个由学者与学生组成的共同体,它是一个管理自身事务的团体,它的自治权应该得到国家的尊重。"[①]学生自治会的产生显然是大学自治权的体现和内在要求。近代以来,学生自治会组织开展不同类型的活动,既丰富了大学校园文化的内涵,满足了学生多样化与个性化的需求,又对学校的管理带来某种程度上的混乱,被政府视为防范的对象。然而,大学组织内部存在的不同价值取向正是大学组织的活力和民主性所在。不同层次、不同领域的价值取向的差异和冲突反映了大学组织所独有的、丰富的组织文化意蕴。[②] 学生自治会在大学的出现不仅改善了校园文化风貌,还推动了大学治理结构的调整。学生在获得自治权利的同时,开始在学校管理与决策中拥有一定的话语权。学生话语权的增强与群体的形成密不可分并呈正相关,离开群体的支撑与保障,学生个体难以实现自身的诉求和维护自身的权益。鲁塞恩·古德曼认为,孤立的个体从来不能采取有效的行动,只有社会群体才能采取有效的行动,只有与群体相连才能理解事件、行为模式和制度。[③] 学生自治会不仅是学生表达自己意志的平台,也是维护自身利益的有效工具,他们通过学生自治会的组织把地位和行动方式制度化。[④] 通过透视学生自治会的活动,可以反观学生思维方式的转变与权力意志的觉醒。

[①] 卡尔·雅斯贝尔斯.大学之理念[M].邱立波,译.上海:上海人民出版社,2006:1.
[②] 阎光才.识读大学:组织文化的视角[M].北京:教育科学出版社,2002:125.
[③] 迈克尔·阿普尔.意识形态与课程[M].黄忠敬,译.上海:华东师范大学出版社,2001:183.
[④] 伯顿·克拉克.高等教育新论:多学科的研究[M].王承绪,徐辉,译.杭州:浙江教育出版社,2001:56.

另一方面,学生话语权的提升意味着管理层话语权的削弱,学校不能随心所欲地以效率优先等理由无视学生合理的诉求,学生也不再全盘接受学校未经学生参与及协商的规范和制度。学生自治会的"强势"形象既是大学文化冲突的表现,又是过渡时代教育独立、制度正义和民主思潮的反映。事实上,文化冲突的形成得益于大学精神的自由、思想观念的开放和管理制度的民主[①],也只有在一个思想自由和观念相互碰撞的环境中,大学不同组织才能和谐共生与协同并进,才能孕育出创造性和独立品格。许美德认为,尽管民国时期的大学在办学模式上多种多样,但总的来说都有一定程度的学术自由和自治权利。[②] 学生自治权利的获得与这种大环境密不可分,是大学自治在学生管理层面的延伸与体现。正是在这一背景下,学生自治会才有可能随着五四运动的爆发而产生并在大学扎根。然而对中国近代大学来说,需要面对和解决的问题是,学生自治会的合法性基础究竟是什么?学生自治会的功用只限于"学生自治"吗?学生自治会的诸多形象又是如何建构出来的?大学作为一个规范性组织和一个松散结合的系统,依据什么对学生自治会进行有效治理?大学究竟需要什么样的学生自治会?对这些问题的思考,既是对中国近代大学学生自治会的深层次反思和总结,又对当下的学生组织建设不无启示。

一、学生自治会的合法性

英国学者哈罗德·珀金基于历史的角度考察高等教育后认为,过去一些偶然事件的决定与选择比有意识的计划和决策带来的影响更大。[③] 中国近代学生自治会的历史演进无疑证实了这一观点的合理性。相比董事会、评议会、教授会等大学其他正式组织,中国近代大学学生自治会的产生具有一定的自发性、争议性和非正式性。它没有西方学生大学的自治传统,也不是官方为学生谋求福利主动建构的结果,而是学生在争取外交主权与抗议腐败政府的过程中逐渐形成,当然这一过程也受到西方学生自治制度引入的影响。学生自治会在中国近代的发展道路与其"非内生性"和"强政治性"紧密相关。这种"非内生性"和"强政治性"使得学生自治会的"合法"身份在不同的时期有不同的表征。

一个组织或制度得以存在的根本条件是它要建立在合法性基础之上。根据法国学者夸克的观点,合法性是对统治权力的承认,这种承认建立在诸多要素基础之上,而这些要素主要与赞同、法律和规范有关。[④] 哈贝马斯也指出:"合

---

① 阎光才. 识读大学:组织文化的视角[M]. 北京:教育科学出版社,2002:150.

② 许美德. 中国大学:1895—1995 一个文化冲突的世纪[M]. 许洁英,译. 北京:教育科学出版社,2000:86.

③ 伯顿·克拉克. 高等教育新论:多学科的研究[M]. 王承绪,徐辉,译. 杭州:浙江教育出版社,2001:49.

④ 让-马克·夸克. 合法性与政治[M]. 佟心平,王远飞,译. 北京:中央编译出版社,2002:10.

法性意味着某种政治秩序被认可的价值,而不是得到认同的事实。"① 合法性不能构建在功利性或实用性的基础之上,它必须超越了个人的私利并为大家所共同承认,是合乎情理和社会期望的。② 以此观之,在《大纲》颁布前,学生自治会的合法性主要体现在学生与社会的认同层面,《大纲》颁布后,学生自治会的合法性则主要体现在合法律性层面。前一阶段的合法性由于缺失法律的支撑,因而难以被官方所承认;后一阶段的合法性由于未能吸收学生群体的商谈与对话,因而被学生视为一种专制与束缚。因此,学生自治会的合法性备受关注和质疑。正是在这种争议与质疑之下,才有学生运动以及学生自治会解散的历史场景。学生自治会合法性涵括范畴的历史变动影响到不同主体对其价值的评判。对学生而言,未经他们认同的以及与政治"过往甚密"的学生自治会不是他们理想中的"原型",因而也不具有合法性;对官方而言,过度干涉校政与组织学生运动也意味着学生自治会合法性的僭越。事实上,双方对于合法性有着不同的认知和偏好,这也是产生冲突的主因之一。这也说明,"合法性"之"法"是多义并存的,它有可能是法律,也可能是大众认同的道德行为规则,还可以是风俗习惯、神圣信仰甚至是利益等。1947 年,暨南大学学生自治会新一届理事王世华和于焕镕被绑架,而绑架之人竟然是上届学生自治会主持人。③ 绑架原因是上届学生自治会认为新一届理事没有按照"公决"的普选产生,而是根据"非法"的间接选举。事实上,在实施普选之前,"向例暨大自治会的产生是间接选举制,即是以系代表大会代替会员大会,于理事候选人中选举理事。"新一届理事产生后,上届学生自治会或出于没有连任等原因,竟然不予承认,也不办理移交手续,而是滥施职权,请同学投票公决"普选"与"间选"两种选举方式。虽然赞成普选的同学人数未过半,上届仍然以武断的普选方式重选本届理事,从而导致"绑架""公审"一幕的出现。这一事例说明学生自治会对"合法性"的认识存在多元化取向,它们往往根据自身利益改变"合法性"的标准。不过,就历史而言,合法性经历了一个重"法"向重"合"再向两者并重的过程。④ 学生自治会合法性的获得大致也遵循了这一过程。

学生自治会的合法性问题也直接关系到其存亡。中国近代史上,学生自治会因内部纷争导致名存实亡以及干涉政治而被强制取缔的情况不在少数。1948 年,同济大学校长丁文渊就反对学生组织学生自治会,认为复旦和暨南大学因为没有学生自治会的缘故(被国民政府解散),校园变得十分安静。⑤ 与政治运动的激烈性和破坏性相比,解散学生自治会的代价相对较低。当然,学生自

---

① 哈贝马斯. 交往与社会进化[M]. 张博树,译. 重庆:重庆出版社,1989:184.
② 周雪光. 组织社会学十讲[M]. 北京:社会科学文献出版社,2019:82.
③ 暨大学生自治会两理事王世华于焕镕被绑架迄今下落仍不明[N]. 益世报,1947-05-22(4).
④ 王海洲. 合法性的争夺:政治记忆的多重刻写[M]. 南京:江苏人民出版社,2008:1-3.
⑤ 翁智远,屠听泉. 同济大学史:第一卷[M]. 上海:同济大学出版社,2007:168.

治会的解散不等于其合法性的终结,而是在合法律性层面不被认可。从一定意义上说,学生自治会的历史就是不断追求合法性的历史。《大纲》前,主要是寻求组织层面的合法性。《大纲》后,主要是争取活动层面和精神层面的合法性。学生自治会在谋求合法性的过程中,始终受到官方权力的制约和形塑。虽然这种管控力度在不同时期有所变化,但是对学生自治会不信任的本质没有改变。1944年,西南联大秋季开学后,产生了以进步和中间学生为主体的新一届学生自治会。自治会仿效联大校务委员会体制,在理事17人中选出3人担任常务理事,不设主席。理事会刚成立,梅贻琦和训导长查良钊就召集全体理事谈话。梅贻琦说,我们不要用"交涉"两字来办理学校和同学双方的事。"交涉"两字事实上就反映出自治会与校方之间的不信任,而梅贻琦此处的意思便是希望双方能精诚合作,不要对立。① 此外,"交涉"两字也透视出梅贻琦并不认为学生自治会有"原罪",他在1942年9月21日的一次集会中告诫学生要特别注重维持团体秩序和自治自动。② 他对学生自治会的意见不是价值性的而是事实性的,希望学生自治会采取更为妥当的方式开展自治活动。官方权力的强势参与在改变学生自治会合法性形态的同时,学生自治会也以"抗拒"的姿态表达对合法性和自治性的捍卫。因此,从合法性角度可以透视出官方与学生自治会互动博弈的内在理路和深层机制,也是考察学生自治会历史演进的一个有效理论工具。

二、学生自治会的使命

1930年,西班牙学者奥尔托加·加塞特在向马德里大学生联合会作高等教育改革问题的报告中指出:他很想把整个"大学的使命"移交给学生。《大学的功用》撰写者克拉克·克尔研究认为,第一次世界大战前,美国出现了大学生管理的浪潮。大学生发现了他们在课外活动领域中的权力,各式各样的课外活动扩充了学生生活。③ 此类论断和现象在一定程度上影响到中国近代大学学生自治会的角色扮演。学生自治会在近代中国主要扮演了两种角色:一个是学生自治的推动者,另一个是政治改造的参与者。两种角色的扮演意味着学生自治会的使命是双重的,即服务学生与改造政治。1926年,梁敬钊在介绍南开大学学生会时说道:"十四年春本会改取委员制,会务进行无碍,而国家多故,沪案发生,本会同人奔走呼号,忘餐废寝,抱合作精神,收分工成效,以故成绩斐然,为津校冠。"④梁敬钊的介绍其实已经反映出当时的学生自治会所具有的双重使命,即政治稳定时期以会务为重以及政治动荡期间以运动为先。学生自治会不

---

① 西南联大北京校友会,校史编辑委员会.笳吹弦诵在春城:回忆西南联大[M].昆明:云南人民出版社,1986:447.
② 梅贻琦.梅贻琦西南联大日记[M].北京:中华书局,2018:118.
③ 克拉克·克尔.大学的功用[M].陈学飞,等译.南昌:江西教育出版社,1993:14.
④ 王文俊,等.南开大学校史资料选[M].天津:南开大学出版社,1989:428.

仅积极参与政治生活,还以组织政治运动为荣,争夺政治运动中的旗手。这种双重使命的形成既是主体选择与社会建构互动的结果,也是一种主观过程与意义的客体化。[①] 学生自治会产生初期,投入政治生活和校务管理的精力要大于直接服务学生,以至于学生对学生自治会形成错误的认知,即学生自治会一个政治的机关,与学校处于对立状态。随着内外压力的不断增强以及学界对学生自治认识的逐渐深入,学生自治会不得不调整工作重心,更多地履行服务学生与辅助学校的使命。从学生自治会的章程中,可以发现这一明显的转变。这种转变反映出在社会参与的影响下,学生对学生自治会的认识和意义开始重新建构,以不断接近利益相关方所共同认可的理想状态,从"被发明的传统"走向"被建构的身份"。从此角度来说,学生自治会是一个主体间的世界和关系性的存在,一个由学生与外界分享的第三空间[②],而不是一个学生自我赋权的有界存在。

《大纲》颁布后,学生自治会服务学生的使命在法规层面得到强化与保障,而改造政治的使命则受到弱化与压制。在法规的约束下,增进全体会员之利益与养成团结自治之精神成为学生自治会发展的"正途",干涉校务与组织运动则被视为学风败坏的表现。然而,在内忧外患的时代,学生自治会不可能将自己局限在服务学生的事务中而置民族危亡于不顾,青年的爱国情怀与正义品质推动着学生自治会始终走在爱国救亡运动的最前列。在学生的价值观中,游行示威不是一种反体制冲动,更不是一种犯罪,而是作为公民应有的权利,是为了挽救民族危机而采取的正当行为。这种对于国家责任与社会义务的承担既是对传统文化中"士"精神的发扬,也是对近代国家遭遇的理性自觉表现。[③] 由于这种行为是指向正义的,政府应该予以承认而不是打压。事实上,对于学生自治会的这一违规行为,国民政府并不是一概压制,而是根据现实需求采取了不同的态度。等外患的压力基本消除后,国民政府对学生自治会的严格管控又提上日程。对学生自治会而言,使他们走出校园干预政治的不仅是外侵的逼迫,政治腐败同样是激起愤怒的诱因之一。国民政府显然低估了这一因素对学生自治会产生的影响,以至于蒋介石发出学生"尚何余力以事外骛闹学潮也哉"的感叹。[④] 国民党败走台湾后,学生自治会也完成了自身的启蒙与救亡使命,发挥桥梁和纽带作用、服务于学生的成长与成才开始成为其主导价值取向。

---

① 彼得·伯格,托马斯·卢克曼. 现实的社会建构:知识社会学论纲[M]. 吴肃然,译. 北京:北京大学出版社,2019:28.
② 后现代地理学家索雅认为,第三空间是真实的第一空间与想象的第二空间综合之后的既真实又想象的"他者"的空间。就学生自治会而言,它不仅是物理性的真实空间,同时又是由符号、意象构成的想象共同体,也是两者融合并经过利益相关方共同实践的第三空间。
③ 王红雨. 读书之外:近代学生课余生活管理研究[M]. 北京:中国社会科学出版社,2018:220.
④ 蒋主席告诫全国学生书[J]. 中央周报,1930(132):51-52.

三、学生自治会历史演进的当代启示

英国政治学者莫里斯·柯根认为,作为一个自治的学者团体,所描绘的系统既要受到它由于本身自我保持的需要而带来的常规的影响,也要受到由于高等学校与外部环境的联系而产生的变革的影响。① 柯根对影响学者团体发展因素的分析也适用于学生自治会。作为学生自治组织的学生自治会,所构建的系统也要受到自身和外界的双重影响。事实上,为了应对外界环境的变化而产生的大学内部组织并不在少数,学生自治会只是其中之一。这种双重影响意味着学生自治会并不是一个"自由王国",可以随心所欲地自治或者超越自治的界限肆意妄为。学生自治会只有将自身的活动与时代的需要和国家的建设紧密结合起来,才能真正释放自身的功用,也才能被外部环境所认可并实现高质量发展。就此而言,中国近代大学学生自治会虽然表现出自由放任与激进破坏的一面,但是作为一种"学缘共同体",经过外界的规训与自身的调适,总体上在学生发展、校务改进和社会改造等方面发挥了正向作用。

中国近代大学学生自治会总体上与外界保持着良性互动,是一个与时俱进的学生团体,在不同的历史时期根据自身的内在规定性和时代要求及时调整进路,彰显出鲜明的时代性、人民性、正义性、民族性和进步性。学生自治会30年的发展史,向世人诉说了一个简单的道理:近代中国的青年群体,是启蒙与救亡的重要社会力量,在历史发展的各个阶段,在大学发展的各个方面,都发挥着破旧立新与引领变革的重要作用。学生自治会根本上是为了服务学生与改造社会而存在的,它置于特定的社会环境但又不完全依附于特定的机构。它存在于特定的时代,关注的却是未来。它成长在教育的环境中,追求的却是社会正义。对学生参与政治的行为,不能简单地视为反动而予以镇压,而是通过平等的对话和民主的协商进行劝导。这也是杜威强调的教育要建立在民主对话和共享的价值观基础之上的意义所在。② 对执政者而言,实行民主政治其实是最好的意识形态教育方式,实现国家的稳定与政治的清明是避免学生过问政治的根本所在。当然,学生自治会在发展过程中也存在自身难以克服的弊病,需要借助外力才能实现组织优化与高质量发展的目标。

阎光才基于"后喻文化"的角度认为,理想的育人场所和学术圣殿建立在师生平等对话的基础上,是一种关系性存在,压制和惩戒会将大学推向失控的境地。③ 同样,英国学者奥德丽·奥斯勒强调民主化的学校教育需要加强对话,认

---

① 伯顿·克拉克.高等教育新论:多学科的研究[M].王承绪,徐辉,译.杭州:浙江教育出版社,2001:56.
② 奥德丽·奥斯勒,休·斯塔基.变革中的公民身份:教育中的民主与包容[M].王啸,黄玮珊,译.北京:教育科学出版社,2012:169.
③ 阎光才.识读大学:组织文化的视角[M].北京:教育科学出版社,2002:136.

为民主的公民教育意味着对学校内部权力关系的审查,也意味着一种新的学校教育文化的发展,这种文化要求教师和学生共同努力去建立民主化的学校。[1] 显然,大学与学生之间是一种共生共荣的关系,共同构成教育命运共同体。大学如果失去了学生的信任,也就失去了大学的真义。同样,学生如果将大学视为对立面,过多地参与行政事务与政治活动,也就忘却了学生的本分。大学与学生之间的相互承认与宽容无疑是对民主教育的恰当回应。[2] 这种和谐关系的构建需要中间组织的协调与沟通,这或许就是学生自治会最本质的功用和内在的生存逻辑,即学生自治会为同学福利、学校名誉及社会地位之提高而努力。

从成功的大学管理之道角度来说,成功大学最主要的受益者是学生。大学只有创造出学生满意的学习环境和学生参与的教育过程,才能激起学生对大学的承认与忠诚。如果无视学生的发展,拒绝学生的合理诉求,扼杀学生的主动性,大学的卓越与一流之路就会缺乏学生认同的根基。学生参与是现代民主教育发展的基本特征,也是实现教育创新和激发教育活力的重要前提。[3] 学生自治会为学生参与提供了平台与渠道,是维护学生参与权的重要保障。此外,成功的大学管理的基础是对大学自治的信念[4],而学生自治是大学自治的内在要求和重要体现,所以学生自治又是成功大学管理的应有之义。作为代表学生利益、表达学生诉求以及培养学生自治能力的重要组织,学生自治会的建设关系到学生群体利益的谋求、学生呼声在学校决策中的作用以及学生公民身份的养成。因此,大学只有重视学生自治会的发展与规划,将其作为大学管理的合作伙伴,在教育事务上加强与学生的协商交流,以正式和非正式的途径了解他们的意见并做出必要的调整,确保教育过程与学生需求协调一致,才能使得学生自治会在校园危机中扮演安全阀的角色以及在学校高质量发展中发挥主人翁精神。

英国学者迈克尔·夏托克认为,学生会主席越是显得像大学管理的合作者,就越容易使学生在大学事务中发挥有效作用。[5] 显然,学生自治会在学校中的角色和地位直接关系到学生权利的实现。学生自治会参与大学治理不仅是推进大学治理体系和治理能力现代化的必然要求[6],更是大学走向成功的必要条件,同时也是开展公民教育和民主教育的重要途径[7],对促进学生个体发展意

---

[1] 奥德丽·奥斯勒,休·斯塔基.变革中的公民身份:教育中的民主与包容[M].王啸,黄玮珊,译.北京:教育科学出版社,2012:188.
[2] 艾米·古特曼.民主教育[M].杨伟清,译.南京:译林出版社,2010:332.
[3] 郭法奇."学生参与":一个历史与现实的话题[J].高等师范教育研究,2003(3):55-61.
[4] 迈克尔·夏托克.成功大学的管理之道[M].范怡红,译.北京:北京大学出版社,2006:201.
[5] 迈克尔·夏托克.成功大学的管理之道[M].范怡红,译.北京:北京大学出版社,2006:104.
[6] 学者张乐天认为,构建现代学校制度是推进学校治理能力现代化的重心,而学生自治制度无疑是现代学校制度的重要组成部分(张乐天.推进学校治理能力现代化:意义、重心与路径[J].复旦教育论坛,2014(6):5-9.)。
[7] 叶飞.学生社团自治与公民教育的实践建构[J].教育学术月刊,2014(12):20-24.

义深远。燕大学生指出:"学生自治会本身就是一门人生课程,在这个小社会里实习如何筹划推进会务,做人做事,分工合作,解决困难,为全体同学安排舒适的生活及有益身心的活动和娱乐,同时是自愿奉献课余时间与精力,开始为人群服务。学生自治会是管理学生最得力的辅助机构,校方只自居顾问的地位予以指导。"[1]斐迪南·滕尼斯在《共同体与社会》一书中同样强调了共同体其实是一位教育者和引导者,它的意志是塑造个体习惯和性情特质的最重要的因素。[2]作为一个相对自由的共同体,学生自治会不仅是民主政治的具体体现与运用[3],也是培养民主开放的新人的重要场域。[4] 如果承认学校在公民教育和民主教育中发挥着关键作用,那么就应该重视学生自治会的建设与完善。在此方面,中国近代大学学生自治会的发展史值得当代研究与借鉴,这种借鉴主要体现在校园文化建设的主导者、现代大学治理的参与者、学生公民教育的推动者、社会服务工作的引领者四种角色的扮演中。

具体来说,当代高校学生组织应继承并发扬近代大学学生自治会的优良传统,扮演校园文化建设的主导者角色。以马克思主义为指导,坚持教育的"四为服务",唱响主旋律,弘扬正能量,引导青年自觉用中华优秀传统文化、革命文化、先进文化培根铸魂。结合学校要求和学生需求,培育文化生活,引领校园文化健康发展,提高学生课余生活质量;依法依规参与大学治理,围绕立德树人根本任务,协助学校解决与学生利益相关的事务,反馈学生合理诉求,培养学生民主协商能力,为学校高质量发展和培养时代新人建言献策,推进大学治理体系和治理能力现代化;为公民教育创设民主氛围和实践平台,引导学生有序参与大学治理,培养学生的参与意识、民主技能、法治思维和正义观念,帮助学生学会"公共地思考",培育民主社会所需的基本价值观,构建"自治、法治、德治"相结合的公民教育新范式;遵循"利益共同体""社会共同体"等理念,积极参与社会服务事业,引领学生到基层中去、到实践中去、到人民中去,为学生创造更多深入社会、了解社会、融入社会的机会。结合自身优势,对接社会需求,为解决社会问题提供智力支持和志愿服务,在社会实践中提升学生的社会责任感和历史使命感,帮助学生获得真知灼见,为促进学生全面发展和培育时代新人贡献力量。

---

[1] 陈明章.私立燕京大学[M].台北:南京出版有限公司,1982:194.
[2] 斐迪南·滕尼斯.共同体与社会:纯粹社会学的基本概念[M].张巍卓,译.北京:商务印书馆,2019:95.
[3] 明光.华北联合大学的学生会[J].北方文化,1946,2(6):54-57.
[4] 涂诗万.杜威教育思想的形成[M].杭州:浙江教育出版社,2015:160.